子どもと教師が紡ぐ多様なアイデンティティ

カナダの小学生が語るナラティブの世界

D. Jean Clandinin
D. ジーン・クランディニン＋ジャニス・ヒューバー＋アン・マリー・オア
マリリン・ヒューバー＋マーニ・ピアス＋ショーン・マーフィー＋パム・スティーブス 著

Tanaka Yoshiya
田中昌弥 訳

明石書店

COMPOSING DIVERSE IDENTITIES
Narrative Inquiries into the Interwoven Lives of Children and Teachers
by
D. Jean Clandinin, Janice Huber, Marilyn Huber, M. Shaun Murphy,
Anne Murray Orr, Marni Pearce and Pam Steeves
Copyright©2006 by Routledge
All Rights Reserved.

Authorised translation from English language edition
published by Routledge, a member of the Taylor & Francis Group.

Japanese translation published by arrangement
with the Taylor & Francis Group
through The English Agency (Japan) Ltd.

日本語版への序文

D. ジーン・クランディニン
アルバータ大学教授／教員養成・現職教員教育研究センター所長

　カナダの大草原に雪が降っている冬の日、わたしは、6人の仲間たちと共に書いた『子どもと教師が紡ぐ多様なアイデンティティ：カナダの小学生が語るナラティブの世界』の日本語版に序文を書いています。そして、わたしたちの本が、日本の教師、教師教育者（teacher educators）、研究者の皆さんとどのようにつながりをもつかを思い描いています。

　わたしたちは、子どもたちが、教師や家族と共に綴っている人生に耳を傾けることを大切にしており、その感覚を日本の皆さんと共有できると思っています。そして、わたしたち、そして、一緒に研究を行った教師、子どもたち、家族が、家庭や学校で暮らしている風景を、本書を通じて日本の皆さんにも理解していただけるなら、とてもうれしく思います。わたしたちは、子どもたちとその教師、家族と共に研究することで、学校の風景において人生を綴ることの意味に関するとても多くのことを学びました。日本の教師、教師教育者の皆さんが、この仕事を読み、それがご自分たちの仕事にとってどのような意味をもつのかを考えてくださると思うと胸が躍ります。この仕事をめぐって豊かな語り合いができる可能性を感じています。

　本書を書く基となった調査研究は、カナダの学校、それも、シティ・ハイ

ツ校とラビーン小学校という特定の学校の文脈を足場にしています。本書には、子どもたち、教師、家族のストーリーが描かれていますが、どちらの学校でも、著者たちは、彼／彼女たちと学校での生活を1年以上にわたって共にしました。そして、彼／彼女たちが、さらに深い人生を生き、隠喩的に描いていることを知るようになりました。また、子どもたち、教師、家族そして互いが共に生き、経験したことが、わたしたちの個人的かつ専門的な人生を深いものにしました。ナラティブ的探究が関係的な側面をもっていることも、彼／彼女たちと行った研究を深めることになりました。共同研究を終え、そこから離れるとき、彼／彼女たちとわたしたち皆に変化が起こっていました。

　ナラティブ的探究の中心に常にあるのは、様々な結びつきです。わたしたちの調査では、子どもたちや彼／彼女たちが物語る人生を対象物、研究されるべき物とはみなしませんでした。デビッド・モリス（2002）が述べた意味で、ナラティブ的に考えようとしたのです。モリスが強調したのは、ストーリーについて考えること、すなわち、ストーリーをデータや対象物として考えることに対して、ストーリーと共に考えることを区別することでした。

　　ストーリーと共に考えるという発想は、ストーリーについて考えるという制度化された西洋的実践に対抗し、修正（取って代わるのではない）することを意味している。ストーリーについて考えるとは、ナラティブを対象とみなすことだ…。ストーリーと共に考えるとは、考える側のわれわれがナラティブに働きかけるより…、むしろナラティブの方がわれわれに働きかけてくるのに任せる過程である。　　　　　　　　　　　　　　（Morris, 2002, p. 196）

　子どもたち、教師、家族と共に行った研究で、わたしたちは、ストーリーと共に考え、関係的に考えていました。子どもたち、教師、家族、わたしたちの経験に注意を払いました。すなわち、それぞれの人を、彼／彼女の文脈において、彼／彼女の展開する人生において、そして、それぞれの人生、または未来に向けた重要な局面の特に大切な場面において、方向づけていたナラティブと共に考えたのです。わたしたちのナラティブ的探究では、ストー

リーと共に考えることに心を配り、そのために多様な方法を用いました。すなわち、わたしたちのストーリーのための方法、他者のストーリーのための方法、わたしたちが埋め込まれているすべてのナラティブのための方法、さらに、わたしたちが共に生き、語るストーリーのための方法です。

ステファニー・ピネガーは、この本のあとがきに次のように書きました。「ラビーン小学校でナラティブを生きたこの子たちが、経験の積極的脈絡をまとめ上げて人生を綴れるようになること、それによってより困難な脈絡を、人生を分裂させるものとしてではなく、それを綴るための力の源泉として使えるようになることをわたしたちは皆で期待し、願っている」(p.291 参照)。あとがきの中で、ステファニーは、わたしたちが研究の参加者と共に生きた関係性に注目し、子どもたちが綴った人生が、デューイ（1938）が教育的に誤った経験と呼んだものにではなく、より教育的な経験へと進んでいってほしいというわたしたちの願いに注目しています。

研究者として子ども、教師、家族と共に生き、それによって、生きられ、語られるままの彼／彼女たちのストーリーに耳を傾けようとしたとき、わたしたちは、ナラティブ的探究者として保つべき、倫理的、道徳的責任にも気を配りました。わたしたちが共に生きることで子どもたち、教師、親、管理職の人生に影響を与えてしまうことはわかっていましたが、子どもたちが綴っている複雑な人生を混乱させないよう、研究にあたってはいつも自覚的であるようにしました。

わたしたちが関心をもっているのは、シティ・ハイツとラビーンの学校で知り合いになった子どもたち、教師、家族についてばかりではありません。すべての学校がどのように人生を方向づけているのか、また、子どもたち、教師、家族の学校経験について何が教育的であり、そうでないのかにも強い関心をもち続けています。この本を書いて以来、わたしたちは、様々な研究プロジェクト、学校での教育実践、教師教育や政策決定の仕事に、子どもたち、若者、家族、教師たちと共に取り組み続けてきました。より教育的な人生を綴ることを可能にするカウンター・ストーリーを共に綴るために、子どもたち、教師、家族と共にあること、協力し合うことの大切さを考え続けてきました。わたしたちが、学校と家族の両方の風景を変化させることのできるカ

ウンター・ストーリーを共に綴ることができるのは、人生と人生の間、家庭と学校の間に生きている空間において力を合わせることによってなのだと思います。

　ここ数年にわたり、わたしたちは、日本の子どもたちと教師の皆さんの人生について知る機会を得てきました。田中昌弥先生は、幾度も教員養成・現職教員教育研究センターにわたしたちを訪問され、ジャニス・ヒューバーとわたしも日本の学校を訪問し、日本の教師、管理職の方々と話し合いました。そして、わたしたちの間には多くの共通点があることを知りました。日本の教師、教師教育者、研究者の皆さんと協働することによって、わたしたち皆が、学校と家族両方の風景をどうすれば変化させることができるのかを一層よく知ることができると思っています。

● **参考文献**

Dewey, J. (1938). *Experience and education.* New York: Collier Books.

Morris, D. B. (2002). Narrative, ethics, and pain: Thinking *with* stories. In R. Charon & M. Montello, *Stories matter: The role of narratives in medical ethics* (pp. 196-218). New York: Routledge.

はじめに 執筆者紹介

　この重要な新しい本に、7人の著者たちが、子どもたち、家族、教師、そして管理職たちの人生(*1)についてのストーリーと問いを集めた。それぞれの人生は、あらゆる特徴を綿密に観察され、児童とスタッフの経験が形成された状況も視野に入れて検討されている。学校という場では何を大切にすべきなのかについて、これらのストーリーは、学校をビジネスモデルとする見方から、市民性（citizenship）にかかわる場へと見方を転換し、オルタナティブな見地を提示してくれる。

　ジーン・クランディニンは、長い間、学校の実践家たちと共に研究し、学びながら、20年間にわたってナラティブ的探究（narrative inquiry）を続けてきた。本書は、その成果を発展させつつ、個人的実践知（personal practical knowledge）、専門知の風景（professional knowledge landscapes）、支えとするストーリー（stories to live by）(*2)についてナラティブ的に構築された理論的背景を用いることで、学校における様々な人生を理解するための言葉とストーリー化された枠組みとを提示する。本書の共著者たちは、カナダ西部の都市にある2つの多文化的な学校で、子どもたち、教師、家族、そして校長たちと共にナラティブ的探究に取り組んだ。これらのナラティブ的探究は、どちらの調査地でも、共著者たちが、ほとんどの場合は特定の教室で、教師と共に行った。そのため、関係が進展するに従って、子どもたちと、何人かの家族にも研究に参加してもらうことになった。学校生活および学校における人生についてのこの魅力的な研究は、学校にいる人びとが日々直面する、複雑な倫理的ジレンマと課題の数々を明らかにした。それにより、教育は誰のため、そして何のためのものなのかということについての新たな

問いが立ち上がり、学校は人びとの人生全体に関心を向ける場として描き直される。

　多様性をもった教師、子ども、家族、そしてスクールリーダーたちの人生が学校において出会う。その出会いの複雑さと可能性が、子どもたちと教師たちの織り合わされた人生について新しい洞察を生み、こうした関係が子どもたちの展開しつつある人生に与える影響についての重要で長きにわたる数々の問いを提起する。

● **執筆者紹介**

D. ジーン・クランディニン　D. Jean Clandinin
　　アルバータ大学教員養成・現職教員教育研究センター所長・教授
ジャニス・ヒューバー　Janice Huber
　　リジャイナ大学教育学部准教授
アン・マリー・オア　Anne Murray Orr
　　聖フランシス・ザビエル大学教育学部准教授
マリリン・ヒューバー　Marilyn Huber
　　エドモントン市公立学校中等部教諭・民間教育コンサルタント
マーニ・ピアス　Marni Pearce
　　アルバータ州政府上級教育部長
ショーン・マーフィー　M. Shaun Murphy
　　サスカチュワン大学教育学部准教授
パム・スティーブス　Pam Steeves
　　アルバータ大学非常勤助教

あとがき執筆者
ステファニー・ピネガー　Stefinee Pinnegar

謝　辞

　たくさんの子どもたち、教師、家族、そして管理職が、わたしたちと一緒にナラティブ的探究に取り組もうという誘いに応じてくれた。わたしたちの関係が築かれていくにつれて探究も進展したが、それは、彼ら（＊読みにくさを避ける編集上の考慮から、本書では、they を「彼ら」と訳したが、そこには、当然ながら女性と男性の両方が含まれている。）が、学校、教室、時には家庭にまで招いてくれたからである。彼らが学校の内と外でそれぞれの人生を綴っているときに、そばにいるよう勧めてくれたおかげで、わたしたちは理解したことをかたちにすることができた。ラビーン小学校とシティ・ハイツ校の子どもたち、教師、家族、そして管理職の皆さんに深く感謝する。彼らなくしては、このようなナラティブ的探究は実現できなかったであろう。

　わたしたちの研究は、ジョン・デューイ、ジョセフ・シュワブ、ジーン・クランディニンそしてマイケル・コネリーたちによってつくり上げられた理論を背景にしている。彼らの著作を通して、子どもたち、教師、家族、そして管理職のそばでわたしたちが経験したことに洞察を加える研究方法論を得ることができた。

　カナダ社会科学・人文学研究協議会からジーン・クランディニンとマイケル・コネリーに与えられた２つの研究助成がわたしたちの研究を援助してくれた。この財政的支援のおかげで、長期間にわたって学校に滞在し、博士論文を完成させ、この研究の様子を確認し合う会議に参加することができた。ジーン・クランディニンへの研究助成として行われたアルバータ大学の財政的援助により、2004 年の夏には、ブリティッシュ・コロンビア州のウィスラーで「学校生活を書く」カンファレンスを開くことができた。グループが一堂

に会して、この本を共に書き、概念化する作業を行えたことで、教師、教師教育者（teacher educators）あるいはナラティブ的研究者としてのわたしたちそれぞれの人生にも転換が起こった。

ローレン・スターコウは、当初からわたしたちと一緒に仕事をしてきた。彼女は、研究上の会話や電話会議の内容を書き取ってくれた。本書は、度重なる修正を経てかたちになったが、ローレンの高度な専門的知識と忍耐のおかげでまとめあげることができた。シェリー・ゲーリングも電話会議を設定したり、航空券や会議資料を準備したりすることでわたしたちをサポートしてくれた。

アルバータ大学教員養成・現職教員教育研究センターの多くの友人たちが、わたしたちのストーリーに応答したり、彼らのストーリーを話してくれたことも、この研究に対する情熱を維持する助けとなった。

家族や友人たちは、この研究全体にわたる援助を与えてくれた。これらすべての人々に、われわれ一同心から感謝を捧げる。

D. J. C.
J. H.
M. H.
M. S. M.
A. M. O.
M. P.
P. S.

はしがき

　教師と子どもたちにとって、学校で人生を綴ることにはどのような意味があるのか。わたしたちは、教師、研究者として、そのことをめぐる問いを、長年、仕事の中に位置づけてきた。これらの問いは、具体的には、経験そのものの本質、学校の本質、教師と子どもたちの知識の本質、言語と経験の関係についての問いからなっている。そうした問いがわたしたちの研究の背景となり、いくつもの探究をかたちづくっている。本書に記したのはその1つだ。

　長年にわたり、経験についての哲学者と心理学者の見地を研究し、また、長年にわたり、学校における子どもと教師の人生について研究してきた結果、わたしたちは、経験についてのナラティブ的理解に到達した。その理解はジョン・デューイの仕事に多くを負っている。わたしたちは経験についてのナラティブ的理解を携えてこの探究の中心となる学校に入った。こうした理解によって、2つの学校に生きる、子ども、管理職、教師、そして家族の人生の意味を把握することができた。

　経験についてこのような観点をもつことで、わたしたちは、不安定な断片として概念化された経験にではなく、これらの学校で生きる生身の人びとが展開したり、あるいは自分の中に抱えこんだりしている経験についてのナラティブ的な脈絡に注意を向けることができた。わたしたちの理解は、時間の次元、個人－社会の次元、そして場の次元を含む、経験に関するデューイ派の見地によって概念化された徹底してナラティブ的なものである。それぞれの人の経験は時間に沿って展開されるので、わたしたちは、時間的な展開に注意を払った。同時に個人にも、すなわちその人の中に身体化されている個人的、社会的相互作用にも注意を払った。さらに生身の人間と社会的なもの

との相互作用、すなわち社会的、文化的、制度的ナラティブと、進行中の出来事の時々刻々の細部にも注意を向けた。わたしたちは、人生が紡がれ、生きられ、生き直される場にも注意を払った。社会的、文化的、制度的ナラティブが言語によってどのように形成されるのか、また、逆に、そうしたナラティブがどのように個々人を形成するのかについても次第に注意を向けるようになった。わたしたちが生き、語るストーリーは、わたしたちが埋め込まれている、生きられ、語られるナラティブによって深く影響を受ける。こうしたあり方のすべてにおいて、本書は、経験の本質についての理解をより深めようと試みている。特に21世紀初頭における北米の学校の文脈において生きられ、多様な立場から考察されている経験を、それとしてより理解しようと試みるものである。

　本書は、また、多様な個々人の経験を、学校内外の人びとや場所、ものとのダイナミックな関係において営まれている通りに理解しようという試みでもある。織り合わされ、関係的なものであるこれらの経験を理解するために、わたしたちはある学校を研究する1つのグループを構成して仕事をするようにした。そうすることによって、1つの学校で多様な位置にいる多様な参加者に寄り添うことができるからだ。最初は、2人が1つの学校に入り、1人の教師と何人かの子ども、そして2、3の母親に付いた。自分たちが挑戦していることの複雑さに気づいた段階で、より多くの研究者が合流し、もう一つの学校に移動して学校管理職、何人かの教師、子どもたち、そして家族のそばに位置をとった。以前に結んだ関係に依拠し、さらに学校に毎日は行かなくなってからも関係を継続することで、わたしたちの滞在は18か月間に及んだ。こうすることによって、わたしたちは、人びとが互いの関係の中で、また、こうした学校の社会的、文化的、制度的ナラティブの中で暮らしているとおりに、その経験の複雑さを理解できるようになり始めたと感じた。

　この研究でのわたしたちの目的は、経験や、教師と子どもたちの知識についてよりよく理解することであり、また、ナラティブ的探究の調査方法を使うことで経験と知識をどのように研究できるのかを理解することであった。しかしながら、この仕事をするにつれて、子どもたち、教師、管理職そして家族の経験、したがってその生き方はどのように方向づけられつつあるのか

● はしがき

という道徳的疑問に巻き込まれることになった。わたしたちが仕事をしたのは都会の学校だったが、そこは、多様な宗教的、言語的、文化的、そして社会的ナラティブに埋め込まれている子どもや家族の人生によってますます多文化的になっていた。そうした人生の多くは、急激な転換の時期にあたっており、それらの転換は、人生に数々の中断をもたらした。デューイの言葉を借りれば、いくつかの中断は、むしろ、より教育的な人生に向けた可能性をつくり出したが、他の中断は、非教育的な人生経験へと導き、個々人が人生を綴る可能性を狭めていることがわかった。わたしたちが学校に調査に入っていたのは、新しく義務づけられた評価政策が、例えて言えば水道管を伝うように、下々へと行きわたり始め、そこで生きられている人生を深いところで乱し始めた時期であった。おそらく、新しく規定された実践を伴うこれらの政策がとても厳密に定められ、また、おそらく、わたしたちが子どもたち、家族、教師、管理職たちととても親密になっていたから、わたしたちの意識は高まり、このような制度的な筋の転換が生き方をどのように転換させるのかを観察し始めることになった。こうした政策がどのように生き方を方向づけるのか、そして、個人のナラティブ的な人生の構成ばかりでなく、より広い風景に注目することで何を知ることができるのかということにもわたしたちは注意を向けたいのだと気づいた。

　本書において、読者の皆さんはたくさんの登場人物、すなわち子どもたち、教師たち、家族、管理職たち、そして研究者のグループに出会うだろう。本書のページを埋めているのは、生き生きとしたこれらの人生すべてについてのナラティブ的な報告である。

　　　話の筋と筋とが渦を巻く、人生と人生とが絡み合う、偶然が衝突する、でたらめに見えた出来事が結び目、八の字、二重の輪に織り込まれ、レボーゾ（＊メキシコ、南米の女性が首と肩に巻く羊毛や麻の長いスカーフ。）の縁取りよりも複雑にデザインされる。いや、わたしにそれがつくれるはずがない。人生をつくり上げるなんて誰にだってできはしない。　　　（Cisneros 2002: 429）

目次

日本語版への序文　3
はじめに・執筆者紹介　7
謝辞　9
はしがき　11
訳者まえがき　16

第 1 章　学校での人生をナラティブとして理解する……………………… 19

第 2 章　子ども、教師、親、管理職と
　　　　共に取り組む関係的なナラティブ的探究………………………… 39

第 3 章　子どもたちが支えとするストーリー
　　　　そして、教師による子どもたちについてのストーリー………… 73

第 4 章　脚色されたストーリー…………………………………………… 107

第 5 章　人格教育プログラムをめぐるストーリー……………………… 137

第 6 章　子どもと共に生きる、
　　　　ある管理職のストーリー………………………………………… 161

第 7 章　支えとするストーリーを変化させる
　　　　教師の人生において個人的なものと専門的なものを織り合わせる… 187

第 8 章 緊張関係を生きる
　　　　人生のカリキュラムを共に模索する 223

第 9 章 支えとするストーリーを紡ぐ
　　　　学校についてのストーリーを中断させる 243

第 10 章 人生に心を配るカウンター・ストーリー 263

　あとがき　284
　注　293
　参考文献　297
　訳者あとがき　308

凡　例

原注は 1、訳注は＊1、＊のように、番号や記号をつけて示した。原注および訳注＊1 は 293 ページの「注」にまとめ、訳注＊は本文の（　）の中に入れて示した。

訳者まえがき　子どもたちの未来に向けた物語のために

田中昌弥

　わたしたちは、過去と未来を結ぶ人生のストーリー＝物語を通して現在の意味をとらえ、自分のあり方を確認する。物語が変化・転換すれば、人生の意味・自己も組み替えられる。そして、本来、学校とは、子どもが教師や仲間と共に人生の物語を綴り合う場だ。日々の学び、今ここでの仲間との経験が、その子の未来の物語を紡ぐ糸となり、過去の物語を編み直す手掛かりになる。

　だが、近年の日本の学校は、人生の物語を綴り合う場ではなく、数値化された「学力」を一面的に追求し、評価と管理の支配的物語で子どもと教師を抑圧する場へと変貌しつつある。貧困・格差の拡大の中で、学校をめぐる支配的物語にうまく適応できない子どもと家族は切り捨てられていく。

　本書の舞台であるカナダでも「学力向上」政策と新自由主義改革が進められている。その中で、子ども一人ひとりのかけがえのない物語をとらえ、教師たちを励ますナラティブ的探究を続けてきたのが著者たちである。ナラティブとは、ストーリーを含みつつ、より普遍的な意味での「物語」「語り」のことだ。本書が描くのは、学校においてナラティブの葛藤と紡ぎ直しを生きる子どもたちと教師の姿である。そして、教科指導と生活指導をつなぎ、「子どもを丸ごととらえる」ことを目指してきた日本の教育実践こそ、実はナラティブ的な教育に他ならない。特に教師の方は、子どもの具体的な姿が中心になる第3章以降を先に読むと、揺れを生きる子どもたちと、それを支える教師の物語が、国の違いを越え、日本とそのまま重なることに気づくだろう。

　わたしが本書の翻訳を決めたのは、海外にも同じ願いをもつ教師と研究者たちがいると知ることが、学校を、諦めの物語ではなく、希望の物語を紡ぐ場へと転換すべく努力している教師たちの励ましになると考えたからである。

主な登場人物

◆シティ・ハイツ校
● 3・4年学級
　　教師　　エミリー　　　　　　（女性）
　　子ども　リア　　　　　　　　（4年生　第1章）
　　　　　　メリッサ　　　　　　（3年生　第2章）
　　母親　　シャウナ　　　　　　（第8章）

◆ラビーン小学校
　　校長　　ジャネット　　　　　（女性）
● 1・2年学級
　　教師　　ゲイル　　　　　　　（女性）
　　子ども　サディ　　　　　　　（1年生　第3章）
　　　　　　シータ　　　　　　　（2年生　第3章）
　　　　　　サラ　　　　　　　　（2年生　第3章）
　　　　　　アーロン　　　　　　（2年生　第4章）
　　　　　　シェルビー　　　　　（1年生　第5章）
　　研究者　マーニ・ピアス　　　（著者、女性）
● 1・2年学級
　　教師　　ローラ　　　　　　　（女性）
　　子ども　ジュリー　　　　　　（1年生　第3章）
　　　　　　ジェームズ　　　　　（1年生　第4章）
　　研究者　アン・マリー・オア　（著者、女性）
● 2・3年学習支援学級
　　教師　　クリスティ　　　　　（女性）
　　子ども　ジョシュ　　　　　　（第8章）
　　研究者　ベラ　　　　　　　　（女性）

● 5・6年学級
　　教師　　リアン　　　　　　　（女性）
　　子ども　エリカ　　　　　　　（6年生　第3、5章）
　　　　　　カトリーナ　　　　　（5年生　第4、5章）
　　　　　　ケリー　　　　　　　（6年生　第8章）
　　　　　　ディラン　　　　　　（5年生／年齢的には7年生　第9章）
　　研究者　ショーン・マーフィー　（著者、男性）

● ラビーン小学校の他の登場人物
　　子ども　アミット　　　　　　（3・4年学習支援学級の8歳　第6章）
　　教師　　ジム　　　　　　　　（1・2年学級、男性　第7章）
　　　　　　サリー　　　　　　　（副校長、5・6年学級、女性　第7章）
　　　　　　スザンヌ　　　　　　（司書教諭、第5、7章、女性）

◆ **全体にかかわる研究者**（著者）
　　ジーン・クランディニン（女性）、ジャニス・ヒューバー（女性）、
　　パム・スティーブス（女性）、マリリン・ヒューバー（女性）

◆ **かつての研究の回想に出てくる人びと**

　　ステファニー　（教師、女性。1980年代前半、トロントのベイ・ストリート校の彼
　　　　　　　　　女の学級で、若き日のジーンが共に行った研究がナラティブ的探究
　　　　　　　　　を具体化する出発点となった）
　　エレン　　　　（教師、女性）
　　チャールズ　　（大学院生、男性）

★研究者以外の登場人物、学校名はすべて仮名です。

第 1 章

学校での人生をナラティブとして理解する

　リアがまた遅刻して教室に入ってきた。リュックサックを投げるようにフックに掛け、上着を脱ぎ、ため息をつきながら、最初に教師のいない教卓に行って遅刻票を隅にポイと置き、それから自分の机に行く。9時15分で、国歌斉唱は終わってしまっていた。伝達事項の放送も終わろうとしている。リアが机に頭を伏したときのため息には彼女の気持ちがにじんでいる。目を上げたときの顔は、わたしは遅刻したけれど、それほどひどい遅れでないことはわかっていると言いたげだ。少なくとも、担任が子どもたちをコージーコーナー（＊教室の後ろにカーペットを敷くなどして子どもが休んだり、集まったりできるようにした空間。呼び方は様々だが、カナダでは小学校の教室の多くに設けられている。）に集める前に、家庭読書プログラムのための本を交換する時間はある。
　その後の午前中、子どもたちが教室中に散っているとき、わたしたちは、課題に取り組んでいるリアのそばにいく。リアはまだいらいらしているが、わたしたちは横にひざまずいて、どうして学校に遅れたのかを聞く。リアはため息をつきながら、彼女をめぐる話の続きをしてくれる。それはこの数か月の間にわたしたちにもわかってきた、今も展開中の話だ。今朝は、カナダ北部のこの都市でも特に霜が降りるほど冷えた朝だったが、リアは自宅の車のエンジンがかからなかった様子を話してくれる。父親は、いらいらしながらもようやく

車を発進できたが、リアに自分の教室に行く前に弟たちをそれぞれの教室に連れていくように言いつける。家を出たときには、すでに遅刻になる時間だった。リアが詳しく話してくれたてん末によれば、弟たちと正面の大ドアから入ったときには、すでに国歌が始まっていた。校則では、国歌の演奏中は全員が手を体の横につけて直立不動にならなければならない。彼女は、一瞬、こっそり廊下を通りぬけてしまおうかとも思ったが、それはしないことにした。自分が小さな弟たちの模範だと思われていること、そして事務室で自分や弟たちの遅刻票をもらう手続きをするよう期待されていることがわかっていたからだ。彼女は、国歌に関する校則が、彼女の新しい国、カナダでは重要な文化的規則であることも知っていた。リアと彼女の家族は、ソマリアから1年半前に来てこの新しい国の新しい学校になじもうと努力をしているところだった。事務室で手続きをし、遅刻票をもらった後、リアは、最初に弟の1人を、次にもう1人を、それぞれの教室に連れて行き、各担任に遅刻票を渡しながら、遅刻した事情を説明した。そうやってようやく自分の教室にたどり着いたというわけだ。以前から聞いている話から、彼女の父親が弟たちの面倒を見るのは女の子の務めだと言い張るだろうことはわたしたちにもわかった。彼女は、男の子との関係において存在する女の子、男との関係において存在する女という位置に自分を置くいくつかの文化的・宗教的慣習について、以前から説明してくれていた。

(1999年秋のフィールド・ノートに基づく中間リサーチ・テキスト)

リアと出会ったとき、ジャニス・ヒューバーとジーン・クランディニンは、子どもたちの人生と教師たちの人生、子どもたちの人生と学校についてのストーリー、教師たちの人生と学校についてのストーリーとの衝突（Clandinin and Connelly 1996）の理解に挑戦するナラティブ的探究（narrative inquiry）を続けている最中だった（Clandinin and Connelly 2000）。彼女たちは、カナダ西部の、ある多文化的な都会の学級を担任する1人の教師のそばに注意深く位置を取ることで、この衝突が人生にどのような影響を与えるかに注目することができた（Huber et al. 2003）。リアが経験したような緊張関係は、ジャニスとジーンが学校において人生と人生が交差したり衝突し合ったりする場面に立ちどまり、注意を向ける手掛かりとなった。彼

第1章 ● 学校での人生をナラティブとして理解する

女たちの関心は、このような緊張の瞬間に何が起こっているのかを調査し理解することにあった。こうした場面で何が起こっているのかに注意を払い始めたことで彼女たちが気づいたのは、子どもたちや教師たちの人生、そして、教室のカリキュラムもそうした場面をとおして方向づけられるのではないかということだった。

学校における教師と管理職の人生にナラティブ的に注目する

　ヒューバーとクランディニンが、リアと彼女の担任であるエミリー、そしてシティ・ハイツ校の3・4年生学級[1](*1)の他の27人の子どもたちと共に過ごすようになったのは、さかのぼればジョン・デューイ(1938)とジョセフ・シュワブ(1969, 1971, 1973, 1983)の著作とも関係する現在進行中の研究プログラムをきっかけとしていた。コネリーとクランディニン(1988)が、教師の知識とは、身体的、関係的、時間的に構成されたものであり、その時、その場で生きられるものであると理解する背景には、デューイの経験の概念、すなわち、相互作用と連続、そして場という基準があった。クランディニンとコネリーは、学校で教師と共に研究しながら、教師の知識についてこのような理解を発展させていくうちに、教師のもつ知識とは、教師それぞれの人生において綴られ、彼らの実践に表れるナラティブ的解釈であることをはっきり理解するようになった。クランディニンらは教師の知識を「個人的実践知」(personal practical knowledge) (Clandinin and Connelly 1995: 7) と書き、次のように説明している。「意識的であれ無意識的であれ、信念と意味の本体であり、(私的、社会的あるいは伝統的な) 経験から生じたものであり、その人の実践において表現されるものである」(1995: 7)。彼らは、個人的実践知に着目することで、教師の知識がどのように保持され、表現されるのかについて理解するための言葉を発展させることができた。例えば、イメージ、実践的原理、個人的哲学、隠喩、ナラティブ的統一性、リズム、そしてサイクルについての言葉が、教師が保有している知識を語る手段となった。

　冒頭のリアの話の中で、わたしたちは、担任教師の個人的実践知が授業時

間のリズムの中に表現されていることを多少示しておいた。その朝は、子どもたちが家に持ち帰って読んだ本を返却する時間であることがわかった。こうしたリズムは、子どもたちに、学校外の生活を学校におけるそれぞれの生活へと切り替える余裕をもたらした。子どもたちが共に話をし、学ぶために集まるコージーコーナーがあることもわかった。早朝のリズムとしてそこに子どもたちを集めることから、このリズムがその教師の知において重要な位置を占めていることにも気がついた。リアは、部屋に入ったとき、リュックサックを掛けたとき、机のところに行ったとき、そして、そこで始まっていることに加わったとき、担任教師の実践がもっているこのリズムを認識していた。彼女は自分が遅刻したからといって処罰されることはないと予想していたのだ。こうしたリズムをつくったその教師の知は、子どもたちがいつ到着しても歓迎し、準備ができたときにクラスメイトが取り組んでいる活動に招き入れるという個人的哲学に発していた。

　個人的実践知が、個々人の人生における個人的なものと社会的なものとの弁証法だとみなされる一方、教師は学校の内と外の両方の人生を生きていることから、個人的なものと社会的なものとの間にもう一つの弁証法が実現することになった。学校の社会的側面は、ほとんどの場合、学校の文脈（school contexts）と呼ばれるが、クランディニンとコネリー（1995）によって、専門知の風景（professional knowledge landscape）という隠喩を通して概念化された。

　　風景（landscape）という隠喩は、わたしたちの目的に特によく適合している。その隠喩を使うことで、空間、場所、時間について語ることができる。それ以上に、その隠喩には、ある意味での包括的な感覚と、様々な関係における多様な人びと、もの、出来事によって満たされている可能性が含まれている。ある風景を構成しているものとして専門知を理解するには、多種多様な人びと、場所、物事によって構成されているものとして専門知を考えることが必要だ。わたしたちは、専門知の風景を、人びとと場所と物事の間の関係によって構成されているものと見ているので、専門知を、知的であると同時に精神的な風景であると理解することになる。

　　　　　　　　　　　　　　　　　　　　　　　　　　　　　（1995: 4-5）

第1章 ● 学校での人生をナラティブとして理解する

　専門知の風景は、歴史的、精神的、感情的、そして美的な諸側面によってナラティブ的に構成された風景だと理解された。風景という隠喩は、学校の文脈が、関係的、時間的で変化しやすい性質をもつことに注意を向けさせることになった。クランディニンとコネリーは、教師や管理職と共に行った1995年の仕事を通して、専門知の風景の上に、それぞれ異なる認識論的、精神的な場があるのを確認した。彼らは、これら２つの異なる場を「教室内」（in-classroom）と「教室外」（out-of-classroom）という場として説明した（p.14）。教室内という場は、安全な場所、すなわち、子どもたちと相互作用するときに、教師たちが自分は何者であり、何者になろうとしているのかについての自分のストーリーを生きる場として説明されていた。他方、教室外という場は、他の教師たちと共有されている規範的で専門的な場所であり、教師たちは何らかの熟練した知識をもっていることを期待されている場として描かれていた。

　教室内と教室外の違いは、この冷えた晩秋の朝に学校に入ってきたときのリアの話で明確になった。彼女と弟たちが学校の建物に入ったとき、それは学校の正面玄関という教室外の場に入って行くことを意味した。そこでは、到着時刻を厳格に設定したり、国家を尊敬したりする教室外のリズムが表に出ていた。多様なストーリーが教室外の場を形成していた。そして、こっそり事務室を通り過ぎて廊下を行ってしまおうかとちょっとの間思いをめぐらしたにしろ、リアはこうしたリズムに関しては柔軟性が存在しないことを知っているようだった。これらのリズムに柔軟性がないことを知っていたから、リアは、教室に行きたいという気持ちを抑え、その代わりに、教室外の場で遅刻をした場合の筋に適うストーリーをどのように実行するのかを２人の弟たちに示すモデルとなったのだろう。

　クランディニンとコネリー（1995）、そして彼らが一緒に専門知の風景について研究した人たち（Davies 1996; Rose 1997）が気づいたように、教師が教室内と教室外を移動すると、個人的実践知が、その風景のストーリー化された知の文脈と衝突するので、ジレンマを経験したり、緊張を感じたりする。専門知の風景における教師の経験に焦点を当て続け、クランディニンとコネリーは、教師たちが教室内の場と教室外の場とを移動したときに

感じるジレンマを説明する一つの方法として「教師のストーリー（teacher stories）——教師についてのストーリー（stories of teachers）——学校のストーリー（school stories）——学校についてのストーリー（stories of school）」（1996: 24）について書いた。

　教師のストーリー、すなわち彼らの個人的実践知は、教師たちが生きるストーリーであり、自分たちは何者であり、何を知っているのかを語るストーリーである。教師のストーリーのあるものは、「秘密のストーリー」（secret stories）、すなわち学校の風景においてであれ、その外においてであれ、安全な場所でのみ他の人に語られるものだ。また、教師のストーリーのあるものは、「表向きのストーリー」（cover stories）（Clandinin and Connelly 1995: 25）であり、専門知の風景を方向づけている学校についての支配的ストーリー（dominant stories of school）とつながっている印象を維持するために語られる。

　人生をナラティブとして綴ったものは、個人的実践知だけではなく、専門知の風景もまた、学校のストーリーと、学校についてのストーリーをナラティブとして綴ったものだ。教師たちが専門知の風景の一員となるとき、彼らはストーリーの場に入ることになる。学校のストーリーは、教師、子ども、家族、管理職、その他の人々が、学校で人生を営むのに応じて綴る進行中のストーリーとして説明される。他方、学校についてのストーリーとは、学校は何のためにあるのかについて、他者によって綴られ、他者に対して語られるストーリーである。例えば、上記のリアのストーリーにおいて、学校についてのストーリーの1つは、学校は、子ども、親そして地域の人びとにとって居心地の良い場所だというものだ。リアと弟たちが入った大きな正面ドアの中の玄関ホールには、コーヒーポット、ベンチ、読み物が置かれてあった。それに対して、子どもたちによって語られる学校のストーリーは、学校の玄関ホールでは歓迎されている気がしないというものだ。子どもたちが校舎の出入りに使っているのは、両脇にある小さい方のドアだが、そこは、リアと弟たちがこの朝に到着した時刻までには施錠されていた。代わって、正面の大ドアが遅刻したときの入口とされ、事務室といえば、遅刻表が必要なときに行く場所だった。こうしたストーリーがシティ・ハイツ校の専門知の風景を構成

しており、また、人生が衝突したときに経験される緊張関係を理解する手掛かりとなる。

　教師や管理職と共に行った研究において、クランディニンとコネリー（1995）は、こうした緊張関係が風景の上では、2つのナラティブ的な現れ方をすることを理解し、それらを「競合するストーリー」（competing stories）と「対立するストーリー」（conflicting stories）（p.125）と表現した。競合するストーリーは、学校の支配的なストーリーの筋との、動的だが積極的な緊張関係の中に生きる教師たちのストーリーとして理解される。競合するストーリー同士は、教師のストーリーにおいても、学校についてのストーリーにおいても、相互に転換したり発展したりすることもありうるような近い位置に存在する。互いに競合するストーリーが現れている一つの例は、先のリアのストーリーに見ることができる。そこでは、「遅刻をしない」という学校についてのストーリーがリアの教室内と教室外では異なる筋によって方向づけられていた。教室内の場においては、彼女はいつ到着しても歓迎された。それに比べて、教室外の場では、遅れて到着したことは、立派な理由があるにもかかわらず、疑われ、遅刻票の発行を通した無言の叱責の対象となるのを彼女は知っていた。他方、対立するストーリーは、学校についての支配的なストーリーと衝突する教師のストーリーとして理解される。対立するストーリーはたいてい長くはもたない。学校についての支配的なストーリーに逆らってそれをもちこたえることが教師たちにはできないからだ。実際、クランディニンとコネリー（1995: 157）が書いたように、「専門家は危険を冒さなければ（対立する）ストーリーを…生きたり語ったりすることはできないだろう。彼らは表向きのストーリーを語ることが多い」。わたしたちのリアのストーリーにおいても、廊下をこっそり通ってしまうのはやめると彼女が決断したのは、遅刻した子どもは事務室から遅刻票をもらう必要があると主張する学校についての支配的なストーリーと衝突するようなストーリーを実行しようとするのは危険なことだという意識があったからのように思われる。わたしたちが描いたリアのストーリーでははっきりと書かなかったが、彼女がエミリーの机の角に置いた遅刻票は、リアの前後に子どもたちが置いた他の遅刻票と同じように、机の上に散らばった書類や授業用備品、

補助教材の中に紛れることになった。

　コネリーとクランディニン（1999）は、教師たちと共に時間を過ごし続けながら、教師の学校での経験について彼らと共に探究していたが、そのときに教師たちがよく話題にしていたのは、自分たちの知、すなわち個人的実践知と、文脈、すなわち専門知の風景についてばかりではなく、彼らの文脈と知が、自分たちは何者で、また何者になろうとしているのかというストーリーの中にいかに密接に織り込まれているのかということでもあるように思われた。こうして、コネリーとクランディニン（1999）は、教師たちがアイデンティティについて話しているらしいことに気づいたのである。教師たちは「わたしの教育実践のストーリーにおいて、わたしとは何者なのだろうか」「わたしは学校の中でどのような位置を占める人間なのだろうか」「子どもたちのストーリーの中でわたしは何者なのだろうか」といった問いを出していた。アイデンティティへのこうした着目は、個人的実践知、専門知の風景、そして教師アイデンティティを概念的にまとめる「支えとするストーリー」（stories to live by）（p.4）というナラティブ的概念を発展させることになった。支えとするストーリーという言葉を立てることで、わたしたちは、「知、文脈そしてアイデンティティは、どのように関連し、またナラティブ的に理解されうるか」を理解できるようになる (p.4)。コネリーとクランディニン（1999: 4）にとって、支えとするストーリーは、「知と文脈をナラティブ的に理解することによって意味を与えられる」アイデンティティに関係する。教師と管理職にとって、支えとするストーリーとは、「教師の秘密のストーリー、厳粛な学校教育についてのストーリー、そして教師たちの表向きのストーリーといったものによってつくられた」(p.4) ものである。

　教師アイデンティティとは、各教師が支えとするストーリーがユニークに具現化したものであり、そのストーリーは、ある教師が生き、働く、過去と現在の風景の上に紡がれた知によって方向づけられたものである。支えとするストーリーは、複合的、流動的で変化しやすい。学校の風景にいる人もいない人も含めた、子どもたち、家族、管理職、その他の人びとと共にあるその時々の人生の中で絶え間なく綴られ、また綴り直される。教師の支えとするストーリーがフワフワしたものだとか、根拠がないとか、安易に変わるも

のだと言いたいわけではない。支えとするストーリーは、教師たちの個人的実践知と彼らがそこで生きている風景が方向づけている筋によって貫かれている。教師が支えとするストーリーは、ストーリーを語り直し、生き直すことによって受ける変更の可能性に開かれている。この語り直しと生き直しは、彼らの支えとするストーリーを変更する再ストーリー化（restorying）である。

アイデンティティのナラティブ的理解についてより深い考察を始めるにあたり、わたしたちは、同じように、経験と、アイデンティティについてのナラティブ的概念とのつながりを理解しようとしていた他の著者たちへと導かれることになった。ケルビー（1991: 34）は、アイデンティティについての心理学を基礎としたナラティブ的概念を提示してくれた。

> 「わたしは」と述べることは、おそらくアイデンティティと連続性（continuity）を前提にしているか、少なくともそれらについての問いに依拠しているであろうが、しかし、単に「わたしは」と言ったからといってアイデンティティと連続性についてほとんど何も明らかになるわけではないことはわかる。「わたしは」と述べる人にたずねるべき大事な質問は、多くの場合、「何？」というよりむしろ「誰？」である。——時にわたしたちは、それを自分自身に問う。

ケルビーは、セルフ・アイデンティティが「その人の個人的ナラティブの**一貫性**（coherence）と**連続性**」（1991: 6; 強調は出典による）にどのように依拠しているかに注意を向けた。カー（1986）も人生の展開における連続性と一貫性に注目した。彼は、デューイ（1938）がそうであったように、経験は時間的であると同時に場所的なものであることをわたしたちに思い起こさせる。

> わたしたちの人生には、時にはより多くの、時にはより少ない一貫性を認めることができる。それらはよく合理的に筋道が立っているが、時にはバラバラになる傾向もある。一貫性は、わたしたちが求めるか求めないかにかかわらず、わたしたちに課された必要物だと思われる。物事は意味をなす必要がある。それが見失われるとわたしたちは意味が喪失したように感じる。根本的なアイ

デンティティとしてではなく、筋が通った一つの人生として、自己の統一性は、あらかじめ与えられた条件ではなく、一つの成果なのだ。わたしたちのうちの幾人かは、他の人よりも成功しているように思われる。完全に成功することは誰にもできない。わたしたちはそれを根気よく続ける。わたしたちが行っているのは、わたしたちがそうなろうとしていたり、現にそうであるストーリーを、自分自身や他の人たちに語ったり、語り直したりすることだ。（Carr 1986: 97）

　コネリーとクランディニン（1999）が見たところ、教師たちは、カーが書いた意味で自分たちのストーリーを生きたり、語ったりすることを通して自分たちについてのナラティブ的に一貫した説明を発展させようとしていた。カー（1986: 96）が着目したように、これは、「絶え間ない作業、時には悪戦苦闘であり、成功した時には、一つの達成と言える」。カーは、ライフストーリーのナラティブ的一貫性を2つの局面との格闘として説明した。すなわち「一つは、大きなものであれ小さなものであれ、また、特殊なものであれ一般的なものであれ、ある計画やナラティブを生きること、あるいはそれに従うことであり、他方は、そのナラティブを構築したり選んだりすることである」。教師たちの、そしてわたしたち自身の支えとするストーリーを理解しようとしたときにわたしたちが見たのは、教師たちとわたしたち自身がこれらの両面と格闘する姿だった。

　支えとするストーリーについての一つの考え方は、それらが、教師たちが生き、語るストーリーだというものだ。生きることの中にも、語ることの中にもナラティブ的一貫性を求める格闘が存在する。時には、反省を通して教師たちは自分のストーリーの語り直しを始める。すなわち、ハイルブラン（1988）が示唆するように、自分たちは自分の人生を書いているのだということを積極的に理解し始めるのである。ストーリーの語り直しは、コネリーとクランディニン（1990）が再ストーリー化の過程と呼んだものの一部にすぎない。再ストーリー化には、もう一つ、生き直しの部分がある。ストーリーを生き直す中で、教師たちは自分について新しいイメージをもつようになったり、実践のあり方や世界の中での生き方を転換し始めたりすることもある。教師たちは自分の支えとするストーリーをより深く意識するようになると、

人生を生き続けるのに応じて支えとするストーリーを変えていくようになる。

　支えとするストーリーは、時には矛盾した筋を含むこともある。教師の支えとするストーリーと彼らの風景との間に競合的ストーリーや対立的ストーリーがあり続けるのと同じように、競合する筋や対立する筋は一人の教師が支えとするストーリーの中にも存続しうる。こうした矛盾する筋が互いに対立しあったときには緊張関係の存在が明らかになり、それが教師たちの支えとするストーリーの語り直しや生き直しを促す気づきとなる。

　本書より以前の著作（Clandinin and Connelly 1995; Connelly and Clandinin 1988, 1999）は、教師の知を個人的実践知と理解するところから始まり、次に教師の個人的実践知が特定の学校の文脈をどのように方向づけ、また、それによって方向づけられるのかを理解する一つの方法として専門知の風景という隠喩を導入した。そして、最後に、教師たちの知と文脈とアイデンティティの間のつながりをナラティブ的に理解するための概念的方法となったのが、支えとするストーリーだった。教師や管理職と共に行った研究の中で、子どもたちが支えとするストーリーについての新しい問いが前面に出てくるようになった。ヒューバーとクランディニンは、子どもたちが支えとするストーリー、子どもたちの知と文脈によって方向づけられるストーリーに思いをめぐらすようになった。彼女たちは、例えば、リアが支えとするストーリーについて知りたいと思うようになった。彼女が支えとするストーリーは、個人的、社会的、そして文化的ナラティブによってどのように方向づけられたのだろうか？

子どもたちの学校での人生に対するナラティブ的な注目の開始

　彼女たち（Huber et al. 2003）は、焦点を子どもたちのアイデンティティ形成へと移し、子どもたちがアイデンティティを構築している様子が認識できる場面を確認した。彼女たちは、子どもたちが自分のアイデンティティを把握するために、互いに質問をしあったり、教師に質問をしたり、教師やお互い同士とふざけあったり、特定の詩や本に沿って自分のストーリーを隠喩的に並べてみたりすることを記録している。子どもたちが支えとするストー

リーに注意を向けるにつれて、教師の支えとするストーリーが子どもたちの支えとするストーリーを方向づけ、それと相互作用する文脈の役割を果たしていることに気づくようになった。彼女たちは焦点を明確にし、教室内の場面における、教師が支えとするストーリーと子どもたちが支えとするストーリーとの出会いに注意を向け始めた。子どもたちと教師たちの人生のアイデンティティ、そして学校についてのストーリーとが衝突し合うのを研究することで何を知りうるのかを見るためである。例えば、リアのライフストーリーがシティ・ハイツでの学校についてのストーリーと衝突したときや、3・4年学級の教室内の場でお互い一緒にいる際に教師が支えとするストーリーと衝突したときのリアの経験に綿密な注意を向けたら何を知ることができるのかということだ。シティ・ハイツでエミリーや3・4年学級の子どもたちと共に過ごすうちに、こうした衝突の場面、緊張関係の場面が、教室内と教室外の両方の場で生じることがわかった。そのとき、彼女たちは、この衝突が起こるのは、一つには、教師と児童がカリキュラム・メイキング（curriculum making）に取り組みながら、支えとするストーリーを共に模索しているからだと理解した。

人生のカリキュラムを共に模索するカリキュラム・メイキング

　この寒い1月の午後、わたしたちはコージーコーナーに集められた。日課が終わりに近づき、文学作品について語り合うために集まったのだ。子どもたちは、毎日、文学に取り組み、教室のあちこちや玄関ホールに互いに集まっては、本について話し、そのストーリーと自分たちの関係を語る。今日は、リアが語る番で、彼女は『あなたはいったいどんな人なのか』（Fox 1997）を取り出して数ページをクラスメイトに読んで聞かせた。思ったとおり、これはリアが以前にも何度か皆に話してきた本だったのでわたしたちは微笑んだ。リアはこの本には「白人以外の人たちも」出てくるから好きなのだということについてよく話していた。

　わたしたちは、9月初旬の朝、子どもたちがコージーコーナーに集められたときのことを思い返す。担任のエミリーは、教室のリズムの一環として子ど

もたちを集めた。彼女は、一編の文学作品を味わうことを入口として、そこから子どもたちを作文や描画や水彩、そして自分たちの似たところや違うところについての語り合いに導いていくという教室のリズムをつくっていたのである。学年が始まって間もないこともあり、エミリーは、子どもたちに、教室の他の子どもたちとの関係において自分とは何者なのかについて考える方法を見つけてほしいと思っていた。彼女は、子どもたちが自分は何者なのかについて語り合う時間をつくることから学年を始めるための手掛かりとして、カラフルな絵本、メム・フォックスの『あなたはいったいどんな人なのか』を選んできた。わたしたちは、その9月の朝の時点では、この本が、多文化的なこの教室でリアがつくっていったカリキュラムにとってそれほど大事なものになるとは思ってもいなかった。

（2000年1月のフィールド・ノートに基づく中間リサーチ・テキスト）

ジャニスとジーンは、教室で子どもたちやエミリーと過ごすうちに、だんだんとそこで生じているカリキュラム・メイキングに気がつくようになってきた。彼女たちは、ジョン・デューイ（1938）の経験についての考え方とジョセフ・シュワブ（1973）のカリキュラムの共通根拠（curriculum commonplaces）という考え方を基盤にしたカリキュラム研究の伝統の中に身を置いていた。コネリーとクランディニンは、カリキュラムの共通根拠、すなわち、教師、教材、環境、学習者についての1988年の著作で次のように書いている。「共通根拠とは、カリキュラムの目的、内容、方法についての言説の中に現れる一連の要素あるいは決定因のことである。全体として見ると、それは一連の言説がカリキュラム的なものかどうかの境界を示す役割を果たしている」(p.84)。カリキュラムに対するこうした見方を確立することにより、4つの共通根拠の言葉で言えば、クランディニンとコネリー（1992）は、個人的実践知に関する自分たちの研究の出発点が教師であることを認識した。そして、注意を専門知の風景に移していくにつれて、彼らは、教師と環境の両方に着目するようになった。わたしたちは、彼／彼女が「教師の見地からのデューイ主義的なカリキュラム観（Clandinin, 1986; Connelly and Clandinin, 1988）」を仕事の出発点とし、次のように書いていることからそ

のきっかけを理解できた。

　　教師の見地からのデューイ的なカリキュラム観（Clandinin; 1986; Connelly and Clandinin, 1988）。デューイ（1938）の「状況」と「経験」の観念によって、わたしたちは、教師をカリキュラムの唯一のつくり手ではないにしろ、少なくともその一員としてイメージできるようになった。また、文脈の場、文化（デューイの相互作用の観念）、時間性（デューイの「継続性」の観念に含まれる過去と未来の両方）をイメージすることも可能になった。
　　　　　　　　　　　　　　　　　　　　　（Clandinin and Connelly 1992: 365）

　クランディニンとコネリーは、カリキュラムは「学校と教室において教師と子どもが共に生きる人生の記録とみなされうるだろう…。（カリキュラム・メイキングをこのように考えると）教師、学習者、教材、そして環境が動的な相互作用をするカリキュラム的な過程において、教師は欠かせない存在とみなされる」（1992: 392）と示唆した。そして、彼らは、カリキュラム・メイキングを共に模索することにおいて人生が中心的な役割を果たすことにわたしたちの注意を促した。彼らの「人生の道筋としてのカリキュラム観」（1992: 393）をわたしたちも共有している。そして、わたしたちは人生の道筋というこのカリキュラムの考え方に思いをめぐらせているうちに、どうしたらカリキュラムは、人生のカリキュラム、おそらくは複数の人生のカリキュラムとみなされうるのかを考え始めることになった。このように考えると、人生のアイデンティティ、支えとするストーリーを綴ることが、もちろん、カリキュラム・メイキングの過程の中心になる。こうして、わたしたちは、教師と環境と子どもたちとの間の相互作用についての理解を深め始めた。そして子どもたちの人生に注目するうちに、わたしたちは、それぞれの人生に含まれている多様な筋、すなわち、学び手としての子ども、学習主題の学び手としての子ども、彼／彼女の人生の支えとするストーリーの学び手としての子どもといった筋に注目することになった。
　リアと『あなたはいったいどんな人なのか』（Fox 1997）の本の話に戻り、わたしたちは、リアが人生のカリキュラムについて模索するのを見た。中間

第1章 ● 学校での人生をナラティブとして理解する

リサーチ・テキストの基になったフィールド・ノートの中に、伝え合い読書が行われている教室環境のリズムを見ることができた。すなわち、子どもたちが、静かに自分で本を読んでいる状態から、隣り合って、あるいは読書のための小グループとしての座り方に移る時間は毎日のリズムの一部になっていた。伝え合い読書で何を読むかについての選択は、何人かの子どもたちが各自の静かな読書の時間に読んでいたものを小グループでの伝え合い読書の時間にもってくることから決まっていくことも多い。エミリーが『あなたはいったいどんな人なのか』の本を紹介したあと、リアは、その年の教育課程を通して何度もその本を読み、議論した。伝え合い読書は、最終的には、クラス全体が集まって自分たちが読んだ本の良かったところを紹介し、考え方について話し合い、言葉や考え方やイメージの点で気に入ったページを読み、テキストの気に入った部分を歌い、演じる時間へと流れていく。1月になっても、リアは、文学作品の気に入ったところを紹介する時間になると『あなたはいったいどんな人なのか』の一部を他の子どもたちと分かち合い続けた。エミリーが文学作品と集会と会話によって作った時間のおかげで、リアはカリキュラム・メイキングの模索に踏み出せることになった。リアがその本について語っているときには、彼女のライフストーリーと登場人物の人生とが出会っているという感覚があった。彼女が言うように、そこには「白人だけではない」登場人物が含まれていた。反復を続ける中で、リアは、彼女のような登場人物が出てくる本に対してクラスでどのような態度がとられ、どの程度尊重されるのかということが、自分は何者なのかについての新しい語りの可能性につながることに気づいていったように思われた。この本を持ちこみ、しばしば他の子どもたちに伝えることで、自分がこのような人間だというイメージや、自分がこうなるであろうというイメージについての可能な実験に取り組んでいたのである。彼女は身体的に自分と似ている子どもたちを見つけることができたし、子どもたちには似たところがあって愛されるに値することもわかり、この新しい国で何ができるのかも理解できた。やがてこうした実験は、彼女が支えとするストーリーについての新しい語りになった。このように、彼女のアイデンティティと教室内のカリキュラム・メイキングは、彼女のライフストーリーが担任の支えとするストーリーと相互作用する

33

ことを通して模索された。

　シティ・ハイツ校で調査研究を始めたとき、ジーンとジャニスは、もっぱら教室内での出来事に注意を向けていた。しかし、エミリーやリア、そして、この年の3・4年学級の子どもたちと共にいるうちに、教室外の場がどのような形成的影響を与えているのかに、より念入りな注意を向けるようになった。このようにして、教師が支えとするストーリーが、学校についてのストーリーや学校のストーリーに埋め込まれていること、そして、この埋め込まれている状態に注意を向けることが、教師と子どもたち、家族、管理職たちの多様な人生の出会いを、学校で出会っているそのままに理解しようとする上で大切であることがわかった。前景に現れたこれらの課題、すなわち、子どもたちが支えとするストーリーが、教師や管理職の支えとするストーリーや学校についてのストーリーと衝突したときにどのように変化するのかという課題から、わたしたちは、こうした衝突の場や緊張関係の場をめぐる新しい課題、そして、こうした緊張関係の場が、子どもたち、教師、管理職、そして家族の支えとするストーリーを時にどのように中断させるのかという新しい課題を立てた。

　マイケル・コネリーとジーン・クランディニンは、カナダ社会科学・人文学研究審議会に宛ててこれらの問いにかかわる研究企画案を作成した。その研究企画は、アルバータ大学で倫理審査を受けて承認された。それが承認されたとき、たくさんの博士課程の院生が自分たちの調査をその研究の文脈中に位置づけたいと申し出た。ショーン・マーフィー、マーニ・ピアス、アン・マリー・オア、マリリン・ヒューバー、そしてベラ・ケインらがこの研究の文脈においてジーン・クランディニンと一緒に仕事をしたらどのような役割を果たせるのかをイメージし始めた。パム・スティーブスは、ちょうど博士論文を仕上げたばかりで、教師教育のホロビッツ研究員（＊教員養成・現職教員教育研究センターが設置している研究員のポスト。）として仕事をする間は引き続きその研究にかかわりたいという関心を申し出た。ジャニス・ヒューバーは、シティ・ハイツの研究の一員だったが、聖フランシス・ザビエル大学で助教として働き始めるためアルバータ大学を後にした。彼女は、ジーン、エミリー、そしてシティ・ハイツの子どもたちと一緒に調査を開始

した課題に引き続き携わっていきたいと述べた。このように、研究者たちの幾人かは、長期にわたって様々な面での知り合いになっていた一方、他の人たちは、展開された協同的、関係的な仕事を通して互いに知り合いになっていった。この本は、複雑に織り合わされた性質をもつ学校での人生を理解しようという、こうした共通の情熱の成果の一つなのである。

　続く各章においては、2番目の調査対象とした、都会の多文化的な学校であるラビーン小学校における子ども、教師、家族そして管理職の人生へと探究を進めながら、こうした課題、子どもたちと教師たちの織り合わされた人生という課題に取りかかる。

ラビーン小学校にたどりつく

　学校についての子どもたち、教師、そして家族のストーリーにおける緊張関係と中断をめぐるこれらの課題に取り掛かる段になり、必要性が認識されたのは、こうした困難で複雑な課題の調査を受け入れてくれそうな学校を見つけることだった。一定の特色がある学校で、しかし、また、わたしたちがスタッフと知り合いであり、難しい緊張関係が発生したときであっても、調査の続行が認められる関係を締結できるような学校を見つけることが必要だということになった。たくさんの学校が思い浮かんだ。

　第1に、子どもと家族の人生が多様性に富む学校を見つけたかった。わたしたちが興味をもつ種類の学校のストーリーを、学区職員は「社会経済的レベルが低い」「低所得者地域」「多文化的」「第二言語学習者の割合が高い」そして「低学力」といった筋でわたしたちに語るのだった。わたしたちが入って研究をしたいと思う学校が、そういう言われ方をする学校だろうことはわかっていたが、子どもたち、家族、教師たちの人生をこのような筋の観点から理解していきたいとは思わなかった。むしろ彼らの人生や、そうした人生がどのように複雑に綴られているかに注目したかった。

　第2に、研究を携えてその学校に滞在し、研究者として当事者と共に過ごすのを許可してくれるのに必要な、ある種の研究的関係を発展させていける学校を見つける必要があった。わたしたちは、ラビーン小学校2(＊2)の校

長であるジャネットを知っていた。わたしたちの多くは、彼女がある学校から次の学校に異動する時期をまたぐほどの長い知り合いだった。知人としての彼女との関係は、友人、大学院の同級生、共同インストラクター、他の研究の関係者としてなど様々だった。ラビーン小学校は、わたしたちが、子どもたちと家族の人生に多様性があることを知っている学校の1つだった。ラビーン小学校がこの研究を展開できる学校かどうかグループとして考えたとき、ジーンは、ジャネットと連絡を取って非公式に会い、その学校で研究者のこうした大きなグループがそのような複雑で緊張関係に満たされた探究に取り組める可能性について話し合った。ジャネットは関心を示し、彼女の学校で研究をする許可を学区に申請する手助けをすると言ってくれた。2002年9月に研究を開始する許可が学区から下りた。次章では、その学校で展開したこのナラティブ的探究の方法をより完全なかたちで説明する。

研究課題を再考する

シティ・ハイツでの以前の調査を振り返ってみてわかったのだが、わたしたちがさらに理解したかったのは、教師、子どもたち、家族、管理職たちの人生が学校の風景における教室内と教室外の場で出会ったときに、彼らの人生に何が起こるのかということだった。彼らの人生が出会い、時には互いに衝突するのを見ながら、こうした出会いがどのようにそれぞれのアイデンティティや支えとするストーリーに波紋を投げかけ、形成するのかについてわたしたちは思いをめぐらした。教師、教師教育者そして研究者として、特に理解したいと思ったのは、子どもたちの支えとするストーリーが、教師や管理職の支えとするストーリーとの相互作用を通してどのようにつくられ、つくり直され、ストーリー化され、再ストーリー化されるのかということだった。より以上に、学校のストーリーや学校についてのストーリーがどのように子どもたちの支えとするストーリーを方向づけるのかを理解したかった。そして教師や管理職の支えとするストーリーが子どもたちの支えとするストーリーと衝突することでどのように方向づけられるのかについても注意を払いたかった。わたしたちの研究では、最初、家族のストーリーと家族に

ついてのストーリーに注意を払ったが、それは、ストーリー化された学校の風景においてストーリー化された人生を構成する動きの中にある人生に注目していたからだ。

　学校でつくられるカリキュラムは人生のカリキュラムであるということ、すなわち、教師、子どもたち、管理職、そして家族の人生が学校においてストーリー化され、再ストーリー化されることについての理解が進むにつれて、わたしたちの研究課題は、つくられ、つくりかえられた。学校で起こっていることは、アイデンティティ形成の過程である。すなわち、人生は、書かれ、書き直され、ストーリー化され、再ストーリー化される。アイデンティティ、子どもたち、教師、管理職そして家族が支えとするストーリーは、すべて表現されるものであり、そうした表現において、再ストーリー化され、無視され、消去され、教育的あるいは非教育的に転換されうる。子どもたちの支えとするストーリー、教師の支えとするストーリー、教材、そして環境の間の、複雑で、発展し、変化している相互作用に着目することが、わたしたちの研究課題を、カリキュラム・メイキングというものをどのように理解できるのかにかかわる課題として理解するもう一つの方法になった。

　以下の章では、これらの相互に連結された研究課題を取り上げる。ある子どもたち、教師たち、管理職たち、そして家族の人生がわかるようになるのは、わたしたちが、反省的で柔軟に自分自身の人生についてよりよく知るようになるのと同時だからだ。

第 2 章

子ども、教師、親、管理職と共に取り組む関係的なナラティブ的探究

　3年生の児童で新しくシティ・ハイツ校に転入してきたメリッサが質問してきた。「あなたたちは誰なの？　どうしてわたしたちの教室に来るの？」。わたしたちは、「学校や教室に来るいろいろな違いをもつ人たちについて考えることで、学校や教室のことをもっとよく知りたいの」と答えた。「どんな違い？」とメリッサは不思議がった。文化やライフスタイルの違いについて話したので、今思えば、わたしたちの答えは曖昧だったのだろう。メリッサは続けて質問をした。「他の先生たちみたいな学校にいるおとなから学ぼうとしているの？」。「そうよ」とジャニスは言った。「でも、主には教室の子どもたちと家族から学びたいわ」。メリッサは、驚き、不思議がっているように見えた。「子どもたち？」。わたしたちは、子どもたちが言ったり書いたりしていることに注目することで多くを学んでいることを話した。メリッサは言った。「ああ、それじゃあ、子どもたちも先生みたいになるのね？」（フィールド・ノート　1999年11月22日）

　ラビーン小学校でこの研究に取り組んでいる間、メリッサの質問とわたしたちの曖昧な返答のことがわたしたちの頭から離れなかった。ナラティブ的探究において子どもたちはどのような存在になるのかというメリッサの疑問が、この研究において、また、研究への参加者たちとのかかわりにおいて、

わたしたちは何者なのかという問いを突き付けることになった。子どもたち、教師、家族、そして管理職と共に過ごすときにわたしたちが引き受けた関係に対する責任について、そして彼らのストーリーの登場人物になることによってわたしたちは何を求めているのかということについても考えさせられることになった。メリッサの一見素朴な質問が、子どもたち、教師、家族、そして管理職のかたわらでナラティブ的探究に取り組む複雑さについて、多くの問いを開くことになった。この章では、ラビーン小学校で着手したナラティブ的探究について述べながら、関係的なナラティブ的探究に関する理解を深めていきたい。

フィールド・ノートを読み、ラビーン小学校での経験を通して記憶してきたストーリーを語りながら、わたしたちは、メリッサがジャニスやジーンと交わした3年前の会話が、ラビーン小学校における子どもたちや家族の疑問や違和感の中にも共鳴していることに気がついた。以下では、子ども、教師、母親、そしてスタッフの視点から、彼らがこの研究者のグループに出会ったときにもったであろうと想像される違和感に着目する。

1年生のジュリーは、最初に学校に来た日、子どもたちが本を読んでもらうために集まっている外側に座って黙ったまま何かを書いているアン・マリー・オアのことを不思議に思っていた。ジュリーは、メリッサと同じように、わたしたちは何者であり、わたしたちと一緒にいることで彼女は何者ということになるのか、わたしたちの存在は、その教室のストーリーにおける子どもたちと教師の人生をどのように方向づけることになるのかを理解しようとしていたのではないか。

ベラが調査に入った初日、彼女が2・3年複式の学習支援学級の子どもたちに、彼らが何者で、また何者になっていくのかを写真に撮るという話をしていたとき、ベラが教室に及ぼす影響を、教師であるクリスティはどのように感じていたのかが気になった。ベラの存在が、クリスティの考えていた2・3年生の子どもたちと一緒にこのような1年を展開していこうとイメージしていたものを妨害することになるかもしれないと感じていたのではないだろうか。

第2章 ● 子ども、教師、親、管理職と
共に取り組む関係的なナラティブ的探究

　マーニ・ピアスがアーロンの母親の家で彼女と会ったとき、学校では息子と共におり、家では彼女や家族と共にいるマーニを、母親は、同一人物としてどのようにストーリー化しただろうか。

　　最初の学校組織日（school organization day）（＊年度初めに職員が行う打ち合わせの日）、教職員たちは、彼らの間に座っているその研究者グループが、学校についてのストーリーと彼らの人生を、1年を通して方向づけるかもしれないことについてどんなふうに思っていたのだろう。自分たちがどれほど無防備な状態に置かれるかもしれないかを心配していただろうか？　ナラティブ的探究に取り組むことによって学べるかもしれないことについて、わくわくしたり、何がしかの期待感をもっていたりしたのだろうか？

　わたしたちはシティ・ハイツで行った研究の中で生じてきたこうした疑問を心に留めていたが、それらは、ラビーン小学校で行われたように、ナラティブ的探究の方法論を探る出発点となった。

ナラティブ的探究

　コネリーとクランディニン（1985）が、最初、1980年代初めに教室の教師や子どもたちと共に調査に取り組み始めたとき、ナラティブ的探究は、その関係的な質と共に、まだいくぶん疑義のさしはさまれる研究実践だった。しかし、後にコネリーとクランディニン（1990: 2）が書き留めているように、ナラティブ的探究は、当時、教育学研究において、また、教育の内と外の両方の研究領域において、より一般的な研究方法になりつつあり（Carr 1986; Crites 1971; Mitchell 1981; Polkinghorne 1988）、すでに「長い知の歴史」を有していた。教育の領域においてナラティブ的探究が研究方法として継続的に発展するようになった始まりを理解する方法の一つは、知と研究においてどのような概念化が支配的であったか、その変遷をたどることによって知ることができる。例えば、知を客観的なものとみなすのが、支配的な概念化のあり方だったのが、知を、個人的で、人びとの中に身体化されるものであり、様々な状況における経験を通して形成されたり再形成されたりするも

のとして理解する方向へと変化しはじめると（Belenky et al. 1986; Bruner 1986; Connelly and Clandinin 1985; Dewey 1938; Johnson 1987, 1989; Polanyi 1958)、知を、経験的、文脈的、時間的、ナラティブ的に理解されるものとして問うことが、教育の領域でますます道理にかなったものとみなされるようになり（Carter 1993; Clandinin 1986; Connelly and Clandinin 1988; Eisner 1988; Elbaz 1983; Witherell and Noddings 1991)、さらに、調査もより協同的で、学校を基盤とするものになっていった（Clandinin and Conelly 1988; Clandinin et al. 1993; Hollingsworth 1994; Miller 1990)。知についての新しい見方と、より協同的な調査によって、一方では、研究者が学校に戻ることになったが、しかしそのことは、研究者と研究参加者の位置や、複雑な倫理的ジレンマについての新たな問いを開くことにもなった。それは、研究過程のみならず、研究者が何を知り、何について書くのかということまでを方向づけるものであった（Borland 1991; Clandinin and Connelly 1988; Fine 1987; Harding 1988; Lincoln and Guba 1989; Lyons 1990; Noddings 1986; Personal Narratives Group 1989)。こうした新しい問いによってナラティブ的探究は一つの研究方法論として常に練り上げられていった。

　ナラティブ的探究は、展開するにつれて、記述するのも、適切な言葉を見つけるのもより難しくなった。ナラティブ探究者が参加者と共に調査するときのプロセスとはどのようなものだろうか？　答えから始めて答えへと進み、慎重に問いを作り出す研究方法論とは違い、ナラティブ的探究は複雑で突発的であり、アイズナー（1991: 172）が書いたように、「建物を建設する」というより、多くの場合、コラージュを作成するようなものだ。ナラティブ的探究は、ショーン（1983）が書いているように、研究者と教師が教室や学校の場で互いに一緒に過ごすという意味でも複雑さを含んでいる。ショーンの言う沼地という隠喩は、研究者が教室において教師と共に調査するときに経験する特質ばかりではなく、その不確実性にも着目させるものであった。沼地――たいてい底が見えないが、しかし、非常に興味深く、生き生きとした変化のある複雑な風景――に入るのと同じように、大学という「高地」から降りて教室で教師たちと共にぬかるみで過ごすことを選んだ研究者は、教師と子どもたちの教室での生活をユニークな視点から理解する。その視点は、

第2章 ● 子ども、教師、親、管理職と
共に取り組む関係的なナラティブ的探究

教室で教師や子どもたちと共にいることによってのみ可能になる。
　このように、ナラティブ的探究は、対象から距離を取り、客観的であるという、以前の調査の発想（Phillips 1987; Thorndike 1927）に抗し、いわば共に生きることを求めた。それは明らかに関係的な形の探究だった。コネリーとクランディニン（1990）は、経験とナラティブ的探究について探査するなかで、共同研究者たちとの、展開し続ける関係的な生き方について次のように書いた。

> 単に参加者が語るのを聞き、記録し、促すだけでいるのは、不可能だし（わたしたちは皆、口に出したり書いたりするかどうかはともかく、自分の経験のストーリーを語り続けている）、得心できないことがわかった。わたしたちも自分たちのストーリーを語る必要があると学んだのである。わたしたちは、筆記者ではなく、ストーリーの語り手であり、ストーリーを生きる者だ。そしてわたしたちのストーリーの語りにおいて、参加者のストーリーがわたしたちのストーリーと融合して新しいストーリーができる。それらをわたしたちは、**協同的ストーリー**（collaborative stories）と呼んできた。最終的に紙の上（あるいは、もしかしたら、フィルム、テープ、あるいはキャンバスの上かもしれないが）に書かれたもの、研究論文や本は、協同的な文書、すなわち研究者と参加者両方の人生から創造された、相互的に構築されたストーリーである。
>
> （1990: 12　強調は出典による）

　ナラティブ的探究は、共同の関係的作業であり、展開し続ける共同的な構築だとするこの説明が、子どもたち、教師たち、家族そして管理職たちとの研究をラビーン小学校で計画し、開始する際にわたしたちの手掛かりとなった。しかし、同時に、人間の被験者と共に研究を行うことについて倫理的認可を求める大学の要求条件にもわたしたちは規定されていた。こうした大学の要求条件は、関係的な形をとる研究を想定して策定されたものではなかったが、それに適合させるために、わたしたちは、教師や管理職だけではなく、子どもや家族とも一緒に研究を進める上でのインフォームド・コンセントに関する文書も備えた倫理についての報告書を作成した。そのインフォーム

ド・コンセントについての文書では、教室内と教室外、場合によっては学校外の生活にわたしたちがどのように関与するかを説明した。どのようにしてテープに録音した調査上の会話を扱い、フィールド・ノートを書き、学校の文書や子どもたちの作品を集め、子どもたちの写真を撮るかを述べた。わたしたちは、いつも被験者に対する倫理的ガイドラインを心に留めながら関係をつくる努力をした。こうした関係や、その中で出された、ジュリーやメリッサのような、問いをくぐってきたことで、わたしたちは、子どもたち、教師、家族そして管理職が、共同研究者としてのわたしたちをどのように見ているのか、また、共同研究者としての彼ら自身をどのように見ているのか、そして、参加者と共に関係的なナラティブ的探究に取り組む自分たちをわたしたち自身がどう理解しているのかに自覚的であることができた。

　以前に書いた論文（2002）で、ヒューバーとクランディニンは、シティ・ハイツ校において子どもたちを共同研究者として行った関係的なナラティブ的探究において、支配的な被験者倫理ガイドラインとぶつかったことについて調べながら、関係的なナラティブ的探究の倫理について検討した。彼女たちは次のように書いている。

> 　子どもたちと共同研究者としての関係を築くようになると、教師である研究者、研究者である教師、あるいは研究者としてのわたしたちはどのような筋によって方向づけられているのかについてとても深く考えるようになった。子どもたちとの関係を現在と未来にわたって維持するよう注意を払うことが、わたしたちの第一の配慮事項となった。わたしたちにとっては、クランディニンとコネリー（2000）が書いたように、倫理的配慮を関係的責任についての配慮へと組み直す必要がある。関係に着目することは、「良い」教師や「良い」研究者は何をすべきかということについての支配的なストーリーと対立する可能性があることをわたしたちは認識していた。良い研究者にふさわしいとされる研究の筋では、子どもたちの生活への影響に対して、最大の関心事というほどの注意が払われることは多くない。関係的なナラティブ的探究は、子どもたちが共同研究者となって行われた取り組みだったので、わたしたちは、そこにこそ着目する必要があるという自覚をもっていた。　　　　　　　　（2002: 801）

第2章 ● 子ども、教師、親、管理職と
共に取り組む関係的なナラティブ的探究

　ラビーン小学校の人々と関係的なナラティブ的探究に入ったときにわたしたちが着目したのは、関係的なナラティブ的探究についての倫理を求めるヒューバーとクランディニンの議論（2002）であった。ここでの倫理とは、特定の手順に従えばよいというものではなく、むしろ「探究上の決定すべてについて油断なく、思慮深く」（Clandinin and Connelly 2000: 184）あり続けることが要求されるものであることをわたしたちは知った。ラビーン小学校に入ること、そして教師、子どもたち、家族、管理職および互いの間の調査的関係に入ることは、それぞれの教師の人生、それぞれの子どもの人生、それぞれの家族の人生、それぞれの管理職の人生、そしてわたしたちそれぞれの人生への影響にそれだけの配慮をするということであった。関係的なナラティブ的探究の倫理を模索することを通じて、ビハール（1996）も書いているように、わたしたちは、他では経験しないような複雑さを経験しただけでなく、様々なことを理解することもできた。例えば、ナラティブ的探究を生きることと語ることの両方において、教師、子どもたち、家族、管理職、あるいは研究者が生きたり、語ったりしたストーリーを判定する立場に身を置くのと、より深く理解する立場に身を置くのとではどのような違いがあるのかという疑問に向き合い続けた。

　以下の章で明らかにするように、わたしたちの周囲で、そして、心の中で展開しているすべてのことに注意深くあったなら、わたしたちや参加者たちが感じている緊張関係について探究できる機会は数多くあったが、わたしたちが生きていく中では注意深さを保ち続けられなかったり、あるいは保つことをしなかった契機もあった。ラビーン小学校で始めたような複合的な研究において関係的なナラティブ的探究の倫理を模索していくというこうした複雑さが、ナラティブ的探究の方法論を方向づけ続けるのだろうとわたしたちは想像した。本書を書いたとき、教師、子どもたち、家族、管理職、そして研究者たちの間で関係的なナラティブ的探究を模索することの複雑さについてしばしば語り、熱心に考えながら、学ぼうとする意欲の少なくともある程度は、次のような過程を通して形成されるというベイトソン（2004）の言葉を思い出した。

複合的な観点を楽しむこと、そして2つ（あるいはそれ以上）の明らかに矛盾する観点を保持すること…。これは、高度の多様性と、急激な変化によってわたしたち皆を混乱あるいは洞察へと押しやる世界を生きる上でますます必要になっている。
(2004: 252)

三次元的なナラティブ的探究の空間

　調査を通して、わたしたちは、経験を、ナラティブ的に構成され、ナラティブ的に生きられているものとして理解するようになった。わたしたちは経験をナラティブ的に見ているから、経験をナラティブ的に研究する。言い換えれば、わたしたちにとって、ナラティブとは、現象でもあり、方法でもある（Connelly and Clandinin 1990）。わたしたちにとってナラティブ的に考えるとは、隠喩的な「三次元的なナラティブ的探究の空間」（Clandinin and Connelly 2000: 49）の中で考えるということだ。デューイ（1938）の仕事がナラティブ的探究についてのわたしたちの考え方を方向づけている。わたしたちは、彼の経験の概念と、クランディニンとコネリー（2000）がナラティブ的探究について概念的にまとめたことを心に留めつつこの調査に取り組んだ。彼らは、自分たちの用語について次のように書いている。

　　個人的なことと社会的なこと（相互作用）、そして過去、現在と未来（連続性）とが、場の観念（状況）と結び付けられた。このひとそろいの用語が、時間性が第一の次元に、個人と社会が第二の次元に、場が第三の次元に対応する、隠喩的な三次元的なナラティブ的探究の空間をつくり出す。このひとそろいの用語を用いることによって、いかなる特殊な探究もこの三次元の空間で定義できる。研究というものは、時間の次元を含んでおり、時間的な事柄を扱う。また、研究は、探究に適合したバランスで個人的なことと社会的なことに焦点を置く。そして特定の場、あるいは一連の場で行われる。　　(2000: 50)

　個人的-社会的次元は、わたしたちに内面へ、そして外面へと注意を向けさせる。内面へとは、「感情、希望、美的感じ方そして道徳的心性といった内部の状態に関して」（Clandinin and Connelly 2000: 50）ということであり、

外面へとは、「存在の状態に関して」(p.50) ということである。以前のことにさかのぼったり、将来に向かったりといった視点の移動によって、わたしたちは「時間性―過去、現在、未来へと」着目する (p.50)。場については、「探究の風景における特定の具体的な物理的で地誌的な境界に注意を向ける」(p.51)。

　コネリーとクランディニンは、三次元的なナラティブ的探究というこの隠喩に、初期の研究では明確な位置を与えていなかった。彼らと他の仲間の研究者たち (Bach 1993; Craig 1992; Davies 1996; Huber 1992; Kennedy 1992; Murphy 2000; Pearce 1995; Rose 1997; Sewall 1994; Steeves 1993) が、このような隠喩的な空間が、彼らおよび一緒に研究に携わった参加者の人生の全体を描く助けになるのみならず、時間的、個人的、社会的、そして場という側面を含んで展開する経験の助けにもなることを認識したのは、教師や子どもたちと共に研究し、生活したときだった。彼らは、初期の仕事においてさえ、ナラティブ探究者として、人びとを分析的カテゴリーによって分解される対象としてではなく、人生を、長い時間をかけて綴られ、豊かさと複雑さに満ちた人生を綴る人びととして描こうとした。例えば、クランディニン (1986) は、博士論文に取り組んでいたとき、ある時点で、2人の参加者の人生から立ち現われてくるイメージを分析することによって、その人たちの人生の全体性に対する見通しを失ってしまっていたことに気づいた。その人たちそれぞれについて説明しようとして、彼女が「全体論的説明」(p.120) と呼ぶ性格描写に取り組んだ。彼女の記述によれば、彼女が展開した解釈的な説明では「ステファニーの実践と、そうした実践に専念する彼女の個人的実践知の中にわたしが見出した調和と流れを反映した姿のステファニーを描くことが」できなかった (p.120)。後に、クランディニンとコネリー (2000) は、人生全体を綴ったものとしてのストーリー化された人生経験、支えとするストーリーをどのように理解するかという課題に取り組み続けながら、三次元的なナラティブ的探究の空間についての隠喩を発展させた。

　リアの3・4年生学級で関係的なナラティブ的探究をすることにより、ジーンとジャニスのリアとの関係は、彼女たちは何者なのか、教師教育者や研究者として何者になろうとしているのかという問いに織り込まれることになっ

た。シティ・ハイツ校の3・4年生学級での生活についてのフィールド・ノートの多くに、教室と学校外での人生についてのリアのストーリーや、リアのストーリーに耳を傾けたときにジャニスとジーンに生じた考えや思いめぐらしたことについてのストーリーが記録された。わたしたちがフィールド・ノートを引いて三次元的なナラティブ的探究の空間に位置づけたのは、リアの人生がシティ・ハイツ校を方向づけている学校についてのストーリーと衝突することに関し、リアの経験がどのような問いを提起したのか示したかったからである。ここで見えるのは、リアと彼女の担任であるエミリーのアイデンティティの脈絡だ。シティ・ハイツ校における学校についての支配的なストーリーの筋も同様に見ることができる。こうすることによって、わたしたちは、フィールド・ノートに見られる相互接続した一連の筋についてより深く考えるよう促された。リアが学校の正面入口の重い木のドアを引き開けたとき、彼女と弟たちが、国歌がかけられている間、玄関で直立不動の姿勢で立っていたとき、事務室で遅刻票を待っていたとき、弟たちをそれぞれの教室に連れて行き、担任たちに説明をしたとき、そして、ようやく自分の教室にたどりついた彼女の行動がそうした朝の始まり方に緊張関係を感じていることを示していたときといった、それぞれの場面で彼女は緊張感を経験していた。フィールド・ノートを検討するにあたり、後退したり前進したり、内側から見たり外側から見たり、場に着目することを通して彼女の緊張を想像し、それによって初めて、わたしたちはリアに応答的になることができた。

　わたしたちは、ラビーン小学校におけるストーリーの只中（ただなか）に入り込んだとき、学校のストーリーと学校についてのストーリーの中に入ったというだけではなく、クリスティのような教師たち、ジュリーのような子どもたち、アーロンの母親のような家族の構成員たち、ジャネットのような管理職の人たちの人生の只中にも入り込んだことになる。彼らが、教室内と教室外の場、学校内と学校外の場において自分たちの人生を生き、語り、生き直し、語り直しているストーリーの中にわたしたちは入ったのであり、また、自分たちが研究者として綴ったり、綴り直したりしているストーリーの中にも入ることになった。ナラティブ的探究者として、こうした入れ子状態になったストーリーの只中にいるということは、不確実性の只中にいるということでもあっ

第2章 ● 子ども、教師、親、管理職と
共に取り組む関係的なナラティブ的探究

た。クランディニンとコネリーが書いたように（2000: 145-6）、

> ナラティブ的探究者が不安を感じるのは、人びとや場所や物事について、現に**ある**ものとしてより、これから**なりつつある**ものとして書く必要を理解しているからでもある。人びとや場所や物事がこうなっているとか、ああなっているということよりも、それらにはナラティブ的歴史があり、さらに先に進もうとしていることを述べるのが彼／彼女たちの仕事だ。ナラティブ的探究のテキストは、根本的に、これまではどのようであって、今はどうであり、これからはどうなりつつあるのか——に関する時間的なテキストである。

（強調は出典による）

参加者と共に関係を模索する

　ナラティブ的探究においては、ストーリー化された人生、過去、現在、想像された未来のつながりが、多くの場合は参加よりも先に存在する。第1章で語られたように、幾人かの研究者と教師、管理職の位置にある参加者たちは、互いにナラティブ的探究をラビーン小学校で始める前からの知り合いだったが、他の研究者、教師、管理職はそうではなかった。どの研究者も子どもや家族の参加者とは調査前からの顔見知りではなかった。わたしたちがジャネットや教職員と、研究の可能性について話し始めたとき、それぞれの研究者と教師たちとの間に関心の脈絡が見えてきた。こうした脈絡は、研究者が、教室内の場で教師たちと共に過ごすことについて教師と相談し始めてから構想として形になった場合もある。例えば、会話の場面や、写真、アイデンティティや子どもたちとカリキュラム・メイキングをするための空間を具体化する場面で文学をわかちあっているところを調べたいといった相談であった。
　2002年の秋、研究者たちが教室や学校にいるとき、時には、教室内の領域で子どもたちが研究者と交流することによって、また、あるときは、研究者が教室で子どもの家族と知り合う機会をもつことによって様々なつながりがつくられ、それが子どもや家族といった参加者を特定の研究者と共に行う研究に引き込むことになった。こうしたつながりのストーリーは、ナラティ

ブ的探究者として、参加者との関係を共に模索する背景を形成した。このようなつながりは、関係を築き始める場を形成しただけでなく、やがて、ストーリーが生きられ、参加者と研究者との間で共有されるようになると、関係がどのように綴られ、綴り直されるかが、こうして展開しているストーリーによって継続的に方向づけられた。

　調査が展開するにつれて参加者とのかかわりがどのように取り結ばれるかに着目することは、リサーチ・テキストを綴るにあたって、調査を生きる上でも、語る上でも大切だった。三次元的なナラティブ的探究の空間によって、わたしたちがナラティブ的探究者として活動するフィールドが与えられ、関係の中で想像を働かせる余地ができた。ナラティブ的探究者として、わたしたちは、ブーバー（1937）が「我と汝」のかかわりにおいて書いていたように、この場において常に応答的でありつづける必要があることを心に留めていた。このように息づいている研究者／参加者関係の複雑さ、不思議さ、壊れやすさを理解していたので、わたしたちは、自分たち自身の人生と共にある参加者の人生によく耳を傾けようと努めた。

　ブーバー（1937）による、教師と生徒との間の我－汝のかかわりについての説明は、教師が個々の生徒の独自性に関心を向けたり、彼／彼女が教室で経験している状況に関心を向けることによって、生徒との尊重の念（respect）に満ちた関係を生きることに注目したものだった。我－汝のかかわりについての彼の見解は、わたしたちが、ナラティブ探究者として、教師、子どもたち、家族、管理職、そしてお互い同士と共にラビーン小学校でどのように生きるのかについて深く考える手掛かりを与えてくれた。ブーバーが我－汝関係における尊重の念のあり方について説明していたことと同じように、ナラティブ的探究における尊重の念に満ちたかかわりは、あらかじめ決められた計画によって規定されているものではない。むしろ、関係的なナラティブ的探究の一つの特性としての尊重とは、前方へと続く脈絡、すなわち調査の全体を通して模索され続ける脈絡である。ブーバーによる関係における尊重の概念は、わたしたちが綴ったフィールド・テキスト、そして、リサーチ・テキストを綴る際のフィールド・テキストの扱い方を方向づけた。第1章で、さわやかな秋の朝にシティ・ハイツ校に弟たちと遅刻したリアの経験について検

第2章 ● 子ども、教師、親、管理職と共に取り組む関係的なナラティブ的探究

討したが、そのことがブーバー（1937）の我－汝関係を関係的なナラティブ的探究の一側面として深く考える手掛かりを与えてくれた。我－汝のかかわりを参加者と共に模索するには、わたしたちと参加者のストーリーを感じたときには心を、わたしたちと参加者のストーリーを聞いたときには耳を、わたしたちと参加者のストーリーが生きていることを目撃したときには目を働かせることが要求された。

　ナラティブ的探究の展開に応じてナラティブ的なつながりの脈絡に関心を向けたのは、ナラティブ的なつながりを、その後ずっと順調で快適に続く調査を生きたり語ったりするための方法として求めていたからではない。むしろ、ナラティブ的なつながりを求めたことで、わたしたちは研究者として、わたしたちの探究を方向づけている複合的で相互に接続した文脈の特異性に加え、参加者とわたしたち自身の経験もより深く理解することができた。つながりの脈絡に注意を向けつつ参加者との関係を共に模索することにより、参加者の人生と、わたしたちの研究者としての人生が、わたしたちのナラティブ的探究を前進させる疑問や驚きや探究の脈絡の現れ方を方向づける場が開かれた。

　複合的にストーリー化された人生は、人生とストーリーがどのように展開するかを決定づける役割を果たした。クランディニンとコネリーの「ナラティブの模索 negotiation of narrative」（1988: 281）という概念によって、わたしたちは、参加者の人生、わたしたちの人生、そして学校の文脈を方向づけている多様なストーリー展開について意識的であることができた。クランディニンとコネリーは、以前の研究でエレンという教師と院生研究者のチャールズとの間の研究関係が破綻したことについて理解しようとしたとき、何が起こったかを理解するために「ナラティブ的統一性 narrative unities」という概念を使った以前の仕事（Clandinin 1985; Connelly and Clandinin 1985）を振り返った。ナラティブ的統一性を、「ある人の経験の中の連続体であり、様々な経験を通じてその人が獲得した統一性によって、人生経験に意味を与えるもの」（1988: 280）と説明しつつ、彼女たちは、エレンとチャールズのナラティブ的統一性をたどった。これによって、クランディニンとコネリーは、エレンとチャールズの関係、特に2人の人生の出会いに

おいて生じた断絶について新しい洞察を得ることになった。エレンは、クランディニンの以前の研究とステファニーとの関係のストーリーについて知っており、チャールズともそれと同じような経験をするのだろうと想像していた。チャールズは、しかし、「教室に対する部外者の位置を保ち続け」(p.280)、エネルギーを彼らの関係を共に模索することにではなく、自分の研究に必要な「データ」を集めることに集中した。クランディニンとコネリー（1988）が記録しているように、

　　1人の研究パートナーが新しいナラティブ的統一性を期待していたのだが、始めてみると、期待を裏切られたと感じた。もう一方の相手はすでにもっているナラティブ的統一性にこだわり続け、自分は研究者なのだという自己イメージにしたがって、学校についての一連の新しいデータを取り込む程度にまでしかそれを修正しようとしなかったのである。　　　　　　　（1988: 281）

チャールズとエレンとの間の緊張関係をナラティブ的統一性の観点に立って理解しながら、彼らは次のように書いた。

　　共同研究は関係を構成する。日常の生活において、友情関係という考え方には2人あるいはそれ以上の人の経験範囲が共有され、相互浸透しているという意味が含まれている。単に連絡をとるだけでは知人であって友情関係ではない。同じことが、友人関係と同種の密接な関係が必要な共同研究にも言えるかもしれない。関係が結ばれるのは、マッキンタイアが暗示したように、わたしたちの人生におけるナラティブ的統一性によってなのだ。　（1988: 281）

参加者とわたしたちの人生を方向づけている支えとするストーリーの複合性に着目することによって、わたしたちは、参加者の経験や、彼らが学校で人生を綴っているときに経験した連続や非連続、そして彼らやわたしたちが支えとするストーリーが、関係の進展につれてナラティブ的に共に模索されることによって「新しく共有されるナラティブ」（Clandinin and Connelly 1988: 281）が参加者と研究者との間に生みだされる際の時間的な進行の様

子について、理解を大いに深めることができた。

　グリーン（1995: 1）は、彼女の人生、彼女の支えとするストーリーにおけるこの複合性を以下のように述べた。

> 　その探求は、女性としての、教師としての、母としての、市民としての、ニューヨーカーとしての、芸術愛好家としての、運動家としての、哲学者としての、白人中流階層のアメリカ人としてのわたしを巻き込む。わたしの自己も、わたしのナラティブも、したがって、単一の織り糸をもつことはできない。わたしは、あまりにもたくさんの社会的、文化的力が交差する地点に立っており、ともあれ、永遠に道の途中にいる。わたしのアイデンティティは、複合的なものと理解されなければならない。

　グリーンが関心をもったのは、彼女のアイデンティティが、自分の人生の構成を形成し、再形成する様々な筋書きによって複合的になっているということのみならず、こうした筋書き、こうした複合的なアイデンティティの脈絡が、互い同士から、また、彼女が生きている広範な社会的、文化的環境から孤立して存在しているのではないということであった。

　参加者と共にナラティブ的探究に取り組むには、わたしたちのアイデンティティの複合性、それぞれの参加者がやり取りしている複合的なアイデンティティの脈絡と同様に、わたしたちや参加者の文脈に作用している、より広範な社会的、文化的そして制度的な筋書きに注意深くあり続ける必要があった。わたしたちは、参加者とわたしたちの人生の複合的なナラティブ的統一性に注意を向けることが求められたが、それは、参加者とわたしたちの人生の構成が複合的であることや、わたしたちの間で共同執筆されている、共有されたナラティブ的統一性を隠したり否定したり、沈黙させたりしないためであった。

　わたしたちのナラティブ的探究を、時間をかけて見ていると多くの場合、相互に接続した脈絡が見えてきた。クランディニンとコネリー（2000: 67-8）は次のように書いた。

来る日も来る日も、来る年も来る年もフィールドにいたからこそ、長期にわたる風景のナラティブについて説得力ある感覚が働くようになったのである。このこともナラティブ探究者たちがフィールドにおいて行うべきことの1つだ。すなわち、彼らは、参加者と共に滞在して生活し研究を行うことで、直接的に見たり話せることだけを経験するようになるのではなく、語られたり、行われたりはしないが、彼らの観察や語りのナラティブ的構造を方向づけているものも経験するようになる。

　人生の中の、人生の間の、そして人生を交差する相互接続した脈絡を知り、理解できるようになるための一つの方法としてフィールドにおり、参加者と共にあることは、わたしたちのナラティブ的探究のもう一つの側面だった。参加者との関係を共に模索するというこの特有の側面によって、フィールドで生活し、フィールド・テキストを綴り、中間リサーチ・テキストとリサーチ・テキストを綴るためにフィールド・テキストを扱うとき、わたしたちは注意深くあることができた。

ラビーン小学校で関係を共に模索する

　2002年5月、ジーンは、ラビーン小学校の校長であるジャネットに、自分の教室でナラティブ探究者が共に生活することを許してくれる教師とどうしたら学校で最も良いつながりをもてるかを相談した。ジーンは、ジャネットとは他のことでも関係をもっていたし、ラビーン小学校や他の学校での以前のプロジェクトにおいても知り合いだった。パム・スティーブスは、ジャネットがラビーン小学校に最初に着任したあと数年の間、その学校にいた。パムとジャネットは、パムのナラティブ的探究が公式には終了したあとも、学校で話し合う関係を続けた。マーニとジーンは、ジャネットと共に、その学校でのオルタナティブな教師教育プロジェクトにかかわった。ジャネットの着任により、その学校のスタッフは、学校での研究や教師教育プロジェクトの受け入れに慣れていた。

　ジャネットは、研究者チームが、昼食を取りながら教師の小グループと会い、調査の関心について説明するよう提案した。ジーン、マーニ、ショーン・

第2章 ● 子ども、教師、親、管理職と
共に取り組む関係的なナラティブ的探究

マーフィー、そしてアンが研究の可能性について教師たちと一連の会話を始めた。そのようにする中で、5・6年生学級の担任であるリアンがショーンと組む参加者となった。1・2年生学級担任のローラは、アンと組む参加者になった。ショーン、アンとジーンは、その学校の文脈についてある程度の感覚を得ておくために、学校で行われた2002年晩春の活動のいくつかに参加した。ショーンとアンは、リアンとローラの教室で彼女たちと教室でのかかわりをつくり始めるためにわずかな時間を過ごした。その学校は異年齢混合学級だったため、2002年の秋にリアンとローラの学級になる予定の子どもたちの何人かとも会った。1・2学級担任のゲイルは、この学校に復帰するところだったが、以前のプロジェクトと大学のコースのときから調査グループの何人かとは知り合いであり、マーニとジャネットと、調査にどう加わるかについて話した。このようにして、ゲイルとマーニは、2002年秋のゲイルの1・2年生学級の子どもや家族と共に研究を始めることになった。

　2002年9月、ベラが、経験を理解する方法として、視覚的なナラティブ的探究（Bach 1998; Caine 2002）の可能性に関心を示すようになり、ジーンは、クリスティとジャネットに、クリスティと2・3年生の学習支援学級（learning strategies classroom）（＊1980年代に特殊学級を改編して設置されるようになった。学区により、呼称は異なる場合がある。）の子どもたちの参加について申し入れを行った。そのようにしてクリスティと彼女の児童たちがプロジェクトの一員となった。2003年の冬までに、もう1人の教師がプロジェクトに加われるかどうかについてジーンに打診をしてきた。ジーンはジャネットに申し入れを行い、多様性のある子どもたちへの指導の仕方をどのように学んだかについてのストーリーを語ることに関心をもっている教師たちがいるかどうかをたずねた。そのようにしてマリリン・ヒューバーが、スザンヌ、ジムそしてサリーとの研究懇談に加わるようになった。ジーンとジャネットは、年度全体にわたって研究懇談を行っていた。ジャネットはまた、特定の教室や教師に焦点を当てた研究懇談に、マーニ、ショーン、アンと共に年度を通じてかかわっていた。

　その年度を通して、研究者グループは、教室内の場ばかりではなく、教室外の場の活動や行事、例えば、一斉研修日、職員会議、部門別の会議、学校

主催の集まり、親と教師の会合、学校公開日、そして秋のバーベキューやクリスマスコンサート、小さなお祭りといった特別な学校全体の行事にも参加した。わたしたちは、気軽に廊下やスタッフルーム、運動場、そして事務部門を行き来した。子どもたちの自宅、子どもたちの行事、コミュニティ活動、教師の自宅やたまり場など、学校外の場にも参加した。

教室で教師と共に過ごすようになることで、わたしたちは、教室の生活にもかかわるようになった。教材や補助教材について計画を立てて準備したり、子どもたちの小グループに教えたり、子どもたちの取り組みに応答したりするといったことで教師の手伝いをした。それぞれの教室の子どもたちと知り合いになると、何人かの子どもたちと特別のかかわりを進展させるようになった。わたしたちは、やがてそうした子どもたちにより徹底した調査への参加を頼むことになった。リアンのクラスでは、ショーンがやがてエリカ、シャイアン、カトリーナ、ディラン、レオ、トラビスと、ゲイルのクラスでは、マーニがアーロンとサディと、ローラのクラスでは、アンが、ジュリー、ファリダ、ジェームズ、ボブと突っ込んだ研究を行うようになった。ベラは2・3年の学習支援学級のすべての子どもたち、すなわち14人の男の子たちと研究を行った。

研究者たちは、一緒に研究をしている子どもたちの家族のいくつかとの関係も模索した。家族とは学校公開日に会い、教師たちとは夜に会った。家族と話し、子どもたちが参加する許可を得た。子どもたち、家族、教師たち、管理職たちが同意書にサインした。

非公式なかたちで、わたしたちの研究グループは、学校事務員、ランチルーム管理員、用務員を含む職員全員との関係の模索も続けていた。ラビーン小学校の現場での1年が終わってもたくさんの関係が進展を続けた。アンは、2003-2004年度にわたって断続的に教室と児童の訪問を続けた。マーニ、マリリン、ショーンは、何人かの子どもたちや家族、職員との連絡を維持した。こうした関係ができたのは、一つには、リサーチ・テキストが参加者に戻され内容が伝えられたからだ。ジーンとパムは、興味をもったスタッフのメンバーたちと2003-2004年度にかけて放課後の自伝本クラブに参加した。マーニ、パムとジャネットは、教員養成プロジェクトについての仕事を継続した。

第2章 ● 子ども、教師、親、管理職と
　　　　共に取り組む関係的なナラティブ的探究

フィールドで生きる

　先に述べたように、ラビーン小学校でのわたしたちのナラティブ的探究は、わたしたちそれぞれが調査の始まったときに抱えていた疑問や研究上の難問ばかりではなく、進展しつつある理論的背景からも浮かび上がったものである。わたしたちのナラティブ的探究を方向づけている理論的背景は、第1章で書いたように、クランディニンとコネリーの研究に注目するものであるが、それは、大学院生、教師、子どもたち、管理職と共に、トロントにある都会の学校、ベイ・ストリート校で1980年代初頭に始めた研究である。ジーンが、クラスの担任であるステファニーと彼女の学級の子どもたちと共に、教師の「個人的実践知」(Connelly and Clandinin 1988: 25) について理解を深め、カリキュラムが「時をまたいだ教師と児童の人生の説明」であることが納得される方途を理解しようとして、長期にわたる学校を基盤にした関係的調査 (Clandinin 1986) を行ったのはこの文脈においてであった (Clandinin and Connelly 1992: 392)。この初期の研究は、シュワブ (1970) の4つのカリキュラムの共通根拠 (curriculum commonplace) ——教師、学習者、主題、環境——、そして、とりわけ、前景に置かれた教師と学習者を足場にした。この調査プログラムにおける次の研究は、教師が生き、働く環境をより理解する方法としての、個人的実践知 (personal practical knowledge) のナラティブ的な概念化に立脚した。クランディニンとコネリー (1995) は、教師たちが子どもたちと一緒にカリキュラム・メイキングに取り組むときに経験する入れ子のように相互につながっている環境を研究するための方法として「専門知の風景」(professional knowledge landscape) という隠喩を発展させた。こうした経験に基づくナラティブ的な概念化と言語が、フィールドで生活していたとき、フィールド・テキストを1人で、あるいは共同で綴っていたとき、そしてリサーチ・テキストを綴っていたとき、わたしたちの中に生きていた。

　ラビーン小学校でのわたしたちのナラティブ的探究を方向づけていたものには、もう一つ別の背景もあった。この背景について語ろうとすると、教員養成・現職教員教育研究センターにおいてつくられ、つくり直され、生きられ、語られ、語り直されてきた伝統、すなわち毎週の「研究課題テーブル」と継

続的な「作業進行グループ」の両方に、大学院生たちと共に教授陣、客員研究員が集まる伝統に触れないわけにはいかない。センターでの過去と現在の参加者たちは「キッチン・テーブル」(Steeves 2004)(＊教員養成・現職教員教育研究センターの中央には大きなテーブルがあり、日本で言えば、家族が茶の間や居間のテーブルを囲んで団らんをするように、研究者や院生たちが定期的に集まり、その大テーブルを囲んで各自の発言に基づく交流をすることが伝統になっている。)と呼ぶことが多いが、これら2つの集まりによって、わたしたちは「以前の知識の想起と、どのような知識が社会的、政治的条件の中で知覚され、存在しているのかについての思考を伴う、関係を通した知、あるいは関係的な知」の過程へと誘われた (Hollingsworth 1994: 77-8)。センターの研究課題テーブルでは、研究者になっていく経験についてのストーリーを、語り、記録することを通して共有、応答する会話の場を参加者たちが共同でつくっていた。作業進行グループでは、執筆中の文書を一緒に検討した。これらどちらの研究の場においても、それぞれの参加者が自分の書いたストーリーや文書の一部を持ってきて他の人々と分かち合うわけだが、応答がわたしたちのストーリーに返されることによって、知は深く関係的なものになった。このように知を構築していくには、一種の「声の融合」(integration of voices)、すなわち、それぞれの人の知が「彼らが個人的に大切だと直観した知識や、他者から学んだ知識」と織り合わされる過程が必要だった (Belenky et al. 1986: 134)。関係的な知のストーリーをナラティブ的探究として生き、語り、生き直し、語り直すこと、換言すれば、アイデアが所有されるのではなく、関係や会話を通して共有され、方向づけられ、綴り直され、知り直されるストーリーが、その研究においては重要な位置を占めた。

　ラビーン小学校に入り、生活したときにこの関係的な知をわたしたちの間で実行したときの2つの方法は、「ピット」という学校の中心に組み込まれている円形の空間での即席の会議をストーリーにするときに描写される。同様に、センターのテーブルにおけるより公的な研究会議、直接あるいはテレビ会議システムを通して参加した研究会議も、関係において知るという面倒で複雑な仕事に留まりたいという思いから設定した場だった。

第2章 ● 子ども、教師、親、管理職と
共に取り組む関係的なナラティブ的探究

　もう一つ、おそらくより目立たないストーリーが、わたしたちの本の各章を縫うように存在しており、そのストーリーによって、わたしたち自身とわたしたちの知を、生き、語り、生き直し、語り直すことが、ラビーン小学校の教師、子どもたち、家族、管理職と共にあるという関係やわたしたちの生き方において、刻一刻と深く方向づけられていることが明らかになる。この種の関係的な知によって、参加者たちがわたしたちと関係的なナラティブ的探究に取り組んだときに果たした決定的な役割が認識される。

只中における方法論的挑戦

　ラビーン小学校でこの研究に取り組むことにより、教師、子どもたち、家族、管理職と共に関係的なナラティブ的探究を行う際の方法論的な挑戦が促進された。以下では、わたしたちが研究者グループとして直面した方法論的挑戦のいくつかに着目する。

　最初の挑戦は、ナラティブ的探究は関係的な探究だという知と複雑に関連していた（Clandinin and Connelly 2000; Connelly and Clandinin in press; Huber and Clandinin 2002; Mickelson 2000）。これによって、ナラティブ的探究者たちがどのように風景に入っていき、調査の参加者たちと共に生きる方法をどのように模索するかに注目する。ラビーン小学校でわたしたちが意図していたのは、教師、管理職、子どもたち、そして家族と共に過ごし、彼らのストーリーを、彼ら自身の筋をたどりつつ、彼らの言葉で聞くことが可能になる関係を共に模索することだった。それぞれの研究者たちは、教師と管理職との、あるいは教師と様々な子どもたちとの、あるいは教師と子どもたちと家族の何人かとのストーリーを聞くことができるように位置をとった。こうした模索によって、長期にわたって発展した複合的な関係が形成されただけでなく、同様に、複合的な人生が長期にわたって展開するのに注意を払い続けるという複雑な仕事にわたしたちは導かれた。

　2つ目の挑戦には、ラビーン小学校で継続中の学校についてのストーリーの只中に入るために、そして、多様な人びとが自分たちの人生を生きているかたわらに位置を占める方法を思慮深く模索するために必要とされるものが

含まれていた。子どもたち、家族、教師、管理職と共に、そして研究者同士で共に研究するにあたっては、個々人がそれぞれ自分の人生の只中にいることを自覚する必要があった。参加者たちの人生は、わたしたちが研究者として学校に来たときに始まったのではない。また、わたしたちが去ったときに終わったわけでもない。わたしたちがラビーン小学校で研究の場に入ったとき、わたしたちの人生のかたわらで綴られている、子どもたち、教師、家族、管理職の人生を、わたしたちがどのように方向づけたか、あるいは方向づけるかもしれないと想像したかということにも思慮深く注意を向ける必要があった。研究の終わりにあたってどのように彼らの人生から立ち去るのかについてもよく考える必要があった。わたしたちそれぞれにとって、ラビーン小学校で共に模索し合った関係から立ち去るのは難しいことだった。すでに述べたように、様々な形で、こうした関係は継続した。

　3つ目の挑戦は、起こっている出来事すべてに対する敏感な皮膚感覚をもって生活することを学ぶことであった。マキシン・グリーン（1995）は、覚醒（wide awakeness）について書いているが、わたしたちの中そして間で暮らすときに必要だと感じたのもこの種の覚醒だった。研究者のグループとしてわたしたちはみんな学校についてのストーリーは知っていたし、学校について、深い身体感覚を抱いていた。継続的な支えとするストーリーが学校において実現された場合には、そこににじみ出ているかもしれない緊張関係に気づかずにわたしたちは寝過ごす、すなわち、不注意になってしまう可能性があることもわかっていた。覚醒し続けているための一つの方法は、子どもたち、家族、教師たち、管理職たち、そしてわたしたちのストーリー化された人生が互いに衝突するときや、制度的、社会的、文化的ストーリーと衝突するときに生じる緊張関係を聞き、見て、感じられるよう、参加者とフィールド・テキストを綴る際に複合的な方法論を用いることだった。様々なフィールド・テキストを扱うことに加え、覚醒を保ち、出会い続けるストーリー化された人生を理解するためのオルタナティブな方法を求め続けるためにわたしたちは緊密に協力し合った。ストーリー、筆記、フィールド・ノート、写真やその他の形式のフィールド・テキストを共有したり、互いのストーリーに応答したりするために研究グループとしてしばしば集まった。そのよ

うにして、起こりうる緊張関係の場面に対する覚醒の感覚を維持した。このことについては、この章の続く節でさらに述べる。

第4の方法論的挑戦：フィールド・テキストを綴る只中で

　自分たち自身が多様な人びとによって生きられ、語られている複合的なストーリーの只中に生きていると考えていたので、わたしたちが挑戦したことの1つは、自分たちが注目したい瞬間をスローダウンすることができるようなフィールド・テキストの綴り方を見つけることだった。わたしたちは、フィールド・テキストを三次元的なナラティブ的探究の空間に位置しているものと考えていたし、この過程が、わたしたちと関係をもった参加者たちの、生きられ語られた経験を理解する助けになることを実感していた。わたしたちはまた、生きることの速度を落とすことができ、それゆえにわたしたちは生きることの契機を未来の時間と空間から見返したり、綴り直してみたりできるようなフィールド・テキストについても考えたかった。

　研究懇談の記録、フィールド・ノート、そして研究日誌といったもののすべてがラビーン小学校でわたしたちが綴ったフィールド・テキストだった。ラビーン小学校ハンドブック、ニューズレター、通知表、児童の作品例、児童の作文、思い出箱に入れる工芸品といった、参加者たちが綴ったフィールド・テキストも収集した。わたしたちが綴った3つ目のフィールド・テキストは、研究者と参加者の間で、より意図的に共同で綴ったものだった。

　わたしたちが取り組んだより早い時期の調査（Clandinin 1986; Clandinin and Connelly 1995; Clandinin, Davies, Hogan, and Kennard 1993; Connelly and Clandinin 1999; J. Huber 1992; J. Huber and Whelan 2000; M. Huber 2000; Murphy 2000; Murray Orr 2001; Pearce 1995; Steeves 2000）では、わたしたちは、実習生（＊pre-service teachers 教員資格をまだもたないが教室の指導に入っている院生や学生。その点で日本の臨時採用教員とは異なる。）、経験豊かな教師、子どもたち、管理職を含む多様な参加者と研究懇談を行った。クランディニンとコネリー（1994: 422）が書いているように、研究懇談は、

参加者が公平であることと、グループの参加者たちが自分たちの探究にとって重要な形式や話題を設定できる柔軟性があることが特徴だ。懇談には、聞くことが含まれる。聞き手の反応によって経験の精査が行われることになるかもしれないし、経験についての表現もインタビューで引き出せるものよりもはるかに豊かなものになる…。またしても、研究者と参加者の関係こそが重要であることがわかる。

個人によるものとグループによるものの両方の研究懇談が、このナラティブ的探究において、参加者とわたしたちが共同で綴ったフィールド・テキストの形式だった。しかし、ヒューバーらが書いているように（2004: 194-5）、わたしたちのナラティブ的探究で、見つけ出したかったのは、経験における生きられる契機と語られる契機の両方に注意を向ける方法だった。

以前の仕事で、自分たちのストーリーを会話の中で語るときや、個々人の経験を横断した、あるいは個々人の経験の内側についてのナラティブ的説明においてストーリーを書くときに生じるものとして、ナラティブの重なり合い（narrative interlappings）ということを、概念化した。語りの中で１つのストーリーが別のストーリーに共鳴すると、人生に新しい筋が見えるようになったり、古い筋が新しい見方でとらえられるようになる。しかしながら…ナラティブの重なり合いは、ストーリーの生命を理解する方法でもあるとわたしたちは考えるようになった。教師研究者が支えとするストーリーと、子どもが支えとするストーリーとが互いに衝突する場面を理解するためには、この衝突の場面がそれぞれの人のストーリー全体にどのように反響するかを理解しようとすることが不可欠だ。生きることにおいて、わたしたちの支えとするストーリーは並び合っており…、経験の場面が展開するとき、それぞれのストーリーは、他のストーリーを、その場では予想したり、完全には理解したりできない仕方で方向づける。

ラビーン小学校でのナラティブ的探究では、子どもたちや教師と共に研究することで「(生きられた)場面をとらえたフィールド・テキストを共同で綴っ

第2章 ● 子ども、教師、親、管理職と
共に取り組む関係的なナラティブ的探究

たが、その場面では（研究者と参加者の）支えとするストーリーが、時間的場所的に特定の場面でのそれぞれの人のストーリーにまたがって反響し返しているものとして扱われ、理解される…」(Huber et al. 2004: 195)。

例えば、わたしたちは、こうしたより意図的に共同で綴ったフィールド・テキストを少なくとも3つ作成した。アンは、子どもたちと一緒に子どもたちの作文を読みながら、1・2年生の子どもたちと共に研究をする革新的な研究方法を編み出した。教室の子どもたちについての関係的な知から研究をすすめながら、彼女は、子どもたちのストーリーを導き出すことのできる子どもたちの作文を注意深く選んだ。子どもたちの人生に注意を向けながら、アンは、友人関係、書いていること、話していることを観察し、子どもたちの展開中の人生におけるナラティブの脈絡かもしれないと彼女がイメージしたことに基づいて、子どもたちと一緒に読む本を選んだ。これらの本と、子どもたちとアンとの間の対話が、研究者としてのアンと個々の子どもたちとをほぼ2年以上にもわたって結びつける一種のフィールド・テキストとなった。こうした個々の本のイメージや筋や登場人物について複合的な読みをしたということが、アンとそれぞれの子どもの間で共有された筋だった。実際の本を読むことで、研究者と、参加している子どもは共に経験を思い出すことになったが、それは一種の共同で綴ったフィールド・テキストとなった。アンと子どもたちがこうしたフィールド・テキストを共に綴ったいくつかの方法は、この本の中に見られるが、彼女の学位論文にはもっと多くが載せられている（Murray Orr 2005）。

リアンおよび5・6年生の子どもたちと研究を行ったショーンは、子どもたちの通知表に基づく発見詩（found poetry）を共同で綴った（Murphy 2004）。これら共同で綴ったフィールド・テキストについては、人生のカリキュラム（curriculum of lives）を共に模索することについて探究した第8章でより全面的に説明する。ショーンは、通知表をめぐるリアンと子どもたちの緊張関係を感じ、こうした緊張関係について探究する方法を構想し始めた。教員養成・現職教員教育研究センターでは研究課題に関する多くの話し合いがあったが、発見詩は、この何年かにわたり、リサーチ・テキストをどのように綴るかについて話し合うときの一つの話題となっていた。レイモン

ド（2002）やスティーブス（2000）といった研究者たちは、発見詩を自分たちのリサーチ・テキストにおいて、フィールド・テキストを描く一つの方法として用いた。

　参加者たちとの研究懇談の記録から研究を積み上げつつ、レイモンドとスティーブスは、一種の中間リサーチ・テキスト、すなわち「フィールド・テキストと、最終的な出版されるリサーチ・テキストとの間に位置する」テキスト（Clandinin and Connelly 2000: 133）として発見詩を書いた。レイモンドとスティーブスは、自分たちのナラティブ的探究において、中間リサーチ・テキストとしての発見詩をさらに学んでいく方向へと進んでいき、エリー他（1997）の発見詩の研究はもとより、バトラー＝キスバーのもの（1998）も検討した。

　1999年には、リン・バトラー＝キスバーが、様々なフィールド・テキストに埋め込まれた参加者のストーリーをつなぎ合わせながら発見詩をつくり上げてきた彼女の経験について紹介するセミナーをセンターで開いた。参加者の埋め込まれたストーリーを綴った「ナラティブの連鎖」（narrative chain）を用いて、バトラー＝キスバーは、それぞれの人のナラティブの連鎖の中の参加者の言葉を使い、研究懇談のビデオテープを見直しながら、自分が「発見詩的形態」（1998: 10）を構成していく過程を見せ、読み、語った。彼女の研究に基づいて後に出版された論文の中で、バトラー＝キスバー（2002: 233）は、自分が発見詩を綴る過程を次のように説明している。

　　発見詩をつくっていく過程は直線的なものではない…。連鎖したナラティブから言葉や言い回しを選ぶと、その言葉でリズム、区切り、強調、息継ぎ点、構文、口調をつくって試した。本質的に「もっと見せる」ためなのだが、彼女のストーリーの核心を描こうとして、語順や休止の位置をいじってみた。他のどのようなタイプの書きものでも同じだが、長時間にわたってつくり変えていくことが必要だった。

　2003年にバトラー＝キスバーは、再び教員養成・現職教員教育研究センターを数か月にわたって訪問し、この研究グループのメンバーを含む、セン

ターのメンバーは、発見詩に関する彼女のアイデアとディラード（1995）のアイデアを研究した。ショーンがこれらのアイデアを利用したのは、子どもたちが、経験したことを探究し、自分たちの通知表から発見詩のフィールド・テキストを共同で綴るという方法をリアンと共につくったときだ。発見詩は、こうした探究の結果であり、共同で綴るフィールド・テキストの一種となった（Murphy 2004）。

　フィールド・テキストを共同で綴る第3のアプローチは、ベラ、クリスティ、そして、2・3年生学習支援教室の14人の男の子たちによって切り開かれた。ベラが来たとき、学級では、州で定められた社会科の単元でコミュニティについて取り組んでいた。教室の生活になじんでいくにつれ、彼女は、子どもたちの注意をカメラ・ワーク、すなわちイメージと文章とを結びつけるリテラシーの過程へと向かわせていった。エワルド（2001: 12）は、このカメラ・ワークの過程を「児童たちが家庭での生活を学校に持ち込む非常に大切な機会を与えてくれる」ものと説明した。エワルドの研究では、子どもたちは、日々の生活、自分の家族、コミュニティ、特定の問題、興味、あるいは夢を写真と文章の両方で記録していくと同時に、カメラの使い方、フィルムの現象、ネガフィルム、プリント、写真の読み方、構成、シンボル、時間、視点などといった写真技術を学んでいった。

　初期の校外学習で、ベラと子どもたちは、コミュニティの概念とイメージをかたちにする取り組みをした。学校に戻ったときには、これらの概念と子どもたちがイメージした構想は、コミュニティに焦点をあてたカリキュラム計画の一部になった。研究プロジェクトの経済的支援を受けて、ベラは子ども一人ひとりにカメラを1台ずつと白黒フィルムを渡した。少年たちの課題は、各自が自分のコミュニティだと見ているものを写真に撮ることだった。写真が現像されたあと、ベラは、写真についてのそれぞれの子どもたちのストーリーを聞いた。そこには、その写真を撮った目的や、それが彼のコミュニティについての理解とどのように結びついているのかといった詳細も含まれていた。同時に、ベラとそれぞれの子どもたちは、コミュニティの写真をめぐる彼らのストーリーを伝える本をつくった。この過程においては、写真と本の両方が、共同で綴られたフィールド・テキストだっ

た。こうした共同の構成は、ベラが子どもたちの注意をコミュニティについての彼らのストーリーの探究に集中させることによって行われたことがわかる。子どもたちは写真を撮り、ベラと子ども一人ひとりが、コミュニティについてのそれぞれのストーリーを視覚的で文章も載った本にまとめた。その視覚的で文章のついた本は共同で綴られた一種のフィールド・テキストとなった（Caine 2002）。

フィールド・テキストからリサーチ・テキストへ

　クランディニンとコネリー（2000）が述べたように、ナラティブ探究者たちは、フィールドにいてフィールド・テキストを綴るところから、フィールド・テキストを使って中間リサーチ・テキストやリサーチ・テキストを綴ることへと進んでいく。わたしたちは、中間リサーチ・テキストを綴り始めたとき、自分たちの注意が、緊張関係にあることが確認できる瞬間、すなわち、子どもたちと家族が支えとするストーリーが学校についてのストーリーと衝突する時と場所、あるいは教師の支えとするストーリーが、子どもたち、研究者、その他の人びとが支えとするストーリーと衝突する時と場所などへとひきつけられていたことに気づいた。また、研究者、教師、教師教育者としてのわたしたち自身のストーリーがどのように中断され、変更されていたのかについても見るようになった。多くの場合、こうした「衝突」は緊張関係を目印として特定できた。わたしたちは、人びとの経験における緊張関係の時と場所を確認し始め、次にそうした衝突を方向づける学校についてのストーリー、すなわち人格教育、出席、教師のストーリー、学校のストーリーといったものを確認し始めた。子どもについてのストーリーと子どものストーリーの複雑さも確認し、教師のストーリーと子どものストーリーが入れ子構造になっているのを知ることでこうした複雑さをどのように理解できるのかもわかった。生きられ、語られているストーリーが、脚色によってどのように方向づけられたのかを理解し、また、そうした方向づけの影響にも注目した。こうしたことがわたしたちの章立てのテーマとなった。こうした緊張関係をまとめ始めたとき、わたしたちは、最初、多くの子どもや教師の経験に注目した。

第2章 ● 子ども、教師、親、管理職と
共に取り組む関係的なナラティブ的探究

人生と経験の複合性に注意を向けたことで、経験をより深く、複雑な方法で理解することができた。リサーチ・テキストでは、こうした緊張関係を説明するに際して、たくさんの経験のうちから2、3を取り上げたにすぎない。

最初、わたしたちは、こうした衝突場面が、非教育的経験（Dewey 1938）として、子どもたち、教師、家族、管理職、そして研究者の支えとするストーリーをどのように中断させたかということを主に話し合っていた。次第にわかってきたのは、時には、こうした衝突場面が子どもたちの支えとするストーリーをより教育的なものへと変化させたということだ。例えば、第9章で、ディランの支えとするストーリーが、出席にかかわる学校についてのストーリーと衝突したことについて調べていたとき、この衝突が、さらに彼の担任（リアン）の支えとするストーリーや校長（ジャネット）の支えとするストーリーが、出席にかかわる学校のストーリーと衝突する場面をどのようにつくり出したかについてよりはっきりと気づくことができた。ディランとリアンとジャネットの支えとするストーリーの中およびストーリーの間に存在したナラティブ的統一性が、出席にかかわる学校についての支配的ストーリーをどのように押しやり始めたのかを理解したのは、衝突が引き起こしたこうした反響の中においてだった。さらに、話し合ううちに、ある衝突の反響が教育的に影響するか、非教育的に影響するかを判断するのは多くの場合、簡単ではないこともわかってきた。とても多くの人生が展開している只中で、支えとするストーリーがどのように変化し、転換し、中断されたのかを理解するためには、子どもたち、教師、家族、管理職と協働した期間をとおして、ひたすら綿密に見ていくしかなかった。

研究者同士の関係を共に模索する

すでに示唆したように、ラビーン小学校のストーリー化された学校の風景についてのわたしたちの研究は、時系列や場面を行きつ戻りつしながら曲がりくねって進むナラティブ的探究の脈絡の関係的な枠組みの中に入れ込まれていた。前の部分で説明したように、研究者のうちの何人かは、以前から継続的にラビーン小学校に入っていた。こうしたかつての時間と関係における

ストーリーが研究グループの間に知らされていた。そのため、ラビーン小学校における虹のイメージ、凧(たこ)、テディーベア、過去何年にもわたって生徒や教師一人ひとりによって色が塗られてきた廊下のタイルに表されたずっと以前から続く脈絡に触れたときにわたしたちが思ったのは、わたしたちが学校生活に参加し始めると、わたしたちが研究者として何者であり、何者になりつつあるのかということも、この学校のストーリー化された織物に織り込まれていくのだろうということだった。学校の文脈と学校の外の両方において、そしてある状況では家庭において互いの人生が出会うのにつれて、教師、子どもたち、家族、管理職はわたしたちのことがわかってきたし、わたしたちも彼らのことがわかってきた。

　研究者グループとして、わたしたちは教師、子どもたち、家族、管理職と関係を模索すると同時にお互い同士でも関係の模索をしていた。ラビーン小学校で調査を始めてすぐにわたしたちが魅力を感じたのは、学校のそれぞれの教室棟に通じている丸く囲われたエリアだった。この場所は、一日中いつでもコーヒーを片手に集まり、研究について言葉を交わす場になった。この形式ばらない即席の教室外の場を学校の中にもてたことで、研究者として互いにかかわりながら生きるという大切な側面を実現できた。本書を書き終えた地点から振り返ってみると、この空間があったおかげで、学校での生活場面や、耳に入り、語られ、共有されたストーリーについて対話をし、疑問をもち、検討し、質問し、頭を悩ませるたまり場が得られた一方、それによってわたしたちが研究者として互いに何者になっていくのかということも方向づけられたことがわかった。

　振り返ってみると、あちこちで起こっていることの只中で無我夢中になりつつも、フックス（1984）が述べた、中心と周縁の両面から物事を経験し、見ようとする勇気をこの場所からいかに得られたか深く認識せずにはいられない。学校の中に研究者としていると、多くの意味で特別扱いを受ける立場に置かれることになる。わたしたちが教師生活において経験していたことや、この研究の参加者たちが経験しているのとは異なり、いくらわたしたちが教師、子どもたち、家族、管理職と共に生活し、課外活動や、学校と教室での生活の日常業務にもできるかぎり参加しようとしてきたとはいっても、それ

第2章　子ども、教師、親、管理職と共に取り組む関係的なナラティブ的探究

は参加者たちの毎日を規定しているような密度と責任を負ってのことではなかった。それにもかかわらず、このような種類の生活、現場の只中での生活もやはりたやすいことではなかった。わたしたちの中では、それぞれが教育実践についての知識を備えていたし、幾人かは、子育てについての知識、さらに行政的役割を担って生きることについての知を身につけている者もいた。こうした知は、常に存在し、わたしたちの中にあり、いつもわたしたちが入り込むことができ、実際折にふれて入り込んでいた話の展開であった。そのピットに集まり、会話をしていたから、経験していることに頭を悩ませ続けなければならない困難な研究を根気よく続けることができた。来る日も来る日もピットに集まり、わたしたちの関係が発展、変化していくに従い、互いの不安を聞き合うことで研究上の難問に自覚的であろうとする勇気が深められていった。このようにすることで研究が活力に満ち、進展する道が開けることに気づいたのである。こうして、ピットを囲んでの即席のミーティングは、一種の境界空間（liminal space）、限界空間（threshold space）になったが、それは、ハイルブラン（1999: 102）が「けっして永続的な占有のためにデザインされたのではない…わたしたちのうち、境界をふさぎ、入口をうろうろして、ドアをノックする者は、自分たちが運命のはざ間にいることに気づく」と述べているようなものであった。この空間、そしてそこで方向づけられ、生きられ、方向づけられ直したナラティブ的探究の過程は、わたしたちがフィールド・テキストを綴ることに取り組む際には不可欠のものであり、また、その先のリサーチ・テキストの可能性も垣間見させてくれるものだった。

わたしたちは、共に研究をしているとき、他の人が没頭している驚きや難問についても互いに理解し合った。そうすることで、わたしたちが生き、書こうとしている教室、学校、学校の内と外の両方の会話の場での経験についての場面に対する考え方が変化した。生きることと語ることの只中で他者の声を聴くことは、ある脈絡は拾い上げ、他は落とすということを意味する。ある出来事を見たことについてのストーリーを誰かが語ると、時にそれは他の参加者による新たなストーリーに共鳴する脈絡を引き出すことになった。例えば、第6章で書いたように、わたしたちは、それぞれ時間をかけてアミッ

トを知ることになったが、それは直接の交流によってだけでなく、ジャネットがアミットについて語るストーリーを通しての方がより多かった。しかし、第6章で探究する複雑さへの洞察がますますはっきりしたのは、アミットとジャネットについて語られたストーリーの間で共鳴し合っているつながりをよりしっかりととらえ始めてからだった。

　ピットでのミーティングに加え、わたしたちは、教員養成・現職教員教育研究センターでも頻繁に会っていた。全員がセンターに集まるときもあれば、何人かがテレビ会議で連絡を取ることもあった。そうした会話の中で、そのときに行っていること、子どもたち、教師、家族、管理職、そしてお互いについてのストーリーを伝え合った。こうしたすべてにおいて、わたしたちは、祝福の時と緊張関係の場を共有した。

　ラビーン小学校の風景に入ったときは、子どもたち、教師、家族、管理職、そして互いとの関係で知ったことを共同執筆するというストーリーを綴ろうと試みている研究者としての自分たちのストーリーを生き、語りつつ、そうした共有を行った。センターでの研究生活の中で形成されたキッチン・テーブルの伝統がわたしたちの中に生きており、探究の全体を通してわたしたちの思考と知をかたちづくっていた。たくさんの人々がわたしたちの研究に応答して伝え合った経験、ストーリー、思想、弱さ（vulnerabilities）、ジレンマが、この本の中で共有されている言葉と理解に密に織り込まれることになった。ラビーン小学校のフィールドで子どもたち、教師、家族、管理職、そして互いが共に過した年月も、この本を共同執筆しているときも、わたしたちの研究の旅（journey）を特徴づけていたのは、関係的なナラティブ的探究について共に模索し続けようとする過程であった。それは、多様な「わたし」によって伝えられ、共同的に綴られる過程であり、ナラティブ的探究を生きることと語ることの中に含まれていた（Clandinin and Connelly 2000; Connelly and Clandinin 1990）。

関係的なリサーチ・テキストを共に綴る

　こうして多様な著者たちによるリサーチ・テキストを協働的に執筆する中

第2章 ● 子ども、教師、親、管理職と
共に取り組む関係的なナラティブ的探究

で、声や文体についてのわたしたちの理解が試された。テキストでは、たくさんの参加者たちの声を、個々の研究者との関係を通して聴いたものとして尊重したかった。しかし、このリサーチ・テキストを書く中では、共同的な文体を綴りつつ、研究者としての一人ひとりの独自の声もまた大事に扱いたかった。わたしたちのグループは、カナダ中に散らばっていたし、仕事場も、大学、学校、政府機関と様々だったので、リサーチ・テキストを共同的に綴る際の、関係的で即興的な方法を学んだ。わたしたちはフィールド・テキストを何度も読み返した。個人的なノートをつくった。仮説的な解釈を共有することになったテレビ会議での会話の録音に検討を加えた。それらの会話を筆記し、読み、帰納的、再帰的なサイクルを描きながら話し合った。2004年夏には、1週間にわたる集中的な執筆合宿を行ったのだが、そこで顔を合わせるまでには、内容についての仮説的な一覧表ができていた。

執筆合宿では、2人か3人で組になって各章を練り上げた。午後のセッションでは、執筆中の原稿を音読して意見をもらうというかたちで、執筆内容を共有した。グループでその章についてできることはしつくしたと感じたら、新しい章か、新しいパートナーのところに移動した。その週の終わりまでには、最終章を除いてすべての章の原稿をつくり終えた。

共同的な文体というつかみどころのないものをつくり上げる方法をさらに探って、各章をそれぞれのチームのメンバーで回覧することでも合意した。各々が2週間かけてそれぞれの章を修正、編集、補筆した。次にその章を他の執筆者に送り、まだ扱っていない執筆中の章の原稿を受け取った。

最終段階は、それぞれが各章をすべて読み、一つ一つの章に意見を述べることであり、1人のメンバーが1つの章を取り上げて、7組のコメントを扱いつつ、最後のバージョンを準備することだった。

しかし、ナラティブ的探究における執筆作業を幾重にも重ねたことにより、生きることと語ることとの両面で、リサーチ・テキストは、関係的に執筆されたテキストとして理解できるものとなる。わたしたちが探究を生きることと、リサーチ・テキストを綴ることの両面において理解したことが深い意味で関係的であることを、より適切に表現し、示してくれているのは、ノイマン（1997）である。彼女は次のように言う。

これをわたしと一緒に書いた他の人々について。この章を書く中で、わたしは、自伝を綴るということは、自分自身についてだけ書くことではないし、そんなことはできないことを学んだ。すなわち、その人たちがいたからわたしがわたしになった他の人々のことも書くことになる。しかし、わたし一人だけで書くものでもないし、書けるものでもないということも学んだ。わたしは、読み、語り、聞き、そして文字通り一緒に書いてくれた人びとに恩を受けている…。
(1997: 115　強調は出典による)

　この過程を通して、多様な声や多様な解釈を大切にし、尊重するとは何を意味するのかについてのわたしたちの考え方が試された。また、この過程は、緊張関係や矛盾を取り繕ってしまわずに注意を向けることに役立った。研究は個人的で競争的なものだという制度的ナラティブと衝突したことで、自分たちが支えとするストーリーをより深く認識することにも目覚めた。関係的なナラティブ的探究は、教師、子ども、家族、管理職、研究者であるわたしたちの人生が、学校の風景で出会ったときに深く織り合わされることについてばかりでなく、支えとするストーリーにおける中断についても、生きることと語ることの両面においてさらなる理解へと導くが、協働的な執筆の過程は、このことへの期待にかかわる新たな驚きと希望の足場になると同時に、わたしたちの中の新しいアイデンティティの脈略の足場となった。

第3章

子どもたちが支えとするストーリー
そして、教師による子どもたちについてのストーリー

　　マーニが学校調査に入った初日、廊下を歩いていると、ゲイルが担任する1・2年生クラスから歌声が聞こえてきた。教室に入ると、後ろのミーティング・エリアで子どもたちが教師の周りに集まっていた。みんなで歌いながら「幸せなら手をたたこう」の振りをしていた。その教室は開放的で整頓されており、壁は子どもたちの作品が飾れるようになっていた。4グループにまとめた机には、一つ一つ名札が付いていた。マーニがゲイルと子どもたちの方に行くと、サディという1人の子どもが目にとまった。サディは、子どもたちのグループの真ん中に座っているのだが、振りと歌がクラスメイトたちからワンテンポ遅れている。この歌になじみがないらしいが、それでも積極的に参加しようとしていた。歌の終わり頃になって、サディは、シータという、ミーティング・エリアの後ろに座っていたもう1人の女の子のそばに移動した。シータの隣に座って肩に頭をもたれると、サディは、それまでよりクラスの他の子どもたちの拍手に近いリズムがとれるようになった。

　　　（2002年9月4日のフィールド・ノートに基づく中間リサーチ・テキスト）

　この中間リサーチ・テキストにあるように、年度初めにサディと会ったとき、マーニは、子どもたちやゲイルと共にある研究者となるためのリズムを

ちょうど身につけようとしているところであり、サディもまた学校生活というものを学び始めたところだった。サディの学校での経験を観察することによって、わたしたちの間には、子どもは教師との関係においてどのように支えとするストーリーを綴るのかという問いが生まれた。

　この早秋の朝、ゲイルと子どもたちが「幸せなら手をたたこう」を歌い、リズムに合わせて身振りや手拍子をしているところを見て、マーニは、サディがリズムから外れているのに気づいた。マーニの気づきをきっかけとして、わたしたちは、サディのような子どもが学校の風景に入ったとき、どのようにして自分が支えとするストーリーを再調整して綴ることを学ぶのかに関心を向けるようになった。サディは、1年生だったし、新年度はちょうど始まったばかりだった。教室でこのような出来事があったところに居合わせたとき、その歌に明らかに苦労しているのがサディ1人であることにマーニは気づいた。サディは、歌詞を知らないようだったし、手拍子のリズムにもなじみがないようだった。クラスメイトたちの様子を見渡すうちに、歌に合わせて手拍子をしたり、身振りをしたりしている教師や友達のステップやリズムから自分が外れていることにサディは気づき始めたようだった。こうした自分の状態がわかったので、サディは、すでにつながりができていると感じていたシータの横に行って座ったのだろう。友達の隣に行って体と体を通し、並び合って学ぶことで、サディの手拍子は変化した。歌に合わせて手拍子をし、身振りをし始め、友達や教師と一緒にリズムの中に溶け込んでいった。

　1・2年生の学年初めのこの中間リサーチ・テキストを振り返ることによって、わたしたちは、子どもたちが支えとするストーリーが、教師が生き、語るストーリーによってどのように方向づけられるのかという問いをもつことになった。この章では、サディの支えとするストーリーが、学校で教師が彼女のために設定するストーリーと調和したり、衝突したりする様子を、時間をかけて見ていくことにする。サディが支えとするストーリーと、担任であるゲイルが描くサディについてのストーリーとの違いにわたしたちは気づき始めた。そしてこの衝突がどのようにサディと教師に緊張関係をつくり出すのかもわかってきた。

　サディについてこうして知りたいことが出てくると、わたしたちの問いは、

ラビーン小学校で顔見知りになった他の子どもたちのストーリーに対しても広がっていった。6年生の女子であるエリカ、1年生のジュリーの経験にも注目することになった。彼女たちのストーリーについてもこの章で紹介したが、それは、教師の描く子どもについてのストーリーによって、子どもが学校において支えとするストーリーが方向づけられていく様子を探究するさらなる助けとなった。

学校生活を始めるサディの支えとするストーリー

　マーニの中間リサーチ・テキストの最初の部分を、この始業日のところから振り返ってみて気がついたのは、サディが、まだ、自分の担任であるゲイルのことを、この教室でいかに生きるべきかを知っている人間、あるいはそのための知識を教えてくれる、頼りにすべき人間とは見ていなかったらしいことだ。むしろ、サディは、教室でいかに生きるべきかを学ぶために、自分と同じ子どもであるシータを頼りにした。シータは、保育所のときからの友達であり、サディが、歌ったり手拍子したり、歌に合わせて身振りをするときのリズムに合わせようとしたときに、手本として頼りにしたのもシータだった。勝手がつかめず居心地が悪かっただろう経験の中でもサディが取り乱さずに済んだのは、おそらくこのシータとの関係があったからだ。一瞬どうしたらいいかわからない不安を経験したサディは、教室で展開されている活動、そして、おそらく教室の文脈に、そこでのリズムに適応している子どもとして加わるために友達であるシータのところに行ったのだ。シータとのすでに確立した関係に依拠しながら、サディは、自分が支えとするストーリー、すなわち、自分が何者であるかというストーリーと、学校の児童としてこれから何者になっていくのかというストーリーとの折り合いをつけ始めたのだ。

　マーニがサディのストーリーの聞き取りを始めると、サディが他の子どもたちとの関係のストーリー、すなわち家では2人の兄との関係、保育所では、兄たちとシータ、そして他の子どもたちとの関係におけるストーリーを生きていたことがわかってきた。フィールド・ノートに記録されたそのときも、

サディは、1人の子ども、すなわちシータを、学校ではどう生きるべきかを知っている人間として頼りにすることで、子どもたちとの関係のストーリーを生き続けた。
　教室で展開しているこうした居心地の良くない場面の中で、支えとするストーリーをサディが調整し直した様子に注目したとき、わたしたちは、サディが教室になじんでいる子どもという自分のストーリーを維持する方法として、他の子どもたちとの関係についてのストーリーをすでに組み立て始めたのだと感じた。それがわかったのは、一つには、サディが教師に頼らなくても緊張関係を避けられる方法を暗黙のうちに知っている様子からだった。彼女は1人の子どもを頼った。しかし、この始業の日、サディが助けを求めるのはどの子でもよかったわけではない。彼女が歌や手拍子や身振りのリズムに入っていくのを助けてもらうのに選んだのは、別の文脈でつながりをもっていた1人の女の子だった。サディがこの教室での時間とどうやって折り合いをつけるかというときに、中心的な意味をもったのは関係的な知だったのだろう。関係的な知とは、他の人びとと一緒に生きる方途として知識を能動的に構成したものであり、それゆえ、他の人びとと共有されている歴史を基盤にした時間の中の知だ（Hollingsworth 1994）。2人がいる教室の空間では、サディは1年生で、シータは2年生だったが、ゲイルを担任として勉強するのは2人とも1年目だった。年度初めのこのとき、サディはゲイルを知らなかった。お互いを結びつける歴史がまだなかったのだ。代わりに、サディは、知り合い、すなわちシータとつながりがあるという認識にしっかり頼りながら学校になじんでいく子どもというストーリーを綴り始めた。彼女は、身体知のすべてを挙げて、学校になじもうとしている人物像を綴ろうとしていた。
　学校の風景における教室内の場において、サディが自分の支えとするストーリーに自信をもてなくなっているのをわたしたちが認識したのは、あの歌の時間が最初だった。一つには、あれはサディにとって、周囲に溶け込んでいる子どもというストーリーを支えにしていた自分が、周りに溶け込んでおらず、周囲のリズムがわからない子どもという存在になってしまうという新しいストーリーに一時的にせよ揺るがされることになったという緊張の時間だったのだろう。グループの後ろにいた友達のシータのところに行くとい

うのが彼女のとった行動だった。このとき、サディが、周りに適応している子どもというストーリーを生き続けられるよう助けてくれると思われたのは、サディがもっていたシータとの関係についての知だった。

学校の始業日だったその午前の時間帯の後半、ゲイルは、子どもたちに、おやつを出して食べながら校内ネットワークの朝の放送を見るよう勧めた。

> サディがおやつの時間にサンドウィッチを食べ始めたので、ゲイルは、それはお昼にとっておいて代わりに他の物を出したらと言った。でも、サディは、笑ってゲップをしただけで、サンドウィッチを食べ続けていた。
>
> （フィールド・ノート 2002年9月4日）

ゲイルが教師として支えとするストーリーと、サディが支えとするストーリーとが衝突するのをわたしたちが見るようになった最初は、おやつの時間のこのときだった。このとき、ゲイルには、サディについて取り立てて他の子と区別したストーリーを描いていた様子はなかった。ゲイルは、学校での一日の生活のリズムをもちろん知っているわけだから、学校では何をいつ食べるべきなのかというリズムがサディにわかるように援助しようとしたのだ。ところが、わたしたちが想像するに、サディにとって、サンドウィッチを食べることは、空腹を満たす方法であり、空腹だという身体知に応えることだった。彼女がサンドウィッチを食べ続けたことは、子どもたちはサンドウィッチを昼食時まで取っておく必要があるというゲイルのストーリーが、サディの支えとするストーリーとうまく合わなかったことを示していた。ここでも、サディは、教師こそ教室内のことを知っている人間なのだという、学校についてのストーリーにおける教師の位置に気づいていなかったように思われる。

笑ってゲップをしたというサディの反応を、教師の知識の押し付けに対する反抗と見ることも一つの解釈としてはありうるかもしれない。しかし、また別の解釈も成り立つ。教師との関係において彼女が支えとするストーリーに即してサディの経験を理解しようとすれば、ゲイルに対する彼女の反応は、反抗的な態度なのではなく、彼女が支えとするストーリーにおけるナラティブ的一貫性を保持したいという要求の表現と見ることも可能だろう。カー

(1986) は、次のように述べている。「意識的に求めているかどうかにかかわらず、首尾一貫的であることは、わたしたちにとってどうしても必要であるように思われる。物事は理解される必要がある。首尾一貫性がとらえられなくなると、わたしたちは、理解不能に陥ったと感じるものだ」(p.97)。おそらくサディはどうやって理解したらいいのか模索していたのだ。彼女が自分は何者であるのかということ、すなわち、食事をする時間だと彼女に告げる身体知に応じることと矛盾しない首尾一貫したストーリーを生きたのだとわたしたちには思われた。あの瞬間を、反抗のストーリーではなく、子どもが支えとするストーリーにおけるナラティブ的一貫性の表現であると理解しうるのはどうしてかという点では、ヒューバー他 (2004) が手掛かりになる。しかしながら、ゲイルは、学校での一日のリズムを知っているものとして、サディの知のこうした表現を中断させ、新しい身体のリズムをわからせてやろうとした。

　わたしたちも教師だから、ゲイルがサディとの関係においてケア (Noddings 1984) の姿勢を示していたのはわかる。サディの紙の弁当袋にはサンドウィッチが1つ、リンゴ1個、ジュースのパックが1つしか入っていないのをゲイルは知っていた。サディが昼食のときにはまたお腹が空き、やはりサンドウィッチが欲しくなることがゲイルにはわかっていた。ゲイルがサディを学校の日課のリズムへと導こうとしていたのであろうことがわたしたちには理解できた。だが、それは、サディの身体のリズムとは異なるリズムだ。サディの身体のリズムがこんなふうになったのには、家庭の状態と、午前と午後におやつが与えられる保育所の環境で過ごしてきたこととの両方が影響していたと思われた。保育所でサディは、家から持ってきた昼食をいつも一度に食べていたのだ。

　新学期初日に作成されたこれら2つのフィールド・ノートを考察し、わたしたちは、学校の日課のリズムや教師たちとの関係が、身体知をこのように中断していることについて考えさせられることになった。教師も学校のリズムを体現するようになると、今度は、少なくともそのいくばくかは学校のリズムによって形成された学校の支配的ストーリーと適合するような教師のストーリーを生きるように方向づけられる (Clandinin 1986; Connelly and

Clandinin 1988; Davies 1996)。おやつの時間についてのフィールド・ノートによれば、サディは、この新しい場所では、学校のストーリーの筋の範囲で生活することを学ばねばならないことも、教師が、昼食袋から別のものを選ぶように言うことを通して、一日の新しいリズムがわかるように手助けしていたことも理解していないようだった。おやつの時間にサンドウィッチを食べたというフィールド・ノートは、この後には出てこないから、おそらく、サディは、サンドウィッチは昼食のときに食べるものであることを学び、自分が支えとするストーリーを学校での食事のリズムに合わせて変更したのだろう。

　1年生になったこの最初の日に、わたしたちが見たのは、サディが自分の身体知を生きているということだった。彼女が自分についてもっているストーリーは、能力があり、慣れない環境の新しいリズムをつかむ手掛かりとして関係的な知を利用する子どもというものだったのではないだろうか。自分が何者であるかについての彼女のこのストーリーが、一瞬、うまく適応できない子どもという新しいストーリーへと転換しかかると、サディは、自分のストーリーを保つために再び身体知に依拠した。ナラティブの一貫性を模索し続けるために、すなわち、リズムに乗った歌、手拍子、振りについていくために、シータとの関係に頼ったのである。サディが学校の初日に学ばなかったと思われるのは、担任教師のゲイルもまた学校のことを知っている1人だということだ。むしろ、少なくとも初日の段階では、学校のことを知っている人間は自分とシータなのだと思ったふしがある。友達こそ、学校という新しい場で彼女が彼女であり続けることを手助けしてくれる存在だと思ったようだ。

　この章で調査の焦点を当てるのは、子どもたちが自分の支えとするストーリーを組み立てる際に、教師が子どもたちについてもっているストーリーとの関係の中で、それをどのように行っているかという点だ。出だしのノートからわかったのは、少なくともこうした新年度初日午前中の早い段階では、サディは、教室で誰が彼女の教師なのかというストーリーをまだもっていなかったらしいことだ。彼女とゲイルは知らぬ者同士だった。わたしたちは、1・2年学級での1年という長期にわたるサディの生活と、友達であるシータと

の関係の変化に着目したのだが、それによって、ゲイルがサディについてのストーリーを組み立てていく様子と、ゲイルのストーリーが、サディの支えとするストーリーをどのように方向づけていくかがわかるようになっていった。

サディの支えとするストーリーに生じた変化

　毎日が過ぎ、1・2年学級の年度が進むにつれて、それでもまだ年度の早い時期だったが、マーニのフィールド・ノートには、サディの支えとするストーリーに変化が起こり始めている様子が現れてきた。教師であるゲイルを、単に学校のことを知っている人間の1人だと認識し始めただけでなく、自分が学校についてのストーリーのリズムから外れていることに気づいた場合に頼るべき1人としてもゲイルを認め始めたのである。

　　マーニが教室に入ったとき、ゲイルは自分の週末からのストーリーを皆に話しているところだった。月曜日は、子どもたちがノートに生活の中でのストーリーを書いてきて教え合う日になっていた。ゲイルは、自分のストーリーを印刷したものをOHPで映し出し、子どもたちに読ませていた。1匹の猫についてのストーリーだったので、猫の絵をOHPに描いていた。それから、子どもたちは、自分の週末の冒険についてのストーリーを作文に書くように言われた。子どもたちの多くは、絵を使うかたちで自分のストーリーを語った。サディの机は、オーバーヘッドのすぐ脇だった。マーニは、サディの絵がゲイルの描いたものと似ていることにすぐ気づいた。マーニが机の横にひざまずくと「きちんと描こうと頑張ったのよ…。先生の絵にそっくりでしょう」とサディは言うのだった。（フィールド・ノート　2002年10月30日）

　　同じ日の後の時間、子どもたちは、体育が終わって自分の机に戻り、帰宅時刻の準備をしていた。学校で丸一日過ごすことがあまりなかったマーニは、疲れを感じていた。彼女には、1日がとても長く感じられた。言われても席に戻らなかったのはサディだけだった。サディは、代わりに教室の後ろにあるミー

ティング・エリアに行って寝転がった。サディがゲイルの方を見たことにマーニも何度か気がついたが、ゲイルがそれに反応しないでいると、サディは、そのままカーペットに寝転がったままだった。

（フィールド・ノート 2002年10月30日）

これら2つの最初の例では、サディは、週末をどう書けばいいかについての自分の認識を信用していなかった感じがある。他の子どもが自分の週末に経験したことから見せ場を選んで文を書いたり、絵を描いたりしたのに対し、サディは、担任がOHPに描いた猫を写した。このようにしながら、彼女が何を考えたり、感じたりしていたのかが疑問になる。もしかしたら、文をつくったり、文字を書いたり、また、絵を描いたりする自分の能力に自信がもてなかったのかもしれない。ことによると、自分が週末に経験したことのストーリーが、教師のストーリーや学級の友達のストーリーとうまく合わないと感じたのかもしれない。

以前のフィールド・ノートとは違って、このフィールド・ノートに感じるのは、適応している子どものストーリーとしてサディが描いているものが、教師が描いた彼女についてのストーリーや学校についてのストーリーに、より左右されやすくなっていったということだ。サディが自分自身の知や、彼女が支えとするストーリーのリズムを信頼しなくなり始めていたのかどうかはわからない。もし、彼女の行動をこのように読むならば、サディが、自分が週末に経験したことを描かず、教師の描いた猫をそのまま写したとき、彼女は、学級のリズムに適応している子どもという自己認識が中断される経験をしていたのだと言えるかもしれない。また、このとき、どうすれば学級に適応し続けられるかをつかむには、友達と心を通わせればいいという、サディが以前に生きていたストーリーもまた中断されていたのではないだろうか。教師が描いていた子どもたちについてのストーリーは、週末のストーリーをノートに書いて伝え合うというものだったが、この授業でサディは、友達と心を通わせることを手掛かりとして教師のストーリーに適応するということができなかったようだ。この時間の様子からは、サディが自分のことを「無知」とみなし始めていたのかもしれないという感じがあった（Vinz 1997）。

サディは、学校の外で知ったことが教室の場でも大事にされるとは思っていなかったのではないだろうか。少なくともこの時間のサディの様子からわたしたちがわかったのは、知というものは教師が示すものであると彼女が認識するようになっていたということだ。年度初めの頃とは違い、担任教師がもっている知こそが、教室の中で価値が認められる知なのだとサディは理解したようだ。これは、彼女のストーリーにおける大きな転換であり、年度初めの頃に彼女が想定していたと思われる教室での生き方が中断されたということだ。なぜサディの机が「OHPのすぐ脇」（フィールド・ノート 2002年10月30日）に置かれていたのかはわからないが、どうして以前のようにシータのところに行かなかったのかは疑問だ。シータがこの日は学校に来ていなかった可能性はある。あるいは、サディがマーニに「きちんと描こうと頑張った」とか、自分の絵が「先生の絵にそっくりだ」と説明していたことが、月曜の朝、ノートに作文を書くという教室のストーリーに適応しようとするサディなりのやり方だったのかもしれない。この2つ目の解釈に立てば、サディは、教師の目から見て、まだしもものがわかっている子どもとみなされうるだろう。

　ところが、同じ日の午後のフィールド・ノートを読むと、サディがゲイルのことを教室における知を仕切っている人間であることが本当にわかっているのかどうかがはっきりしなくなる。サディは、カーペット敷きのところに寝転がり、自分自身の身体知に従うことを選んだのである。長い1日を過ごしたのと、前の時間の体育で疲れたのだ。教師に言われても机に戻らず、教室の後ろにあるカーペットのコーナーに行ってしまった。サディがゲイルをちらっと見たとき、ゲイルの知こそが重視されるべきであることをサディは理解していなかったのかもしれないが、ともあれ、そのときに彼女が従う必要を認めたのは自分の身体知だった。学校についてのストーリーに適応するためにサディが自分の支えとするストーリーを再調整しようとしたかどうかははっきりしない。学校の児童、すなわち、教室の中では学校を構成しているストーリーに常に注意を向け続けねばならず、それに応じて、自分自身の支えとするストーリーには信をおかなくなる、児童というものになるこの新しいストーリーを学ぶことは、サディにとってどれほど骨の折れることだっ

第3章 ● 子どもたちが支えとするストーリー

たのだろうか。サディのストーリーは、教室で過ごしているとき、しばしば学校についてのストーリーとの間に緊張関係を生じていた。これについて一つ考えられるのは、学校についてのストーリーが、サディの支えとするストーリーを方向づけていたかもしれないということだ。また、もう一つの考え方に立てば、サディは、自分のストーリーが位置づく場所を教室の中に求め続けていたのであり、多様な展開の過程の中に落ち着きどころを経験したのかもしれない。

緊張関係を生きる

　日々が過ぎるにつれ、教室の中でやっていくためにサディが描いているストーリーは、ゲイルが彼女について描いているストーリーとほとんどつねに緊張関係をもつようになった。

　　11月半ば、子どもたちが午前の休み時間に入ろうとしているときだった。サディは、明らかに小さすぎるスノーパンツをはいていた。はだしだったので、マーニが靴下はどこと聞くと、見つからないと言う。手助けをしようと、マーニがサディと一緒に探すとサディの机の下にあった。それでも外に出たがらず、サディはマーニに言った。「スノーパンツははきたくない…。外はそんなに寒くないし…。気に入っている温かいシャツがあるのよ。それに自分で色をつけたの。わたしが好きな色はピンク。だから何にでもピンクを使う」。マーニが見ていると、シータが手伝ってスノーパンツの裾からジーンズを引っ張り出してくるぶしを覆ってやり、お互いの体に腕をまわして外に遊びに出て行った。
　　昼食後、子どもたちが再び外遊びに送り出されようとしていたとき、サディがスノーパンツをはかずに外に出ようとしているのを見てゲイルは言った。「外は寒いからスノーパンツをはかないと」。するとサディは、「寒くないの…。それにパンツがどうしても合わないんだもん」と言う。そしてマーニに向き直り「はかせようとしないでね」と訴えた。ゲイルは自分の机のところに行き、サディのためにとっておいた古着のバッグに手を入れた。引っ張り出したのは、サディのピンクのより何サイズか大きいスノーパンツだった。自分用にしていいのだとゲイルはサディに言った。シータが着るのを手伝い、ずいぶん大きいのを見

て2人で笑った。「わたし、グーフィーみたい」と、パンツを脇の下まで引っ張り上げてサディは言った。シータがウエストのあたりまで下ろしてやるとサディはそれを外で着た。

その日の終わり、サディは自分の小さすぎるピンクのパンツをはいて家に帰り、教師からもらった古着のパンツは、整理棚に置いてあった。

(2002年11月13日のフィールド・ノートに基づく中間リサーチ・テキスト)

この中間リサーチ・テキストから見て取れるのは、自分の小さすぎるピンクのスノーパンツが学校では受け入れられない服であることをサディが知っていることが表現されていることだ。「そのパンツはどうしても合わない」(2002年11月13日のフィールド・ノート)という彼女の言葉から、学校に着くまではそのパンツで来たにもかかわらず、クラスメイトの近くではくことに対する決まりの悪さが感じられた。靴下をなくしたことを口実に休み時間に外に出るのを拒んだのは、サディが、はじめは彼女自身の知、すなわち、うまくやり過ごすために計画したストーリーをわたしたちに提示したということだった。ところがマーニは、サディが計画したストーリーに気づかず、サディの靴下を探し始めたから、そのうちに、サディは、マーニに、どうしてもスノーパンツをはきたくないのだと伝えることになった。やり過ごすために計画していたストーリーの筋が中断させられたので、サディは、再び、関係的な筋の知に救いを求めた。友達のシータなら、小さすぎるスノーパンツでも外に出られるようにしてくれるとわかっていたし、そう信じていた。シータの体に腕を回すことで、サディは、うまくやっていることを他の子に示す目に見える方法、そして休み時間に適応しているというストーリーを得ることができた。どんな服を着ていようが、1人は友達がいるのだ。

しかし、午前の休み時間中、サディが外にいる間に何か起こったのだろうか。昼食の時間までには、彼女は、また、小さすぎるスノーパンツをはこうとしなくなっていた。サディは、マーニに頼めば、自分の側に立ってゲイルにとりなしてくれるのではないかと期待した。しかし、マーニは助けてくれず、ゲイルは、大きすぎる古着のスノーパンツを与えるという行動をとった。この行動から、ゲイルがサディについて一つのストーリーを持っていること

第3章 ● 子どもたちが支えとするストーリー

がわかる。すなわち、サディは、ケアと援助を必要としている子どもだというストーリーである。ゲイルがサディについてのストーリーをこのようなかたちで表現したことは、学校での自分は何者かというサディのストーリーをどのように中断させただろうか。

　2着目の体に合わないスノーパンツを着るという筋をサディに可能にしたのは、ここでもシータとの友達関係だった。サディが大きすぎるスノーパンツを脇の下のところまで引き上げたのは、ゲイルにそれが体に合わないことを示すためだったが、それをサディのウエストに合うように下ろしたのはシータだった。パンツはそれでも大きすぎたが、まだましにはなった。

　ここから、サディが学校というもののストーリーに適応するよう気をつけていることがわかる。そのストーリーには、体に合ったスノーパンツが必要だった。彼女が自分は適応していないと思ったとき、大きすぎるにしろ、小さすぎるにしろ、そのことは、スノーパンツによって証明されたわけだが、サディは、シータとの関係に立ち戻った。2度の休み時間のときも、2本のスノーパンツについても、適応するためにどうすればいいのかをわかるようにしてくれたのはシータだった。昼食時間に、サディは、教師のことを、体に合わないスノーパンツで外に出ることが何を意味するのかをわかっていない人間だと感じただろうか。サディは、シータが、休み時間の遊び場という、教室外でクラスメイトとかかわらなければならない場でうまくやっていけるような助け方を知っている人間だと実感した。

　わたしたちは、その日の終わりにスノーパンツが整理棚に置かれているのを見て、サディが、自分が何者であり、また何者になりつつあるのかについての複数のストーリーの緊張関係を調整しなければならないことに気づいた。ストーリーの一つは、母親が語るサディであって、学校の外ではそのストーリーを生きる必要があった。もう一つは、教師の語るサディであり、それは学校の内と外の両方で、サディは何者であり、何者になりつつあるのかを方向づけ始めていた。そしてもう一つは、サディが自分で作り上げようとしていたストーリーである。古着のスノーパンツを学校に置き、自分の小さすぎる方をはいて家に帰ったことからは、サディは母親が語る彼女についてのストーリーを生きようとしていたことがわかる。また、ゲイルが学校で彼女の

85

ためにとってある服を着ることで、ゲイルが語る彼女についてのストーリーを生きようとしていた。これら2つのストーリーが衝突したことは、サディに緊張関係をもたらしたが、彼女は、友達のシータの助けにより、この緊張関係を、家庭と学校という2つの対立する筋の間を行き来するという一つのストーリーの中で折り合わせ、それを生きることができるようになった。これらのストーリーが衝突したときにサディが経験した緊張関係が、彼女の支えとするストーリーに中断を生み出したのである。

サディ：学校にある競合し合うストーリーを学ぶ

ところが、時が経ち、年度が進んでいくと、サディは、シータをいろいろなことを知っている人間と見て頼りにするのをやめるようになってきた。一年を通して、シータは、ゲイルや、昼食や休み時間の管理員ともめ事を起こしていた。彼女は、教師主導の授業では注意散漫で、座っていなければならない時に教室の中を立ち歩き、クラスの皆がミーティング・エリアに集まるときには大体後ろの方に座っていた。また、サディ以外にはあまり友達がいなかった。

年度の終わり頃までには、マーニのフィールド・ノートによると、サディは、学校で良い児童としての生き方を知っている子どもとしてサラに注目を移すようになっていった。シータと同じようにサラは2年生だった。彼女の髪はまっすぐのブラウンで、ヘアスタイルをよく変えていた。服も上品で成績も良く、クラスの人気者だった。ミーティング・エリアで質問が出されるたびに手を挙げているのもサラだった。彼女は自分が学校で支えとしているストーリーに自信がありそうで、自分のことを良い児童だと理解していた。

サディが、自分やシータと一緒に外に出てくれるかとマーニにたずねた。彼女たちは、シャベルで正面通路の除雪をするつもりで、マーニに見ていてほしかったのだ。そのやり取りを小耳にはさんで、サラが自分も加わっていいかと聞いてきた。休み時間に彼女たちはマーニを正面玄関の広間に連れてきて除雪シャベルを持ち、外に運んだ。いつもの仕事として慣れていることがすぐにわかった。「学校でお手伝いするのは好き」とサディがマーニに言った。サラも「児

第3章 ● 子どもたちが支えとするストーリー

童会の委員をしているから、学校の役に立つのはわたしにとっても大事なことよ」と付け加えた。サディとサラが歩道をきれいにするという自分たちの仕事をとても真面目にとらえているのに対して、シータは、除雪を遊びに変えてしまおうとしていた。2人の一方が道をきれいにすると、シータは後ろに回ってまた雪で覆ってしまう。また、サディやサラに雪を投げつけたり、木や茂みの陰に隠れて、2人がそばを通ると飛び出して驚かそうとしたりもした。でもサディとサラはただ肩をすくめるだけで、そのまま仕事を続けていた。

(フィールド・ノート 2003年2月3日)

「きのう、ウォーキング・カード1 出されちゃった。わたしたちは遊び場から離れていないのに、離れたってシータがうそを言いつけたからよ」とサディがマーニに言った。「わたし、本当に学校から出ていく気なんかなかった…。冗談を言っただけなのに」。結局、2人とも昼は事務室で食べることになり、休み時間は監督者と歩かなければならなくなった。サディはシータに怒っており、こんなことになったのはシータのせいだと非難した。

(フィールド・ノート 2003年2月25日)

今朝の自由時間、サディは、教室の後ろにあるホワイトボードに夕焼けの絵を描いていた。「サラが夕焼けの描き方を教えてくれた」と彼女は言った。去年の夏に見た夕焼けのことをクラスの友達に話し、その絵を描いていたのだった。サディは話し終わった後で「わたしは夕焼けが得意よ」と友人たちに言った。

(フィールド・ノート 2003年5月29日)

サディとシータの関係が複雑になったのは、学校で生きていく他の方法を知るようになってきたからだ。サディは、シータのことを保育所時代から、そして学校に来てからも知っていた。しかし、サディには、学校についてのストーリーには競合する複数の筋があることもわかってきた。彼女は、シータのことをもめ事の中にいるのが多い人間であることも知ったが、友達であり、学校で助けになってくれたりする人間としてもシータを理解していた。このことは、サディとシータが休み時間に学校の入口の道路の除雪をすると

87

申し出たことからわかった。彼女たちはそれが教師や学校への訪問者たちに感謝されるであろうことを知っていた。また、自分たちの行為を校長のジャネットが気づいてくれるかもしれないと期待した。この活動を始め、サラに助けを求めたのはサディとシータだった。

　サディは学校で何者になりつつあるか、そのストーリーは複雑であり、スムーズなものではなかった。サディが競合するストーリーに着目し、それを生きることを学ぶにしたがって、彼女が注目する人や物事はあちこちに移り変わったのだが、そのことに自分で気づいていただろうか。サディは、年度の間中トラブルに巻き込まれ続けたが、それは学校にいるための複合的な方法を模索していたからだ。彼女は、友達と歩道を除雪する児童であり、捕まったときにはジョークだったようなことを言ったが、昼食時には学校のグラウンドから逃げ出そうとする児童であり、学校についてのストーリーで良い児童としての筋をどう生きればいいかを知っているサラから夕陽の描き方を習う児童だった。自分が学校についてのストーリーの中の児童だと自覚するようになってから、シータはものを知っている人間だという信頼感は減っていった。サラから夕焼けの描き方をどのように習ったかを話していたのは、サディが、サラはものを知っている人間だと感じたということなのだろうか。夕焼けのことをクラスの子どもたちに話していいかを教師にたずねることで、自分もものを知っている人間であることを教師に伝えていたということなのだろうか。こうした場での緊張関係の瞬間に注意を払うことで、これらの疑問は、支えとするストーリーやアイデンティティが、出会いの場面において、どのように模索され、繰り返し、方向づけられたり、方向づけ直されたりしているのかを理解し始める手掛かりとなった。

エリカが支えとするストーリーに注目する

　教師が生き、語っている、子どもについてのストーリーによって、子どもが支えとするストーリーはどのように方向づけられるのか。そのことに注目させてくれたもう1人の子どもがエリカだった。エリカは、ショーンの調査の参加者であり、リアンが担任する6年生のクラスの物怖じしない少女だっ

た。そのことは、彼女の振る舞い、クラスでの反応、そして議論に積極的に参加し、質問をよくする意欲の高さにも表れていた。エリカは、ショーンに、ホッケーや野球やサッカーをするのが好きだと話し、自分のことを「スポーツ好き」の「女の子らしくない」子どもだと言っていた（個人的会話の記録 2002年11月22日）。彼女が男の子たちと遊ぶのを好んだのは、それがより体力を必要とし、彼女の言葉で言うと「遊びが競争」だからであった（個人的会話の記録 2002年11月22日）。エリカが担任のリアンに同調しているのはクラスの中ではっきりとわかった。エリカは、クラスでの議論や調査にかかわるショーンとの会話で頻繁にこのつながりをつくった。

　わたしたちがラビーン小学校で過ごした1年の間、エリカは自信をもち、毅然としていたが、学校でいつもそのように自信があったわけではなかった。エリカは、もともとラビーン小学校で学校生活を開始したわけではなく、初めは別の学校のフランス語集中訓練クラスに参加していた。彼女が学校の勉強や友人関係に困難を感じたのはそこでのことだった。彼女はショーンに言った「あそこは全然楽しくなかった。あまりいい学校じゃなかったの…。先生方は（わたしや家族を）あまり親切に扱ってくれなかった」（個人的会話の記録 2002年11月22日）。エリカはショーンに、以前は学校の勉強でどんなに苦労し、それがラビーン小学校に来てからどんなふうに変わったのかを語った。リアンは、エリカが2年生でラビーン小学校に来たときも担任だった。エリカが学校で成功している児童として自分自身を再ストーリー化し始めたのはそのときだった。リアンは、5年生と6年生でまたエリカの担任になったのだが、5年生のときにエリカが支えとするストーリーには重要な中断が生じた。

　ラビーン小学校では、幼稚園児を1グループとし、児童たちは、1・2年、3・4年、5・6年の複式学級にまとめられてそれぞれの教室を使っていた。エリカは5年生のとき、クラスの6年生の女の子たちにからかわれ、いじめられていた。エリカは、幾度にもわたるショーンとの研究懇談の中で5年生のときの経験のストーリーを語ったが、同じく担任のリアンも「エリカは、去年、大変だったのよ」と述べていた（2003年3月12日の会話の記録）。エリカが支えとしていたストーリーは、学校についてのストーリーの中で成功

している児童というものだったが、それがいじめとからかいにより危機にさらされたとき、エリカは、自分が支えとするストーリーを励ましてくれる助けをリアンに求めた。学校で安心できるように、エリカは徐々にリアンとより強いきずなを持つようになった。エリカは、自分はリアンと似てスポーツ好きだというストーリーを語ることを覚えると、しばしば自分のストーリーをリアンと共有できる筋を強調して話すようになった。リアンもそれを妨げなかった。

月曜日の朝、リアンと5・6年生の子どもたちは、週末に行ったことについてのストーリーを語り合うのを学級のリズムにしていた。そこでの会話で、エリカはいつも発言したし、2度話すこともよくあった。最初に説明するときには、自分がしたことを話したが2度目に話題提供するときには、リアンの週末の活動にずっと似た内容のことを語るのだった。しかし、このように共通する話の筋を強調し続けるので、他の児童たちのストーリーの中で、エリカは教師のお気に入りだということになってきた。

教師のお気に入りだというストーリーをつくられたことで、エリカに緊張関係が生じた。友達グループの一員であるという筋から外れたくなかったし、教師のお気に入りとしてからかわれるのも望まなかった。友達の仲間にも入れてもらいたかったし、良い児童でもありたかった。彼女が支えとするストーリーではどちらも大切な筋だったのである。何とかして、自分が何者であるかに配慮することを、しかもからかわれることなく行う必要があった。5年生のときにからかわれた気持ちを思い出し、エリカは自分とリアンが共有する筋に注意を向けさせるような発言をすぐに取りやめた。グループディスカッションに頻繁に参加することもやめ、教室ではもっと無口でいるようにした。おそらくこうしたことは時間をかけて起こったことだが、ショーンとリアンには、もっと突然の変化のように感じられた。ショーンが自分の気づいた変化についてエリカと話すと、エリカは次のように述べた。

えーと、うーん、毎朝、教室に入ったとき、何をしてもからかわれて、2人が組になってする活動のときには、誰も自分とやりたがらないのでいつも自分一人でやることになるというのは、何というか、本当に嫌なことよ。そして、

ただ、周りについていけているかどうかを考えて、あのね、すべて同じようなことになってしまう。えーと、また、同じことがわたしに起こるかもしれない。それでただ、去年のことを思い出して、ただ、「いいよ、そんなのいらない」と思った。だから、あんまり頑張らないようにしただけ。

(個人的会話の記録 2003年5月16日)

6年生になると、教室に友達の輪ができていた。前年度の経験を思い起こし、彼女は友達グループと表だって仲良くすることにし、自分と担任のリアンとの共通点を露骨に示すようなストーリーを生きることはやめるという判断をした。

しかし、学校でのエリカに着目することで見えるのは彼女の一部分にすぎなかった。学校から帰ったエリカがリアンに電子メールを送るようになっていたことがわかったのである。ショーンとリアンが補足的に話していたのだが、リアンによれば彼女のホットメールアカウントは最近まで使えない状態にあった。それを使えるようにしたとき、エリカがかなりたくさんの電子メールを送り続けていたことに気づいた。

　この週末にグループメールをするためにアカウントを復旧したのだけれど、そうしたらびっくり、こんなメールが来ていたの。「エリオット先生、どうしてメールの返事をくれないのですか。良い週末をお過ごしください。えーと、それから、もし声をかけていただいて教室の脇でお話できたら、とってもうれしいです」。だからこんなメールを返したわ。「エリカ。ずっとメールをくれていたのね？　あのね。わたしのメールは調子が悪くて、ちょうど復旧したところよ。良い週末を」。　　　　　　(会話の記録 2003年3月12日)

ショーンとリアンが対話を続ける中で、リアンは、エリカが新しい仕方でつながりを維持しよう、すなわち、「わたしを別の仕方で確保しようとしていた」(会話の記録 2003年3月12日)のかもしれないと思った。それに対してショーンは、次のような指摘をした。エリカは「あなたに憧れつつ、ある種、身を隠したのですよ」(会話の記録 2003年3月12日)。エリ

カは、リアンとの関係における自分の立場について、教室内では、表向きのストーリーを生きることを学んでいた。同時に、しかし、リアンと密接な関係を維持し続ける方法を思いついたことで、自分は担任と同じようなストーリーを生きる人間であるという、自身の支えとするストーリーに気を配るようになった。電子メールを使い、あるいは、クラスのみんなの目に触れたり、からかいに身をさらしたりすることなく話ができるようリアンに教室の脇に引っ張り出してくれるように頼むことで、彼女は、自分のストーリーを表現する場を、教室の中から外へと移した。エリカがリアンにメールを送ることでとった行動は、教室の風景におけるストーリーと、彼女自身が支えとするストーリーの両方に目配りするための創造的な方法だったのだろう。カー(1986: 91)は次のように書いている。現実が願望と対応しなかったとき、「現実に立ち向かうために必要とされているのは実践的想像力だ…」。エリカは、それまでとは異なる接触の仕方を見つけることで、からかわれる心配なくリアンとの関係を維持したいという課題を切り抜けた。エリカにとって重要なのは、接触の仕方についてのこのストーリーだった。リアンは、エリカが支えとするストーリーを中断させず、エリカが自分自身を支えられるようメールで交流できる場を保ち続けた。

　サディが学校で支えとしたストーリーでは、教師がそれをどのように方向づけたかがはっきりと見えた。しかし、エリカの場合はそれほど明確ではなかった。エリカが仲間との関係をどう調整するかについてリアンはほとんど影響力を行使していないように思われた。しかし、リアンと経てきた過程から、エリカは別の示唆を得ていた。5年生で、教室の年上の女の子たちにのけ者にされたときも、2年生で初めてこの学校に来たときにも、リアンは、エリカの支えとするストーリーにとって大事な存在だった。そしてエリカの支えとするストーリーにとってリアンが変わらず重要な位置を保ち続けていることは、エリカがリアンに送ったメールからも察せられた。リアンは、エリカの様子を見計らいながら、彼女が仲間たちとの関係を維持できるように身を引くことができた。このように、ゲイルの働きかけがサディの支えとするストーリーを方向づけたのと同じように、リアンの対処がエリカの支えとするストーリーを導いていることを見て取ることができた。教師がそれぞれ

第3章 ● 子どもたちが支えとするストーリー

の子どもについて語るストーリーが、状況は違っても、広い意味において子どもたちの支えとするストーリーに影響を与え、方向づけていたのである。

ジュリー：学校のストーリーにおけるあるべき子ども像への抵抗

　ジュリーは、始業日にローラの１・２年学級で出会ったもう１人の１年生だ。この教室の調査を担当したアンは、すぐにジュリーに目が行った。濃い短髪の黒髪で、２本のポニーテールが頭の両側から突き出していた。教室を横切って歩くとポニーテールが弾んだ。この部屋の子どもの半分は２年生で、これまでの１年間、ローラの教室にいたのに対し、残りの半分は、この教室が初めてだった。ジュリーは、ただ１人明らかに先住民系とわかる子どもで、新入生の１人だった。

　　ローラは、その日の初めに、クラスの子どもたちに１つのストーリーを読んで聞かせた。本を読み終えると、ジュリーが挙手をして言った。「お腹が痛いです。お腹が痛くなったら必ず家に帰っておいでってお母さんから言われてます」。ローラは、ジュリーの世話役になっている２年生のクラスメイトに水を飲みにつれて行くよう頼んだ。ジュリーは、とりあえず、具合の悪さについて何も言わなくなった。
　　間もなく、子どもたちが罫線入りの紙でアルファベットを書く練習をしているときだった。今年度では初めて鉛筆と紙を使う課題だったが、ほとんどの子どもはすぐに、作業に取り掛かった。ジュリーは、机を離れ、ポニーテールを揺らしながら、ドアの方へ歩いて行った。ドアの脇にあるテーブルのところに座って宣言した。「わたし、ABCなんて書けない」。ローラは、静かに彼女に話しかけ、元の机に連れて行った。するとジュリーは、鉛筆を拾い上げ、すぐに名前と姓を両方とも記入した後、アルファベットの大文字の書き取りを始めた。
　　休み時間の後、クラスのみんなは、教室のカーペット敷きにしてあるミーティング・エリアに集まった。ローラは、体の部位について書いた『部品』（Arnold, 2000）という楽しい絵本を子どもたちに読み聞かせた。ローラが読むのに応じ

93

て、子どもたちは盛んに口を開いたり、笑ったりしていた。ジュリーはというと、カーペットの集団からふらりと抜け出て、アンが座っているサイドテーブルのところにやってくると、新しい青いノートにフィールド・ノートを走り書きしているアンに、何を書いているのかとたずねた。ローラがカーペットに呼び戻すまで、ジュリーは、アンの横に立って彼女が書くのをじっと見ていた。ジュリーがカーペットのところに戻ったとき、アンは、彼女が体を揺すっているのに気がついた。アンは、これが新しい環境の只中で安心するための一つの方法だったのだろうかと思った。

（2002年9月4日のフィールド・ノートに基づく中間リサーチ・テキスト）

アンがジュリーに対してすぐに感じたのは、彼女が、自分は何者であり、また、何者になろうとしているのかについて強いストーリーをもっている、自信のある子どもだということだった。ジュリーと会った最初の半時間のうちに、アンは、担任が予想していたと思われる教室での生き方とは異なるストーリーを、ジュリーがどのように生き始めていたのかを書きとめていた。クラスの友達の近くに座って、ローラがストーリーを読むのを静かに聞くようにと言われた後、ジュリーはお腹が痛いので家に帰らなければならないと宣言した。研究者グループとしてわたしたちが思ったのは、多分ジュリーは、入学した最初の日はどのようなものかというストーリーをもって1・2年学級に来たのではないかということだ。そして、教室で生きられているストーリーが、彼女のイメージしていたものと合わなかったとき、彼女は、母親が、お腹が痛くなったらいつでも戻ってくる必要があると言ったと説明してその場から出ようとした。これは、ジュリーが、母親の知を重視したストーリーを皆に伝え、彼女自身の知を支えてくれる方途として母親の知をどれほど頼りにしているのかを示したということだ。しかし、担任のローラが、おそらくジュリーが予期していたのとは違う対応をすると、それ以上、気分の悪さを訴えなくなった。あるいは、このとき、ジュリーは、これまでの生活で経験してきた他の場面では母親の知が有効だったのに、この教室の中ではそうではないのだと感じ、少々自分の位置をつかめなくなったのかもしれない。

次の場面では、ローラがクラスの子どもたちにABCの書き取りをさせた

とき、ジュリーは席を離れ、アンが座っているドアの横のテーブルのところに歩いてきて、「ABC は書けない」と言った。アンが思い起こしたところによると、彼女は、ジュリーの反応から、ABC をどう書いたらよいかわからないという意味だと最初は解釈していた。しかし、事態の推移の中で、他の解釈、ジュリーが結局は自分の氏名もアルファベットも書いたことと矛盾しない解釈の可能性が開かれてきた。この解釈は、ジュリーが、特にあのときだけ ABC を書きたくなかったことに着目する。ここでも、1 年生になったときの最初の朝はこういうものだろうとジュリーがイメージしていたストーリーと、実際に教室で展開していった出来事との間にずれがあったのではないか。このように考えてみると、あの場についてのもう一つの解釈、ジュリーが机を離れ、ドアのそばのテーブルに行ったこととよりつじつまが合う解釈が説得力をもつようになる。この解釈では、サディが学校の初日にそうだったように、ジュリーもローラのことを、その知が教室の中で唯一重視される人物だとは思っていなかった。あるいは、そのときのジュリーは、活動に参加することについての選択権を彼女自身がもっているような、ナラティブ的一貫性のストーリーをも生きていたのかもしれない。

　休み時間の後、ジュリーがアンのところにふらりとやってきた様子から、ジュリーは教室で何者になりつつあるのかというストーリーをつくり始めていたのかとも思われた。それは、彼女がそれまで何者であり、どう生きてきたのかということの方により整合したストーリーだった。自分はどうすべきかを知っている人間なのだと言う彼女のストーリーは、学習活動や他の子どもやローラから離れ、アンを観察し、質問しに来た際にもずっと表れていた。ジュリーは、この 1・2 年クラスで他に可能な生き方があるかどうかを見つけ出そうとしていたかもしれない。だが、ジュリーをこの最初の何週間か見ていて、それほど多くの可能性があるとも思えなかった。彼女は、ローラがもっている学校についてのストーリーを中断させようとしていたのだろうか？　ローラのストーリーがジュリーの支えとするストーリーを中断させたのだろうか？　それとも、ジュリーの支えとするストーリーは、学校についてのストーリーと、競合する筋（Clandinin and Connelly 1995）、あるいは平行する、あるいは健全な緊張関係にあるものだったのだろうか？　こうし

た問いから、話し合いの場面で人生がどのように方向づけられるのか、しばし注意を向けることにした。

　　教室の子どもの1人は週末が誕生日で、ちょうど6歳になったところだった。何人かの子どもたちが自分も6歳だと言った。ジェームズがジュリーはまだ5歳だぞと指摘したが、彼女は首を振って「わたしのは、別の種類の歳なの」と言った。アンから見ても、ジュリーは、年齢よりずっと年上で賢そうな独特の雰囲気をもっているところがあった。彼女は、寡黙でいるかと思うと、次にはまさに正しいことを言う。たいてい1人でいるのに、それを不幸だとも思っていない様子なのだ。　　　　（フィールド・ノート　2002年10月21日）

　ジュリーが支えとするストーリーは、教室における学校についてのストーリーの外にあり、しかも並存していることがわかってきた。ジュリーが自分について「別の種類の歳」と表現したのを、先住民である同僚のメアリー・ヤングに話すと、メアリーは、祖先たちの英知を心の中に伝えている何人かの人びとについて話してくれた（Young 2003）。彼女は、わたしたちもそうだったように、ジュリーが本当に古(いにしえ)の人びとの1人なのだろうかと不思議がった。

　ジュリーの支えとするストーリーと学校のストーリーとの間に緊張関係が現れたのを目撃したもう一つの場面は、ジュリーが昼食時間中に学校に留まろうとしたことだ。ラビーン小学校での学校のストーリーの1つは、昼食のときに学校にいる子どもたちは、昼食時間の管理員のコストを賄う費用を払う必要があるというものだった。ジュリーの両親は、学校のそばに住んでいるので、ジュリーは家に帰って昼食をとることになっていた。9月中旬にアンは初めて気づいたのだが、ジュリーは、昼食休憩の間も学校に残りたいと思っており、その要求が学校のストーリーや担任であるローラのストーリーの筋と衝突していたのだ。

　　学校が始まって3週目、ローラが話してくれたことによると、その前日、ジュリーは、いつも家に戻って昼食をとるのはクラスで彼女一人なのだが、昼食時

第3章 ● 子どもたちが支えとするストーリー

間の初めに学校を出たものの、5分ほどすると、家に誰もいないと言って戻ってきた。ローラは、昼食時は学校を離れるのだが、戻ってジュリーの家に電話をしてみたところ、ジュリーの継父が、どうしてジュリーが昼食を食べに戻ってこなかったのかをけげんに思いながら家にいたことがわかった。

(フィールド・ノート 2002年9月20日)

その年度の早い時期、ジュリーは、自分は事情がわかっている人間だという自分自身が描いたストーリーにまだ信頼を置いていて、昼食時間に学校に残り、クラスの友達と一緒にいることを自分に許すストーリーを構築したのだ。わたしたちが想像するそのストーリーは、おそらくジュリーが支えとするストーリーとは調和していたのだろう。自由時間を友達と遊んで過ごすというこのストーリーをかなえるため、ジュリーは、昼食時間中、誰も家にいなかったとローラに話した。ジュリーのストーリーは、しかし、ローラがジュリーの継父と相談するために家に電話をかけたことで中断された。次の日、ローラが前日の昼食時間の出来事をアンに話したとき、アンは、ジュリーとローラの間に緊張関係が生じているのを感じた。アンは、このとき、ローラのジュリーについてのストーリーが、ジュリーは要注意だという筋を含むものに変化してしまったかもしれないと思った。さらに、アンが思ったのは、ジュリーがローラのことを、そうありたいと思っている自分、すなわち、友達と遊んで自由時間を過ごせる自分でいることと調和するストーリーを生きるのを妨げる人間として見るようになり始めているのではないかということだった。

10月中旬、アンは、週に一度のお昼の読書交流会をするために、木曜日になるとローラの1・2年学級の4人の子どもたちと会うようになった。前日になると、ジュリーに明日は昼食を持ってくるのを忘れないようにといつも言っていた。そのグループの他の子どもたち、実際、クラスの他のすべての子どもたちは、いつも昼食のために学校にいたから、アンが覚えておく必要もなかった。アンと子どもたちが会うようになった初めの2、3回、昼食時間の管理員は、ジュリーが昼食のために学校に留まっていることについてアンに小言を言った。たとえジュリーがアンと一緒にいるからその分の管理

は必要ないにしても、昼食のために学校に残る以上、ジュリーの両親は料金を払うべきではないかと考えたのだ。昼食時間管理員は、昼食時間に学校に残る子どもは料金を払わされるという学校のストーリーを知っており、アンとジュリーをこの学校のストーリーに照らしてどういう人物として扱えばいいのか困ったのだ。

　何度か、ジュリーはアンに木曜日以外にも昼食のために学校に残るつもりだと話した。ローラにも同じことを告げていた。その頃になると、ローラは、ジュリーがバックパックの中に昼食を入れてきているのかを見るためにチェックをし、持ってきていない場合には、家に電話してジュリーの継父と相談するようになっていた。木曜日以外は、ジュリーは家に帰って昼食を食べる必要があると継父はローラに言っていた。ローラは、親の許しを得て昼食時の管理の料金を払った子どもたちだけが昼食時間に学校にいられるという学校のストーリーに責任を負っており、ジュリーに対しても学校のストーリーに適応させる方向での働きかけを続けていた。ジュリーは、昼食時間をめぐる学校のストーリーを完全には理解していなかったのかもしれないが、木曜日以外の日も学校にいて、教室で昼食をとる経験をしたかったのだろう。ローラは、学校のストーリーは順守しなければならないことを繰り返し伝えるのだが、ジュリーはしつこくそれができる方法を探していた。木曜日には昼食のために学校にいることが許されるとわかったので、ジュリーは、アンや他の3人のクラスメイトとの、お昼の読書交流会を楽しみにしているようだった。

　　　わたしは、ジュリーに昼食をもってきたかどうかたずねた（今日は、わたしたちの昼食グループがあったので）。彼女はにこにこして「はい」と言った。ローラが今朝話してくれたのだが、ジュリーはローラのところにやってきて「秘密の話があるのよ」と言ったという。スミス先生の部屋でわたしとお昼を食べることになっているというのがその秘密だった。ジュリーは楽しみでワクワクしている様子だったという。　　　（フィールド・ノート 2002年11月7日）

　昼食時間の問題は、秋の間中くすぶった。ジュリーは、昼食時間はずっと

第3章 ● 子どもたちが支えとするストーリー

残りたかったが、木曜日以外は許されなかったからである。12月初めのある朝、ジュリーは、その日は昼食のために残るつもりだとアンに何度も言った。木曜日ではなく、したがって、グループの集まりはなかった。アンは、どうしてジュリーが残ろうとしているのかちょっと疑問に思ったが、たぶん昼食の時間帯には家に誰もいないのだろうと思った。アンは、その話についてそれ以上ジュリーに確かめることはしなかった。

　　ジュリーは、今日は昼食のために残るという話を午前中何度もアンにしていた。彼女が、ローラにもそのことを告げたのは、まさに昼食時間になってからだった。ローラはアンにそのことについて何か知っていたかとたずね、アンは、ジュリーがそのことを今日何度も彼女に言っていたことを話した。ローラは家に電話し、ジュリーの父親と話をした。彼は、ジュリーが学校に残ってもいいと承諾した。アンがコートを着て学校を出る身支度をすると、ローラが「あなた、今日は昼食にいないの？」と言った。今日、アンが昼食グループを開くと思っていたのだ。アンは遅まきながらそのことに気づいた。だからジュリーが残れるかをローラは電話で確認したのかとアンは思い至った。ローラはジュリーを教室の外に呼び、ピットと呼んでいる、1・2年教室の外に集合場所として囲ってあるスペースに座っているように言った。何人かの子どもが、ジュリーの身に起こっていることを見にドアのところに来た。アンは、このような誤解が起こってしまったことがつらかった。ジュリーはうなだれてピットの中に座っていた。アンには泣いているように見えた。ローラは、ドアの外でジャネットと話し、自分にはどうしたらいいかわからないと言っていた。

　　　　　　　　　　　　　　　（フィールド・ノート 2002年12月2日）

　アンがラビーン小学校にいた間に累積していた昼食時間をめぐる緊張関係が頂点に達したのがこの出来事だったように思われた。ジュリーは、ずっと昼食の時も学校にいたかったのだが、許されなかった。彼女が生きようとしたストーリーは、ローラやラビーン小学校の他の子どもたちが従っているストーリー、すなわち、昼食を持ってきて、かつ、親が管理費を前払いしていない子どもは昼食時間に残ることは許されないという学校のストーリーと衝

突した。ジュリーはこの学校のストーリーに抵抗し続け、昼食に残るうまい方法を探していた。ローラはジュリーの試みを遮り続け、学校のストーリーに従わなければ昼食に残ることはできないと指導し続けた。ジュリーとローラのストーリーの衝突は、ついに上のフィールド・ノートに記録された場面を引き起こした。

　2002年12月2日のフィールド・ノートの次の日は、ジュリーは学校に来なかった。昼食のことがジュリーの支えとするストーリーをどのように方向づけたのか、わたしたちは気になった。彼女が昼食時間に残ろうとして頑張ったのは1日だけだが、自分は学校生活の隅っこ、毎日昼食に（見たところ何の苦労もせずに）残してもらっている子どもたちの仲間の外に置かれていると思うようになってしまったのではないか？　後日、アンがジュリーと話をしたことから、12月2日の出来事がジュリーに不幸をもたらしたことがわかった。あの日の出来事が、自分が昼食時間、そして教室での自分の位置をめぐって自分は何者なのかについてのストーリーを方向づけたのではないかと思った。叱りつけられたことでリスクを負うことを恐れるようになっただろうか？　12月2日以前から、アンは、クラスの生活の端にいる子どもとしてジュリーを見ていた。問いただされる経験をしてから、ジュリーが端から内側に入るのはずっと難しくなったのではないか。

競合するストーリーを生きる

　ジュリーは、その年度を通して、ローラが彼女に語るストーリーとの一定の緊張関係の中で、自分が支えとするストーリーを生き続けた。彼女は、ローラをどう生きるべきかを知っている人間とみなすことを拒否した。その点では、もう一つの1年生のクラスでサディが自分の支えとするストーリーの中で変更を行ったのとは異なっていた。

　　　アンは、昼食時間に学校を離れ、バス停で大学行きのバスを待っていた。待ちながら、ラビーン小学校から昼食をとりに向かう子どもたちを見ていた。ジュリーは、学校を出て、通りを横切り、1分か2分、家の方向に向かって歩いた

第3章 ● 子どもたちが支えとするストーリー

かと思うと、ゆっくりと方向を変え、学校の方に歩き始めた。どうやらジュリーは、昼食時間に学校に残る試みを諦めたわけではなかったらしい。学校からの道路を横切っている歩道を行ったり来たりした。学校のグラウンドに戻る前に、アンがバスに乗るのを待っていたのかもしれない。彼女たちは互いに手を振ったが、ジュリーがアンに会いに来ることはなかった。

(フィールド・ノート 2003年6月12日)

年度の終わりになっても、ジュリーは、昼食時間に学校に残る手立てをまだ探しているようだった。昼食時に学校に残る際のルールについての学校のストーリーによって彼女が方向づけられることはなかったようだ。アンとジュリーがある本について交わした会話から、なぜ彼女が自分の支えとするストーリーを維持したいという強い要求をもっているのかを考えるもう一つの手掛かりが得られた。

ジュリーは、アンが選んでもってきた中から、『賢い女と彼女の秘密』(Merriam 1991) というタイトルの本を取った。その本を開いて読み始めると、ジュリーの顔に満面の笑みが浮かんだ。アンは、そのストーリーの主役である小さな女の子がジュリーと同じ名前であることを忘れていた。2人の胸はときめいた。この本の中で、登場人物のジュリーは、1人の賢い女の人と出会う。他のみんなは、その老女に秘密(彼女が幸せである秘密)を明かさせようとする。彼女が秘密を話そうとしないので、彼らは、いらいらし、怒りだしさえするのだが、話す代わりに彼女は、秘密を見つけるためには納屋や井戸や様々な場所の中を見てくれと言う。ジュリーは、大勢の人びとについて賢い女の人が教えてくれた場所を一つ一つ見て回るのだが、そこに秘密があるのではないかと必死になって探すのではなく、それぞれの場所で見つけたものの美しさを楽しむ。結局、人びとはあきらめ、うんざりして去って行くのだが、ジュリーは残って彼女と話をする。賢い女の人は、ジュリーに、自分はどれほど自分の周りの世界に好奇心があり、不思議さと驚嘆を感じているのかを話す。問い続け、不思議に思い続けることで、その賢い女の人は充実感を見出している。これが彼女の秘密なのだ。ジュリーは、「疑問をもったり、放浪したりする」ので、これ

まで周囲の多くの人たちから笑いものにされてきたのだが、それは良いことなのだとわかり始める。本の終わりで、登場人物のジュリーは言う。「わたしにはたくさん知りたいことがある」。アンの横に座っているジュリーは、この本を2人で読んでいる間、すっかり夢中になっていたが、アンがこのページを読んだとき、アンににっこり笑いかけて言った。「わたしにもたくさん知りたいことがある」。　　　　　　　　（フィールド・ノート 2003年6月12日）

　一年を通して、「たくさんの知りたいこと」と共にあったジュリーのストーリーは、アンが知恵と考えるもの——内に秘めた内面の力——と響き合った。本の中の賢い女性は、彼女の知恵が他のほとんどの人に理解されないらしいことを知った。そのため、彼女が他の人びとからわざと隠したわけではなかったが、それは秘密ということになった。わたしたちは、ジュリーも秘密の力をもっており、だから学校の昼食時間に現れてくる強力な学校のストーリーにも耐えられたのではないかと感じた。ジュリーのストーリーを見ていると、彼女や、教師が彼らについて語るストーリーに抵抗する他の子どもたちにとって、賢くあるということは、秘密のストーリーなのかもしれないという気になる。

　ジュリーが自分の支えとするストーリーを維持しようとすると、ローラは、彼女がジュリーについて綴ったストーリーの筋や、学校のストーリーの筋の枠の中から対応した。アンは、ジュリーに寄り添って生きつつ、ジュリーの支えとするストーリーと、ローラによるジュリーについてのストーリーとの間で、何が競合するストーリーになるかを理解しようとした。これらの競合する筋は維持された。それらは、少なくとも1年生の間、ジュリーの支えとするストーリーを方向づけ直すような対立する筋とはならなかった。

子どもたちが支えとするストーリーの様々なリズム

　この章の前の部分で、わたしたちは、サディが、学校のストーリー、すなわち、担任のゲイルが生き、語っているストーリーであり、教師たちがなじんでいる学校のリズムと調和するストーリーと折り合う方向に移っていく姿

第3章 ● 子どもたちが支えとするストーリー

を見た。長期にわたってサディのストーリーに着目すると、学校についてのストーリーを、教師が語るように彼女が理解するようになる過程は、緊張関係の場面の連続だったことがわかる。サディが自分の支えとするストーリーに疑問をもち始める姿も見た。年度の終わり頃、わたしたちは、サディが学校のストーリーと、担任のゲイルが生き、語っているリズムの一部になっていくのを見ることになった。サディの支えとするストーリーは、少なくとも学校の風景においては、ゲイルが彼女について語っていたストーリーに対応するように変化していった。

　ジュリーが支えとするストーリーを、ローラは自分が知っている学校のリズムに調和させる方向で変えようとしたが、昼食時間のリズムの場合には、ジュリーは、こんなに小さな子どもとしては驚くほどの力でそれに抵抗した。彼女は自分自身のリズムや、自分が何を必要とし、求めているのかがわかる強い感覚をもっているようだが、そのリズムは、彼女の担任にはおそらく理解できないものであった。ジュリーの競合するリズムはどうしてそれほどまでに強かったのだろう？　彼女が自分のリズムを維持できたのは、学校の風景の裏側にある家族との関係を通してだったのだろうか？　ジュリーとローラのナラティブの歴史の違いが、互いのリズムの理解を難しくしたのかもしれない。2002年12月2日のフィールド・ノートを見ると、異なったリズムをもって学校に来ることは、ジュリーにとって報われることではないことがわかる。ジュリーの1年生のときの経験は、それ自体のリズムをもち、教師や学校のリズムに同調する変化に抵抗しているが、学校で報われるようなものではない。サディのストーリーのところで垣間見たシータのこともこの考えを裏付けている。シータがよくトラブルに巻き込まれたのは、ゲイルの教室のリズムにたやすく適応しなかったからだ。

　エリカは、リアンのようにありたいという、自分の支えとするストーリーを維持することができた。それは、電子メールでリアンに自分のストーリーを表現する場を見出せたからだ。エリカは年上だったし、6年生の風景における学校のストーリーの中で友だちグループの一員でありながら、同時に、リアンのような人間であり続けるという彼女自身の支えとするストーリーも可能とするように、自分の注意力を使い分ける必要があることもわかってい

103

たのかもしれない。エリカは、両方のストーリーを生き続け、語り続ける方法をその場その場で見出すために想像力を使っていたようだ。

　サディが支えとするストーリーにおいて、シータは、学校でどのようにしていればいいのかに気づくために重要な存在だった。エリカの支えとするストーリーでも、仲間たちが同じように重要な役割を演じた。両者の違いは、学校で支えとするストーリーを方向づけるための仲間とのつながりのもち方である。エリカは、かつて仲間との間で緊張関係を経験していた。彼女が所属すべき仲間グループを見つけたとき、リアンは、エリカが教室に所属するにあたってのナラティブ的一貫性を維持するために何が必要かを認識し、クラスに所属しているという彼女のストーリーを続けられるよう後景に退いた。エリカとサディは、担任たちのストーリーの筋の範囲で仲間たちと付き合った。わたしたちは、エリカとサディ、そしてジュリーの担任との付き合い方の違いに思いをめぐらした。教師たちの対応は、子どもたちの年齢の違いをよく考えていただろうか。教師たちは、学校における子どもたちの人生をどう方向づけるかが、年齢の違いによって異なる必要があることを感じていただろうか。

　この章の最初の中間リサーチ・テキストの中で聞いたリフレインに今一度戻る。「幸せなら手をたたこう」。学校についてのストーリーや、教師や他の子どもたちが彼女たちについて語っている学校のストーリーの範囲内で、サディ、エリカ、そしてジュリーが人生を綴っていることを考えると、リズムのバージョンが1つだけではなく、歌う曲も1つだけに限らないような余地はどこかにないものかと思う。

いぶかしさの只中で生きる

　サディ、エリカ、そしてジュリーと共に研究をし、彼女たちの支えとするストーリーと、彼女たちについての教師のストーリーに着目しているうちに、わたしたちは、競合する筋と筋が対立し始めるのを目の当たりにすることとなった。その結果、子どもたちが、担任が語るストーリーの範囲に、より適応するために、自分が何者であるかということを変化させ始めるのを見る

結果になった。

　そうしたストーリーの変化や転換をよく観察するうちに、子どもたちが支えとするストーリーをもっと教育的な方法のうちに方向づけられはしなかったのかという思いになった。教師そして研究者として、わたしたちが子どもたちについて語るストーリーが、彼らが何者であり、何者になりつつあるのかを方向づけているあり方に対して、どうすればもっと注意深くなれるのだろうかと歯がゆさを感じた。

　フィールド・テキストを分析し、それに基づいてリサーチ・テキストを書くうちに、わたしたちは、学校で子どもたちと教師の人生が出会うことについて、より目覚めた見方（Clandinin and Connelly 2000）を形成することにおける、関係的なナラティブ的探究の位置を考えた。また、ますますアカウンタビリティーの筋で方向づけられる学校についての専門知の風景、学校についてのこの支配的なストーリーが、子どもたちと教師を、ギャップと沈黙、秘密のストーリーと表向きのストーリーへと方向づけていることについて考えるようになった。

第4章

脚色されたストーリー

　2002年の秋にラビーン小学校で探究を開始し、最初の何か月かが過ぎた頃、わたしたちが関心を向けている、子どもたちのストーリーと子どもたちについてのストーリーにかかわると思われる、ある概念について幾人かが話し合った。わたしたちは、やがてそれを脚色されたストーリーと呼ぶことになった。この用語が浮かんできたのは2、3か月たってからである。ラビーン小学校で子どもたちのストーリーや、子どもたちについてのストーリーに注意を向け始め、こうした脚色されたストーリーに出会ったことで、わたしたちは、支えとするストーリーにおいて脚色が果たしている役割の不思議さに引き込まれていった。

教師についてのストーリーと教師のストーリーを脚色する

　表向きのストーリー（Crites 1971）という考え方は、何年もの間、クランディニンとコネリーの仕事に様々に織り込まれてきた。最初にそれに関心を向けたとき、彼らは、表向きのストーリーのことを、教師がそれを語ることによって、一般に受け入れられている学校についてのストーリーの筋に適合した人物だと認めてもらえるストーリーだとした（Clandinin and Connelly

1995)。例としてクランディニンたちが挙げたのは、読み方指導の一つの方法であるホールランゲージが、その学校や学区で受け入れられている読み方指導の筋から外れている場合、ある教師たちは、発音指導の本や、基礎読本、書き取りのワークブックを教室に置くことも含んで注意深くつくり上げた表向きのストーリーを綴り、実際にはもっとホールランゲージ的な指導方法を採用していても、それが目に触れないようにするという場合だ。クランディニンとコネリー（1995）は、表向きのストーリーの考え方を、教師たちが、自分たちは何者であり、自分たちの実践とは何であるかを語る手段であり、自分たちは何者であるかの自負をもって生き続ける手段として扱った。表向きのストーリーとは、一種の偽装であり、また、クライツ（1979）が注意を促しているように、一種の自己欺瞞ともなりうる。しかし、表向きのストーリーを注意深く組み立てることは、教師のストーリーを脚色する一つの方法であり、それによってわたしたちは、支えとするストーリーを生き続けられることもわかった。そうした脚色の形式や構造、筋は、学校についてのストーリーとして受け入れられそうなものから借用される。教師のストーリーを脚色した表向きのストーリーは、学校についてのストーリーに適合する必要がある。教師たちは、学校についてのストーリーのことは承知していた。受容可能なストーリーからはみ出すことがどういう結果を招くかもわかっていた。すなわち、勤務評定を悪くつけられたり、困難な学級を受け持たされたり、転勤させられることもありうるのだ。さらに新人教師の場合には、臨時採用講師の契約が更新されないといったことも起こる。しかし、子どもたちもまた脚色を行っているかもしれないという認識がわたしたちにはなかった。

子どものストーリーと、子どもについてのストーリー

　今回の調査では、以前に行ったシティ・ハイツでの研究のときと同じように、わたしたちは、関心を、教師と、教師が支えとするストーリーから、子どもたちと、子どもたちが支えとするストーリーを含むものへと移していった。とりわけ、わたしたちが着目したかったのは、教師が支えとするストーリーと、学校のストーリー、そして、子どもたちが支えとするストーリーと

の間で衝突が起こる場面だった。それによって、最初は表向きのストーリーとして関心を向けていた脚色という問題についても再考を促されることになった。この問題を考えるほど、子どもたちのストーリーと、子どもたちについてのストーリーとの区別にしっかりと注意を向ける必要が認識されるようになった。このことは第3章で書いた。本章では、脚色と表向きのストーリーとの関係においてこの区別を理解するために、ジェームズ、カトリーナ、アーロンという3人の子どもに注目する。最初にジェームズから始めよう。アンの研究に参加していた1年生である。

アンは、子どもたちが自分について語り、語り直す場をつくるための方法として子どもたちの作品を用いていた。ジェームズは、3か月間、毎週アンと会う4人の1・2年生の1人だった。4人の子どもたちとアンは、昼食時間に、好きな本を紹介し合い、また、その本と学校内外の生活との関係について話すために集まった。数か月後、グループで行ってきた、お昼の読書交流会が終了するとき、アンは、彼らが伝えてくれた経験についての理解をどのように文字にしたかを伝えるために、子どもたち一人ひとりと対話をするところに立ち返った。

ジェームズのストーリー、ジェームズについてのストーリー

ジェームズのストーリーは、1年生の初めの頃、教室の他の子どもたちといつもすんなりと調和していたわけではなかった。アンは、そうした最初の何日か、ジェームズがどのように過ごしているように見えたかを記録していた。

> 彼は机に向かって座っていることがなかなかできず、椅子はよく倒れた。黙って椅子を戻すと、また静かに座ろうとしていた。字を書いたり絵を描いたりするときには、紙の上に少ししか書けないこともしばしばだった。級友たちと一緒にいる休み時間には、遊びの輪の端にいて、中に入れないことが多かった。ローラ（彼の担任）は、彼の母親と一緒になって、教室の生活の基準となっている学校についてのストーリーにジェームズがいかに適応していないかばかり

気にしていた。
　　　（2002年9月のフィールド・ノートに基づく中間リサーチ・テキスト）

　このリサーチ・テキストが示しているように、適応できていない子というジェームズについてのストーリーが年度の初期にはもう語られ始めていた。しかし、アンは、ジェームズが自分自身について他のストーリーを語っていたり、アンと読みたいというあるノンフィクションの本に興味をもっている自分についてのストーリーを語ったりするのを聞いていた。

　　彼はサメに興味があり、電気についてのページや化学反応の項に関心をもっていた。どうやって電気が電線を通ったり、サメがどんなふうに匂いで獲物を見つけたり、写真に写っている化学物質が結びついてどのように全く違う物質になるのかといったことを説明してくれた。
　　　（2002年9月のフィールド・ノートに基づく中間リサーチ・テキスト）

　ジェームズが、自然や動物の世界がどのように機能しているかということに興味をもつ人間として自分のストーリーを語る一方で、アンは、説明することに強い情熱を傾け、広範な語彙を使いこなすジェームズというストーリーを語り始めた。9月も半ばに入っていくと、アンは、ジェームズのことを、世界を理解しようとする好奇心と熱意をもっているという自分自身についてのストーリーを生き、語る子どもとして見るようになった。アンは、ジェームズのストーリーが彼の活動の中でどのように表現を獲得していくかを記録し続けた。

　　ある子どもがほとんど口をつけていないグラノーラのバーをゴミ箱に捨てるのを見て、ローラは、食べ物を粗末にしてはいけないと注意した。グラノーラ・バーを食べきれないなら、捨てるより弁当袋に入れて持って帰りなさい。そうすれば、今日のお弁当は量が多すぎたとお父さんやお母さんにわかるからとローラは言った。グラノーラ・バーはどれくらいの値段で、親にお金を無駄にしてほしくないという話もした。さらにローラが「お金は木に生えないでしょ

第4章 ● 脚色されたストーリー

う」と付け加えると、ジェームズが大きな声で言った。「本当は、お金は木に生えるものなんだよ。だってお金は紙でできていて、紙は木からつくられるんだから」。　　　　　　　　　　　　　（フィールド・ノート 2002 年 9 月 25 日）

　これも 9 月だが、アンのフィールド・ノートは、好奇心のストーリーを生きているジェームズの姿をとらえていた。

　　ローラが書き取りの授業を始めたところだった。彼女は、大文字の O をいくつかくっつけ過ぎに書いておき、「これのどこが悪い？」と質問した。するとジェームズがアンの方を見て言った「あまりくっつけて書くと手品の輪が絡み合ってしまったように見える」。これはおそらくローラが期待した答えそのものではなかったが、ジェームズがあまり文字と文字をつけて書くべきでないことを理解し、気をつけていることがわかった。
　　　　　　　　　　　　　　　　　　　（フィールド・ノート 2002 年 9 月 12 日）

　お昼の読書交流会が 10 月に始まったとき、アンは、ベイラー著『誰でも岩石が必要だ』（1985）を最初にグループで音読する本として選んだ。この本を選んだのは、アンの研究にかかわっているもう 1 人の 1 年生であるボブが岩や鉱物に興味をもっているので、彼の関心とつながるのではないかと思ったからだ。アンが読んでいるとき、ジェームズは、「何億という美しく光る丸みをもった小石」（p.7）でできている山々に関連して、ベイラーが本の中でどのように数字をまとめているのかをすぐにメモした。その本を読んだ後の話し合いで、ジェームズは、彼自身についての未来のストーリーを語った。「億万長者にもなりたい。あぁ、それからロケットの科学者。そして星を取りに行こう」（昼食時間のグループ交流の記録　2002 年 11 月 7 日）。同じ会話の後の部分で彼は述べた。「ぼくの体の中には、何億＋何億という線が通っているんだ。あぁ、1563 × 0 は 0 だって知ってた？」（昼食時間のグループ交流の記録　2002 年 11 月 7 日）。

　お昼の読書交流会の間中、そしてアンが 1・2 年生の教室にいるときも、

ジェームズは、アンに、自分は何者であり、彼の世界の中で自分はどのような位置を占めているのかという筋を含んだストーリーを語り続けた。11月に、アンがお昼の読書交流会のグループで『静かな場所』(Wood 2002) を読んだとき、ジェームズとボブは、その本の中のシーンを見たかのように生き生きとしていた。アンのフィールド・ノートによると、静かなシーンのそれぞれの風景についてたくさんのことを話した。

　　海のページについて考えたとき、ジェームズは言った。「ぼくは海辺が大好きだよ。海辺で、サーフィンに行きたいな。でも、すごく、すごく、すごーく危ないんだ。土石流がくるかもしれないから。ぼくは100の波に乗れるかも…いや、8,063の波だぞ…新記録達成だ」。

　　　　　　　　　　　　　（昼食時間のグループ交流の記録　2002年11月21日）

　アンは、教室の内と外の両方でジェームズとかかわり、注目するうちに、上の記録のように、例えば海のサーファーのようになって本の中に体ごとのめり込む子どもとして彼のストーリーを綴るようになった。アンは、ジェームズについてのストーリーを彼の言葉の断片、お昼の交流での本に対する彼の反応、昼食時間や教室の中で生活しているときに見られる行動から組み立てた。同時に、ジェームズは何者かということについてのストーリーを形成しているとき、アンは、ジェームズの1・2年生の教室でつくられている学校についてのストーリーや、ジェームズの担任であるローラやジェームズの母親が彼について語り始めていたストーリーに対しても着目するようになった。そうしたストーリーを聞いている中で、アンはローラとジェームズの母親がジェームズの教室での態度や、大きな動きと繊細な動きの両方の運動協調性について心配していることがわかった。彼女たちがジェームズについて綴っているストーリーは、ジェームズは、良い児童になるには困難を抱えているという筋を含んでいた。彼女たちのストーリーに応じて、ジェームズは地域の医療機関で検査を受けて注意欠陥と診断されたため、その秋の11月には投薬治療を受けるようになった。診断に従い、ジェームズを翌年の特殊学習障害をもった児童のためのプログラムに入れるという計画が始まった。

第4章 ● 脚色されたストーリー

　11月中旬、お昼の読書交流会のとき、アンはジェームズに、彼の話すストーリーを書きとめてよいかたずねた。ジェームズが書いてもらうストーリーの主題として選んだのは、恐ろしくて少し残酷なものであり、書きとめているアンも、教室で生きられている学校についてのストーリーが受け入れられる範囲から外れる選択であることに気づいた。子どもたちは、お昼の交流会に加わっていない1・2年生学級の他のみんなの反応も知りたいと言うことも多いので、昼食時間に話したり書いたりしているストーリーを教室にもち帰っていることをアンは知っていた。ジェームズがアンに書きとめてほしいということで語ったストーリーは、彼女は後で気づいたのだが、彼が読んだ『鳥肌』（Stine 2000）シリーズの何冊かを基にしていた。若い読者向けのスリラーものに分類されているシリーズ本である。

　　ジェームズとアンはグリーン先生のオフィスに入り、床の上のクッションに座った。アンは、あらかじめ鉛筆と紙を持っていて、ストーリーを語り、それを筆記してほしいかとジェームズにたずねた。ジェームズはにこにこして、遊び場を掘ったら人の手が出てきたという「おっかない話」を語りだした。アンは、彼のアイデアをその恐ろしい話から離そうとして、他の話にする可能性（これはアンが示唆した）について語り合った。ジェームズは、アンがもっていた他のアイデアについても丁寧に検討したが、結局、元々のアイデアに戻り、怪物が出てきたので、みんなが恐れおののいて家に逃げ帰ってしまい、彼がその怪物を退治するという話を続けた。彼は遊び場で1人になり、寂しかったと述べてストーリーを結んだ。彼は、アンと自分でこのストーリーをクラスの皆に読んでやってもよいかと聞いた。　（フィールド・ノート　2003年11月14日）

　上記のフィールド・ノートに着目することで明らかになったのは以下のことだ。アンは、ジェームズのストーリーを、好奇心の強い子どもが自分の世界の意味を熱心に理解しようとしているのだと押さえ、支え続ける一方、1・2年生クラスで生きられている学校についてのストーリーに彼が適応できるよう援助しようとするストーリー展開を、彼と共に生き始めたのである。ジェームズが生き、自分自身について語っているストーリーが、ローラ

や母親が彼について語っているストーリーと衝突していることがいよいよわかってきて、アンは、受け入れてもらえる児童という筋にジェームズがもっとスムーズに適応できるよう援助することが必要だと感じた。わたしたちのナラティブの用語で言えば、彼が表向きのストーリーをつくるのを助けようとしていたのである。しかし、ジェームズは、アンの試みに抵抗した。むしろ、自分は何者であり、何者になろうとしているのかについての自分自身のストーリーと一致する筋書きを生き続けた。ジェームズは、本、アイデア、そして彼が出会った他のテキストに熱中し、創造的に取り組むことを通して、思慮深く、好奇心にあふれ、想像力に富む子どもとして自分についてのストーリーを語っているようだった。

　アンは、1対1で、あるいは大人数や少人数のグループの会話の中でジェームズと時間を過ごすうちに、母親とローラが彼について話しているストーリーに彼が触れようとしないことに気づいた。自分についての認識が、彼女たちのストーリーによって影響されないようにしているかのようだった。ことさらに、彼は自分が何者で、何者になろうとしているのかを語り続けた。ジェームズが自分は何者かについて語るストーリーと、他の人びとが彼について語るストーリーとの間のギャップに注目するうちに、わたしたちは、ジェームズが自分について語るストーリーの中で脚色を企てているのではないかと思うようになった。わたしたちは、一種のカバーやカモフラージュによって自分を支える意味で、脚色された表向きのストーリー（cover stories）を綴ったが、それとはかなり異なる過程だった。例えば、恐ろしい話の設定は、学校の遊び場だった。他の場所に設定した方がより怖い話になっただろうが、ジェームズはあえてこのロケーションを選んだのである。そして、彼は、怪物退治に成功したものの、遊び場に1人残された。わたしたちは、子どもたちがストーリーを脚色する意味と目的の範囲について再検討が必要ではないかと思うようになった。

　脚色とは、例えば、自分の人生、場所、出来事といった、何かについて知っていることを、その知識をめぐるストーリーを創り出すために使う行為であり、それによって、経験についての元々のストーリーが変化することである。ジェームズは、学校についてのあの怖いストーリー、1人で残されるストー

リーを語ることで、そうしたことを行っていたのだろうか。11月半ばまでに、学校は、ジェームズが、怪物がいると感じたり、1人だと感じたりする場所になっていたのだろうか。おそらくジェームズは、児童文学に取り組み、アンとのかかわりを重ねることで、自分は何者で、何者になろうとしているのかについてのより広いストーリー（Huber et al. 2003)、彼の創造性と好奇心を包みこむようなストーリーに向けた足場を組んでいたのではないか。このより広いストーリーの中で、ジェームズは、怪物を退治することができた。ジェームズは、頭の片隅にすぎないにせよ、母親、教師、そして学校にいる他の人たちが彼に向けて綴っているストーリーのことを意識していたのではないか。ホフマン (1989: 74) は、幼児期について「わたしたちがまだ分離されていない」時期の時間と空間であり、「無条件で全面的に没頭する」時間だと書いている (p.75)。おそらくジェームズにおいては、幼児期の風景がそのまま残っていたのかもしれない。すなわち、脚色することで、自分を分離しないで経験に関心を向けていられるような、彼が支えとするストーリーを綴ることができたのである。

ジェームズのストーリーへの長期的注目

　その年の春になり、アンは、ラビーン小学校に戻ってきた。子どもたちの経験について彼女が書いたナラティブ的な説明をお昼の読書交流会で読み、それにかかわっている4人の子どもたちと個別に追加的な対話をするためだ。アンは、彼女の書いたものに対する個々の子どもの反応の仕方を研究したかったので、それぞれの会話を録音した。ジェームズが生き、自分が何者であり、何者になろうとしているのかについて語っているストーリーによく注意を向けることによって、アンは、ジェームズについてのストーリーを綴り、戻ったときにそれを彼に語った。アンは、ジェームズについての理解を創り上げている学校のストーリーに気づいた。それは、適応できておらず、注意欠陥で、学習困難だという筋をもったストーリーだった。ジェームズは、自分について語られている学校のストーリーをアンに語らなかった。その代わり、彼は、強く、能力がある人間として自分についてのストーリーを頑固に語り続けた。

5月、アンが学校に戻り、ジェームズとアンが一緒にいるとき、彼は『鳥肌』（Stine 2000）のチャプターブックを読み続けていたと言った。アンはジェームズに、11月に、遊び場の幽霊のような手のストーリーを話してくれたことを覚えているかと聞いた。彼はにこにこして、もう一度、とても生き生きとそのストーリーの一部を語った。　　　　（フィールド・ノート　2003年5月8日）

　6月、ジェームズについて書いたものを数ページほど彼に読んで聞かせると、彼がこの経験を自分が支えとするストーリーを再検討する手掛かりとして使っているらしいことにアンは気づいた。続いての例では、シャーリーン（彼のクラスの子どもの1人）が自分の母親が家を出て行ってしまったことについて話しているときに、ジェームズが何を言うべきかをどのように見つけたかを書いた一節を読んだ。彼は、ペットが死んでどれほど悲しかったかを語った。アンは、ジェームズのことを、他の人の話をよく聞き、適切なときに応答する思いやりのある人と見ていると書いていた。
　アンが、彼とジャスティンがある日の休み時間にどのように1人の幼稚園児を助けたのかについて書いたもう一節を読むと、ジェームズは少しの間だまっていた。それから彼はゆっくりと言った。「うん。ぼくは、とても、とても、とても親切だよ」（個人的会話の記録　2003年6月11日）。アンがその通りだと言うと、ジェームズは続けた。「本からわかったと思うんだ…どうやったらみんなを幸せにできるかって」（個人的会話の記録　2003年6月11日）。ジェームズが、自分が何者であり、何者になろうとしているのかについてのストーリーを語る際、他にどのような語り方があるかを学ぶ場が本だったのではないかとアンは思った。
　ジェームズについてのストーリーの一つは、本好きというものだ。ローラはアンに、ジェームズは熱心な読書家だと5月に言っていたが、アンがジェームズについて書いているのもそうだった。このことを読んで聞かせると、彼はそれを話題にして言った。「そうさ。ぼくは一番の、ぼくは1年生で一番の本好きだよ。だって、ぼくは、『マジック・ツリーハウス』（＊1）とそのステップブック（＊2）を読んでいるところだもの」（個人的会話の記録　2003年6月

第4章 ● 脚色されたストーリー

11日)。『マジック・ツリーハウス』(Osborne 1998)は、冒険とミステリーのジャンルに入る初級のチャプターブック(＊3)だ。

アンがジェームズに読んだ次の部分は、この前の秋のお昼の読書交流会でのストーリーを彼女が語り直したものだった。

> 『誰でも岩石が必要だ』(Baylor 1985)を読んだ後、ジェームズは、ボブと一緒に絵を描いた。絵を描きながら、彼らは、星や他の惑星や衛星に行って岩石を集め、地球に持って帰って売ったら、どんなにお金持ちになるだろうと話していた。ジェームズは、良い岩石を見つけるために85,000か所に行くという話をし、それから何十億ドルももうけると言っていた。彼はアンにたずねた。「ねえ、1563×0は、0だって知ってる？」。この話をそれから9か月経った6月にアンがジェームズに読んでやると、彼は「ぼくは本当に算数が得意だからなあ」と答えた。
>
> （2003年6月11日のフィールド・ノートに基づく中間リサーチ・テキスト）

本好きであり、算数が得意であり、とてもとても親切であるというのが、ジェームズが彼自身についてアンに語ったストーリーの筋だった。ジェームズのクラスで生きられていた学校についてのストーリーが、学校での最初の年の終わりにジェームズが自分について語ったストーリーを方向づけたのかもしれない。ジェームズは、11月には、彼の幽霊のような手のストーリーを、もっと学校についてのストーリーに受け入れられやすい表向きのストーリーにずらそうとしたアンの小さな試みにも抵抗していた。しかし、6月の段階になると、幼稚園児の手助けをしたという、以前、アンに話したストーリーを振り返って一瞬沈黙したように、彼は、自分のストーリーが、今は11月に詳しく話した幽霊のような手のストーリーとは違い、「とても親切」であるといった、もっと受け入れられやすい筋の範囲におさまる必要があることを、「たくさんの本を読むこと」を通じて次第に自覚していたのだろうか？6月であれば、ジェームズは、彼のために表向きのストーリーを形成しようとしアンのやり方にも応答したかもしれない。ところで、なぜジェームズは、算数や読書が得意な児童だというストーリーを語ったのだろうか？ジェーム

ズが、そうした教科領域で成功している児童として自分自身のストーリーを語り始めたのは、彼が支えとする競合するストーリーを、彼を失敗している児童とみなす学校のストーリーと並行して存続できるようにするための表向きのストーリーをつくり上げるためだったのではないだろうか。ジェームズが支えとするストーリーは、想像力に富み、思慮深く、人を楽しくさせる少年というもので、それは彼についての学校のストーリーと競合するストーリーであったことがわたしたちにはわかるし、彼が、自分の感じている緊張関係が大きくなっていることへの対応として表向きのストーリーを使っていたのもわかる。ジェームズは学校のストーリーをより深く認識したことで戸惑い始め、自分を守る表向きのストーリーが必要になるかもしれないほどになったということだろうか？　戸惑いということで、わたしたちが言っているのは、秘密の、そして表向きのストーリーが必要だということであり、自分自身の確かなストーリーを語れる場を知る必要があるということだ。ホフマン（1989）は、幼児期の経験について書きつつ次のように述べた。「後に、もちろん、わたしたちは、よりけちになること、すなわち、自分自身を構成要素に分析する仕方や、あまり見境なくばかげた熱中をしないでいることを学ぶようになる」（1989: 75）。表向きのストーリーをこうした分析の一つの表れと見れば、ジェームズは、秋には情熱的に語っていたストーリーのいくつかを分析することにより、彼の支えとするストーリーは、5月か6月までに方向づけ直され、語り直されて、学校についてのストーリーに受け入れられる筋に適応するようになったということだろうか。彼が年度末に語ったストーリーは、彼にとって学校での人生の緊張関係を切り抜けるためのものだったのだろうか？

　しかし、アンのノートには、まだ検討しなければならない点があった。彼女は、2002年11月21日のお昼の読書交流会で『静かな場所』（Wood 2002）を読んだときの記録とフィールド・ノートを振り返り、大きな波が岸で砕ける海辺のシーンを描いたページに対するジェームズの興奮した反応をどのように記録したかを読んだ。彼女のノートからは、ジェームズが自分のことをすっかりサーファーとしてイメージしていたことがはっきりと読み取れた。アンが6月にこの記述をジェームズに読むと、彼は、自分が何になる

第4章 ● 脚色されたストーリー

かについての受け入れられる語り、その筋書きを理解し、海辺でサーフィンをし、イルカやクジラを見たときの様子について、もう一つの別なストーリーを語り始めた。彼は自分がどのように見たかを説明した。

「大きな黒いの（クジラ）だ。ぼくは、サーフボードから飛び降り、そっちの方へ行った。そいつは、ぼくを岸の方に戻した…。そいつは話ができたと思う。でも話ができたのは、ぼくがもっと小さいときで…ぼくは4歳だった。ぼくが何をしているか見せてあげる」…。ジェームズは、立ち上がり、クジラの上に立とうとしているかのように揺らぎながら立っていた。「落っこちてしまうかと思ったけど、何とか立ち上がって、こんな具合さ。ハングテン（＊サーフボードの先端で、ボードの端を両足の10指でつかんで乗る、難度の高い技。）をやったんだ！」　　　　　　　　　　　（個人的会話の記録 2003年6月11日）

ジェームズは、自分についての他の様々な語られ方に反抗し、アンが自分との関係でつくってくれた安心できる場では、自分が何者で、何者になれるかもしれないかについての想像力に富んだ数々のストーリーに立ち戻った。そして、クジラに乗る少年という自分についての脚色した登場人物をつくり始めた。それは、彼がなれるかもしれないものの可能性を広げる登場人物だった。この立ち戻りから、アンと一緒に児童文学に出会うことでつくり出された意図的な対話の空間を通して、自分が支えとするストーリーの足場を組んでいくというジェームズの意志が見てとれた（Huber et al. 2003）。こうしたとき、ジェームズは、表向きのストーリーをつくっているようには見えなかった。むしろ、わたしたちは、こうした脚色の場面を、文学に対する熱心な応答、ストーリーとの創造的で冒険的なかかわり方だと理解した。

『静かな場所』（Wood 2002）の他のページには、砂漠の風景についての詳しい説明があった。アンはジェームズに、サボテンの「とげ」がその植物にとってどのような形態の防御になっているのかを彼とボブが話し合っていたところの記録を読んで聞かせた。昨年の11月には、ジェームズがサボテン、ボブがそれを食べようとする動物になって、短いロールプレイまで演じていた。アンがこれをジェームズに読んで聞かせると、彼はこの一節を手掛かり

として思い出したように、たちまち1つのストーリーを紡ぎ出した。「そして、ぼくは、砂漠に行ったことがあり、サボテンを切り開いて水を手に入れるためにナイフを使わなければならなかった。ぼくは…をいっぱいにしなければならなかった。カウボーイが使う、あれは何だっけ？」(お昼のグループ交流の記録 2003年6月11日)。アンが水筒のことかと言うと、ジェームズは続けた。「そうそう。そして、ぼくは馬に乗り、小さなゴーストタウンを見つけた…。そこで何度か対決をした」(お昼のグループ交流の記録 2003年6月11日)。ジェームズは、カウボーイにとって投げ縄が銃と同じようにいかに必要なものかを話し続けた。なぜなら、「馬に乗っているときは銃を撃てないんだ。しっかり踏ん張らないといけないから。雄牛を捕まえるためには投げ縄を使う必要があるよ」(お昼のグループ交流の記録 2003年6月11日)。アンが実感したのは、ジェームズが彼自身についてのストーリー、脚色した登場人物をつくり上げるために、砂漠やカウボーイの知恵について自分が知っているたくさんのことを取り入れていることだった。再び、わたしたちは、ジェームズが、彼の支えとするストーリーの可能性を、児童文学との出会いを通して拡大しているのを見た。

　わたしたちがストーリー化と再ストーリー化が含む複雑さに困惑したのは、他の人がジェームズについて語っているストーリーの只中にあって、アンが、彼女の研究の中でジェームズの支えとするストーリーだと理解したものを支持し、励まそうとしたときだ。わたしたちは、ジェームズについてのストーリーとジェームズのストーリーとが互いにどのように衝突しているのかを見た。彼は、自分が学校のストーリーとして生きているストーリーが自分を特殊教育の編成へと移すことにかかわってはアンと共に沈黙したままだった。わたしたちは、ジェームズが1年生のクラスに適応していないと話し合っていたが、算数と読書は得意であり、とても親切だという、彼の良い児童のストーリーが、学校についてのストーリーにまさに適合していることもわかった。ジェームズが、自分が何者であり、何者になろうとしているかについてのストーリーを隠し、守るために、意図的にストーリーのいくつかの形を変えたのかどうかはわからない。わたしたちは、また、ジェームズが他の目的で彼についてのストーリーの脚色を始めるために、本との想像力に富む出会

いを利用したのも見た。ジェームズが自分についてのストーリーを、強く賢いものへと脚色したのは、彼が支えとするストーリーにおける可能性の余地を広げるためだったのだろうか。このことで、ジェームズは、競合するストーリー、彼について語られる学校のストーリーとの動的な緊張関係の中にあるストーリーを持続することができたのだろうか。彼が学校での1年目に直面したとき、アンと一緒に脚色を行ったことによって、何者であり、何者になろうとしているかという彼のストーリーは支えられ、足場を築くことができたのか？

脚色したストーリーによって、ジェームズは、学校の風景において自分は何者で、何者になろうとしているかについての継続性を保つことができたのだろうか？

カトリーナの支えとするストーリーにおける脚色

研究懇談を通して、わたしたちは、脚色が、学校における他の子どもの人生にも繰り返し見られるテーマであることを理解し始めた。子どもたちが脚色をするための目的、意図、聞き手がさらなるわたしたちの疑問となった。カトリーナは、ショーンが研究に入っている5・6年生クラスの子どもで、自分についてのストーリーをファッションの専門家として語っていた。それは、彼女が5・6年生の中で人気のある児童であるために考えた筋に適応するためだった。カトリーナの同級生、他の教師たち、そして校長のジャネットは、カトリーナについてのストーリーをショーンに語ったが、それは、適応できていない少女だというものだった。秋に、カトリーナはショーンに、イメージチェンジ——ペットと人間のイメージチェンジについての彼女の知識を語った。カトリーナは、学校で他の人たちに自分がどのようなストーリーで語られているのかを知っていたのだろうか？　そしてこのストーリーをそうした人たちのストーリーへの応答としてつくっていたのだろうか？　わたしたちは、この場合も表向きのストーリーの一つというのだろうかと思案した。なぜなら、それによって彼女が表に出すことができるのは知識なのであって、ボサボサ髪で他の6年生の児童が好むような服装もしていない外観では

なかったからだ。カトリーナが、このイメージチェンジのストーリーを語ったのは、流行の外観を、たとえ自分自身はできなくても、知っていることを示すためだった。しかし、この表向きのストーリーは、ファッションのアドバイスを求めてやってくる他の女子たちのことについて彼女が語り始めると、もっと複雑な脚色になった。実際には、クラスの他の女子たちが、ファッションについてのアドバイスをカトリーナに申し入れた形跡はなかったのだ。

カトリーナは、どうやって人気者になるかということが児童たちの学校での経験を方向づけていることを知っているようだった。彼女は、ショーンに、自分は音楽の好みでもどれほど知られているのかということ、また、あるCDを流行らせたことで、彼女がいかにクラスメイトの間で人気者になったかを語った。ショーンは、カトリーナのクラスでの時間を通して、彼女と他の子どもたちとの関係が目に見えて改善したという認識をもっていなかった。そこで彼女が自分は何者かを語っているストーリーについて質問した。そのときの会話の間ずっと、カトリーナがショーンに話していたのは、ペットのタランチュラが逃げ出して、学校の中を這いまわっているということだった。カトリーナが彼の気を引くためにつくり話をしたことをようやく確認し、ショーンは、彼女が人気者になったという、音楽の好みについてのストーリーも、やはり彼女がつくり上げたものかとたずねた。ショーンは事実確認の質問としてこれを聞いた。しかし、彼女は、この2つ目のストーリーについては譲ろうとしなかった。ショーンは事実についての質問を取り下げ、カトリーナの担任であるリアンに、カトリーナがクラスにCDを持ってきたかをたずねるノートを書いた。

それから、カトリーナがどのように自分のつくったCDを学校に持ってきたかをリアンはショーンに話した。そこには、アヴリル・ラヴィーンとその他の歌手の曲が入っていた。カトリーナに頼まれてリアンはそれをかけた。そのうちに他の女子たちが集まってきて、曲に合わせて歌い出した。彼女たちがこれはリアンのCDかと聞いたので、いや、これはカトリーナが持ってきたと答えた。それについては、一言の反応もなかったが、女子たちは前で音楽に合わせてダンスを始めた。カトリーナは、注意を向けながら席についているのだが、

第4章 ● 脚色されたストーリー

それでも読書を続けていた。それから彼女は近づいてきて、グループの周囲をうろうろしたのだが、女子たちは、彼女を迎え入れなかった。リアンは、それはわざとではなく、彼女たちにとっては日常当たり前のことなのだと言った…。彼女たちがカトリーナを入れようとしなかったので、結局、カトリーナは席に戻って座った。　　　　　　　　　　（フィールド・ノート　2003年3月26日）

　上のフィールド・ノートに記録されたストーリーは、カトリーナがショーンに語ったものではない。カトリーナの語ったバージョンでは、彼女は女子たちに加わり、その中でダンスをし、女子の1人と一緒に歌まで歌ったことになっている。カトリーナのストーリーとリアンのストーリーを並べて検討したことで、カトリーナが置かれている位置の痛切さが、その場面の対照的なストーリーの中に垣間見えた。カトリーナは、こうした場面の意味をどのように理解しているのだろうか。彼女は、CDを持って行ったのでクラスの人気者になったと自分のことを語っていた。しかし、リアンは、彼女がダンスをしている女子の端にしかいなかったことに気づいていた。ショーンとの会話の中で、カトリーナは、CDのストーリーの場面によって、自分がクラスメイトの中で人気者だと語ったフィクションが立証されていると考えているようだった。カトリーナにおいても、ジェームズの場合のように、この脚色によって、彼女が支えとするストーリーの可能性は広げられるのだろうか。人気者であるというこのストーリーによって、彼女は、クラスの他の人びとと関係がもてていると思えるようになったのだろうか。

　調査におけるこの場面は、ナラティブ的一貫性（narrative coherence）（Carr 1986）を維持する上で脚色が果たしている役割をわたしたちに強く意識させるものとなった。学校の風景で周縁に追いやられていることは、カトリーナに緊張関係をもたらしていた。カトリーナは、この調査に参加している期間中ずっと、人気のある女子というフィクションを綴ることでナラティブ的一貫性を獲得しようともがき続けていたのだろうか？　秋に語っていたイメージチェンジのストーリーや、春のCDのストーリーは、人気者であるという彼女のストーリーに時間的な性質があることを示していた。人気があるという彼女のフィクションは、カトリーナが学校で支えとしている持続的なス

トーリーだった。カトリーナは、人気があり、教室の関係的な生活にかかわっているという、支えとするストーリーを維持していた。

　調査の中のある場面で、カトリーナは、ショーンに学校に住む幽霊について語った。彼女が言うには、ラビーン小学校が建てられる前、この土地は農場だった。自分たちが今勉強している教室は、もともと農家の家があった場所だった。この農家で殺人があり、一家の母親が殺され、カトリーナによれば、今はその幽霊が学校に出没しているのだという。それがわかったのは、このことを書いた本が図書館にあるからだと彼女はショーンに保証した。ショーンは探したのだが、そのような本は全く見つけ出すことができなかった。彼には、なぜ彼女が学校の幽霊の話をする必要があったのかが不思議だった。彼女は以前の会話でも幽霊について話したことがあった。そのときの会話では、ショーンと研究懇談をするスペースに行くために通った空き教室の幽霊について語った。同じ会話の後の方で、ショーンは、そこが年度当初はカトリーナの教室だったことを知った。彼女が幽霊のアイデアを使ったのは、そこにいたときの思い出について語るためだったのだろうと思った。彼女が殺された母親の幽霊について話し始めたとき、幽霊のストーリーがもう一つ別に必要になったのはなぜかがショーンには不思議だったのだ。その学校の他の研究者たちとの会話の中で、ショーンは学校のロビーに掛けられている１枚の写真が、数年前に自宅で殺された、学校に父母そしてボランティアとしてかかわっていた１人の母親のものであることを知った。ラビーン小学校の児童たちは、死んでしまったこの親のストーリーを知っていた。その親のことに気づいたとき、わたしたちは、もしかするとカトリーナのストーリーはその関連で説明できるかもしれないと思った。このフィクションの事例は、支えとするストーリーの脚色と同じではなかった。むしろ、単にある出来事についてつくられたフィクションとしてわたしたちは理解した。

　後の会話で、カトリーナは、幽霊のストーリーを、いじめとの関係で彼女が支えとするストーリーを説明するために用いた。いじめにどう対処するかということが、カトリーナが学校で抱えていた進行中の問題だった。ある出来事のときには、カトリーナは、自分をいじめている女子の母親のところに行き、いじめをやめさせてもらおうとした。ショーンがカトリーナにどうし

てそんなに勇敢なのかと聞いたとき、彼女は答えた。「わたし、勇敢じゃないわ。暗闇が怖いもの」(個人的会話の記録 2003 年 1 月 22 日)。ショーンは、その会話の中で、彼女はいくつかのことに対しては勇敢になれて、他のことにはそうではないということなのだろうと示唆した。彼がもう一度、どうしてそんなに勇敢なのかと聞くと、彼女はわからないという反応だった。そして、ようやく、次のように答えた。「たぶん、それは、わたし、幽霊に会ったんだけど、幽霊の方がずっと扱いやすいからよ。(ショーンの疑わしそうな反応に) 会ったことがあるの！ うちの古い家で、古い学校で…。ウーン、だから、わたしは幽霊たちに会ったの。彼らが人間よりずっと手強いなんてありえない」(個人的会話の記録 2003 年 1 月 22 日)。カトリーナは、人気があるというストーリーのときにそうだったように、この幽霊のストーリーも自分が支えとするストーリーの可能性を広げるために用いていたのだろうか？ 両方の脚色において、彼女は、学校の風景において自分が支えとするストーリー間の調整をする方法を見出している。たぶん、カトリーナは、音楽とファッションに詳しいというストーリーを人気があるというフィクションのために使い、幽霊と会っているというストーリーを勇敢だというフィクションのために使ったのだ。

わたしたちがカトリーナに注目するうちに、彼女が支えとするストーリーを維持するために、自分自身について脚色した説明をつくっているのがわかった。ジェームズとカトリーナは、2 人とも自分が何者であるかについての脚色された説明をつくり、語った。それは、自分自身についてのストーリーや、何者になろうとしているかについてのストーリーが、彼らについての学校のストーリーによって脅かされる中で、自分たち自身を支えるためだった。研究者として、子どもたちのストーリーと子どもたちについてのストーリーが衝突する場に注意を向けることで、わたしたちは、彼らの脚色された説明に気づくようになった。また、子どもたちがどのように自分たちが支えとするストーリーについてのナラティブ的一貫性を支えようと試みているのかに、さらにしっかりと注目する必要に気づくようになった。

脚色に加わる：アーロンについてのストーリー

　2年生の児童であるアーロンについてのわたしたちのストーリーを見ると、アーロンの担任や校長が彼の人生について脚色されたストーリーを綴る中に、わたしたちが研究者としてどのように参加していたのかがわかった。このことは、特に彼の就学をめぐって生じた緊張関係の場面に見ることができた。わたしたちが、ゆとりをもち、声を和らげてはじめて、アーロンのストーリーと、彼についての母親や祖母のストーリーが聞こえてきた。研究者あるいは教師として、わたしたちは自分たち自身の学校についてのストーリーの立場からアーロンに注意を向けた。そうするうちに、わたしたちが設定した焦点によって、こうした他のストーリーは消し去られた。出席をめぐる緊張関係が浮かび上がったときのアーロンについての説明から始める。

アーロンのストーリー、アーロンについてのストーリー

　　幼稚園のとき、アーロンはときどき登園するという状態で、年度のうち5か月まとめて登校しなくなるまでは、平均すると1週間に1日というところだった。次の2年間、アーロンは、2、3の学校を転入したり転出したりした。母親は、ラビーン小学校に彼を2度も再登録したが、どちらのときも彼を連れて来られなかった。

　　アーロンは、年齢から言えば3年生に入るべきだったが、結局、ラビーン小学校に戻ってきて、これまでの教育歴から1・2年生クラスに入った。よく遅刻はしたが、アーロンの出席率は向上し、数週間に1日しか欠席しなかった。11月の前半、校長であるジャネットはアーロンの祖母から電話を受けた。アーロンはたぶん2、3週間欠席するだろうと言う。北方のメティス集落（＊4）にいる家族を訪ねる計画を立てていたのだ。ジャネットは、アーロンがまたもや就学の中断を経験しようとしていることに落胆の気持ちを表した。アーロンのクラスに入っている研究者のマーニは、ジャネットがアーロンの担任のゲイルに心配を語っているのを聞いていたが、アーロンがこれ以上遅れていくのをどうしたら防げるのか、皆の中に心配がわきおこってきた。もしかしたら、アーロンは、叔母や叔父と一緒に家で留守番ができるのではないだろうか？　それ

第4章 ● 脚色されたストーリー

からゲイルがためらいながら声に出したのは、アーロンを自分の家に住まわせておくことも可能かもしれないということだった。マーニは、週末はアーロンを預かるという援助を申し出た。その時点では、彼女たちは、これはアーロンに対するケアリング的な対応だと考えていた。ジャネットは、以前のパターンがアーロンに再発したのなら、学区の長期欠席担当官を関与させなければならないかもしれないと心配し始めた。
（2002年10月24日と11月7日のフィールド・ノートからの中間リサーチ・テキスト）

　この中間リサーチ・テキストに、マーニは、アーロンの就学と出席の問題に関する経過の一部を記録していた。様々な学校に通うことをめぐる緊張関係、ラビーン小学校でのむらのある出席がテキストの中に表れていた。わたしたちにも、アーロンの就学をめぐるフィクションがつくられ始めていることがわかった。マーニとゲイルが、学校に出席できるようにアーロンを支援するために何ができるかを想像したとき、アーロンやその家族が、彼のために求めていたかもしれないことを考慮に入れていなかった。ジャネットは、この最も新しい欠席を以前のパターンの一部だとみなし、結果として必要になるかもしれないことについて考え始めた。ゲイルとマーニは、アーロンの家族が今回の訪問に出ている間、彼が彼女たちのところに滞在できるかどうかを聞くことに決めた。祖母に提案をするために連絡をとり、それからアーロンにも話した。

　アーロンの祖母は、このアイデアを慎重に受けとめたが、決定に当たってはアーロンの意向を尊重することを求めた。「あの子は、知らない人たちといるのが好きじゃないんです」と彼女は電話でゲイルに言った。「…このことについてはあの子と話してもらう必要があります」。「でも、わたしは知らない仲ではないんですよ。この2か月間、毎日、彼と会っています」とゲイルは答えた。
　ゲイルとマーニは、教室の後ろの片隅でアーロンと会った。ゲイルが、祖母がメティス集落に行っている間、自分のところに滞在するようアーロンに勧めているとき、彼は一度も彼女と目を合わせなかった。この件について自分はどういう位置にいるのかを知るためであるかのように、1、2度、上目づかい

でマーニを見た。アーロンの足がテーブルの下で一定のリズムを打っているのに気づいたのに、マーニは、意外にも黙っていた。彼は、頭をうなだれたまま、ささやくような声で「ぼくは、おばあちゃんとは行かないよ。お父さんと妹と一緒にいるつもり」と言った。ゲイルとマーニは、お互いをチラッと見た。もう1人妹がいるとは知らなかったのだ。ほかにアーロンについて知らないことはないのか？　　　　　　　　　　　　（フィールド・ノート 2002年11月7日）

　アーロンのこのストーリーでは、おとなたちが、どうしたら彼を学校でサポートできるかを想像して、脚色された説明を構成し始めた。最初、アーロンを学校に残らせることについての彼女たちの考えは推測に基づいていた。彼は、彼女たちの家に滞在できるかもしれないし、彼女たちには彼を学校に連れて来る責任があるだろうという推測だ。しかし、アーロンの祖母、そしてアーロンに考えを提案したときに、ある転換が起こった。興味深いことに、アーロンの祖母は、彼女たちを知らない人たちと呼んだ。彼女たちは、その呼び名に反論したが、おそらく祖母は、学校の外でアーロンが支えとするストーリーにおける位置を示唆するためにそのように呼んだのだろう。

　脚色された支えとするストーリーに深い緊張関係が生じるのは、その脚色されたストーリーが、わたしたちの支えとするストーリーの意味を理解したり、他者の支えとするストーリーと相互作用する可能性をつくり出したりすることを超え出てしまうとき、特に、その個人が脚色されたストーリーの登場人物になってしまったときである。マーニの中間リサーチ・テキストでは、3つの中断が生じていた。ゲイルとマーニは、アーロンをケアすることについての脚色されたストーリーで中断を経験し、アーロンは、ラビーン小学校に出席するというストーリーでの中断に加えて、家族の中でどのような位置をとるのかということでも中断を経験した。

傲慢な認識としての脚色

　息子そして孫としてのアーロンの生き方は、学校の児童としての生き方と織り合わされていた。彼は、ラビーン小学校というコミュニティの一員だったから、アーロンについての学校のストーリーは、ある部分、彼の中断され

第4章 ● 脚色されたストーリー

た出席によって方向づけられていた。アーロンについてのこのストーリーを語っていたのは、主に学校のスタッフとわたしたち研究者であった。アーロンの人生経験をますます知るにしたがって、しかし、わたしたちは当惑するようになった。学校についてアーロンがもっているストーリーを調べることからマーニは、アーロンとの研究を始めたのだが、それによって彼女は、こうしたストーリーが絶えず彼の学校外での生活と織り合わされていることに気づいた。アーロンの出席にかかわるストーリーが理解できたのは、彼の児童としての人生と同時に家族の一員としての人生を見ることによってだった。

> クリスマス休暇が終わった最初の日、アーロンの席が座る人のないまま空いていた。マーニはアーロンの家に電話をし、母親のカレンに連絡を取ろうとしたが、代わりに出たのはカレンの姉のクレアだった。彼女は、メティス集落の家から出てきて街にいた。彼女は、マーニに、アーロンの母親と継父が最近別れてしまったということを話した。カレンは、アーロンと彼の妹と一緒に集落に転居してしまったのだ。「離婚して良かったですよ」とクレアはマーニに言った。「エバンは、いつも出て行ったり帰って来たりの繰り返しで、妹を妊娠させて放り出したんです…。妹は家族と一緒にいる必要があります。特に今は妊娠しているんですから。ここには誰も残していきませんでした」
> （フィールド・ノート　2003年1月6日）

安定的な出席は、学校でうまくいくストーリーを歩めているかどうかを理解する上でめやすとなる筋の一つだった。ゲイルと、わたしたち研究者を含むラビーン小学校の他の人びとは、出席が少ないというアーロンの記録を、彼が学校についての一貫したストーリーをもつ上で一つの障害になると見ていた。マーニとゲイルは、アーロンの祖母がメティス集落の家族を訪ねている間、彼女たちが彼の世話をできるし、それで彼も満足するはずだと提案したとき、脚色に踏み出していた。マーニとゲイルは、自分たちのケアリングの行為が、学校についてのストーリーを特権化することであり、アーロンが家族と共に支えとしているストーリーのナラティブ的一貫性に対する中断になることを理解していなかった。沈黙と身ぶりを通して、アーロンは、マー

ニとゲイルに、その招きはケアリングの経験とは感じられないと伝えていた。彼の祖母は、ゲイルに対して知らない人という言い方をしていた。反省的に検討してみてはじめて、わたしたちは、アーロンが、ゲイルやマーニの家では自分はよそ者だという感覚をもっただろうことを理解し始めた。この申し出において、彼女たちは、アーロンについての自分たちのストーリーを特権化しているのに対し、アーロンの自分自身についてのストーリーや、ゲイルやマーニについての彼のストーリーに注意を向けるのは怠るという一種の傲慢な認識（Lugones 1987）をもってアーロンとその家族を見ていたことになる。

複合的なフィクション

　アーロンは、しばしば、他者が自分を方向づけようとしているストーリーの間にとらえられていた。彼の母親、カレンは、学校コミュニティの一員としてのアーロンのストーリーを継続することで、アーロンは、ラビーン小学校の一員であるという脚色を行った。カレンは、彼女がアーロンの未来について描いているストーリーでは学校が重要であることや、息子を学校に復帰させるために彼女が続けている計画についてマーニと話し合い、それを支えにして、ラビーン小学校の児童というアーロンのストーリーを維持していた。

　　アーロンは、ラビーン小学校を離れて以来、学校に行っていなかった。しかし、カレンは次のように話した。「息子の宿題が遅れないようにずっと手助けしてきたわ…。一緒に書き取りもした。…彼はたくさん言葉を書けるのよ。算数の問題も出して、問題に取り組めるように紙にも書いてやった。ほとんど毎日」。カレンは、アーロンのためにもう少し宿題を出してくれるだろうかとマーニに頼んだ。クリスマスの後にはアーロンがラビーン小学校に戻るだろうと、マーニからジャネットとゲイルに伝えてほしいと言った。「息子の人生には安定が必要だし、転校が多いことが彼のためにならないのはわかっている」とカレンは話した。　　　　　　　　　（フィールド・ノート　2002年12月8日）

　しかし、時が経つにつれてこのフィクションは崩れ始めた。特にマーニに

は、アーロンが支えとするストーリーの中に、他のナラティブの脈絡があることが見え始めたのだ。彼女は、学校の風景の中や外でのアーロンの人生を見てきたわけだが、彼に寄り添って風景と風景の間を移動すると、アーロンについてのストーリーが変化するのを経験した。息子や孫としてのアーロンに出会うことで、彼の人生の複合的な性格がますますわかるようになった。彼女の研究のストーリーを研究コミュニティで話し合うことにより、彼女は、アーロンの人生には、学校とコミュニティの風景を出たり入ったりする男の子という意味でのナラティブ的一貫性があるのだと見るようになってきた。学校を出たり入ったりするこの移動の少なくとも一部は、学校についての彼のストーリーだった。このストーリーは、彼にとって意味があった。彼がラビーン小学校に行ったときには、彼は歓迎され、ケアされ、受け入れられ、そしてまだ自分の机や名札があり、人々の記憶の中に生き続けていることがわかったからだ。彼は、クラスの大切な一員としてストーリー化されていた。

> アーロンは、すぐに自分の教室に向かい、自分の机があるのを見つけた。机には、彼の名札がまだしっかりとついていた。他のクラスメイトは、休み時間でまだ外にいたが、アーロンは、彼に支給された新しい学用品をしまい込み始めた。そして、両手を机の上で組み、ベルが鳴るのを待った。「アーロンだ！」。子どもたちは叫んで彼の周りに群がり、剃ったばかりの頭を撫で始めた。気取りもなくアーロンは話した。「お母さんが髪を剃ってくれたんだ。シラミがわいたからさ」。クラスメイトたちは、ちょっと笑っただけで、そのまま頭を撫で続けながら、彼とおしゃべりをしていた。
>
> （フィールド・ノート　2003年2月14日）

アーロンの母親のカレンも、アーロンに関してナラティブ的一貫性のあるストーリーを描いていた。彼女は、彼のナラティブの脈絡の一つは学校のストーリーであるというフィクションの中で自分の役割を演じ続けていた。彼女はこのストーリーをマーニと、それからアーロンにも語った。

　カレンは、アーロンが学年をラビーン小学校で終えられるように戻ってくる

計画をしっかり立てていると（マーニに）話した。「息子をあまりこれ以上欠席させたくないの」とカレンは言った。「どんなによくやっているか見てやって」と伝え、冷蔵庫にテープで貼られていた宿題の一部を（マーニに）見せるようアーロンに指示した。　　　　　　　　　　（フィールド・ノート 2003年3月20日）

　アーロンは、ラビーン小学校に戻ってこなかった。校長のジャネットが、長期欠席担当官を関与させる必要があるかもしれないと示唆したことで、一つの緊張関係が、この出席にかかわるストーリーに持ち込まれた。ジャネットは、典型的な学校についてのストーリーを行使するかもしれないことを警告したのである。それは、すなわち学校についての支配的なストーリーであり、法律的に学校が従わなければならないものであった。ジャネットは、だが、迷っていた。アーロンの担任のゲイルと同じように、彼女もアーロンをケアするとはどういうことを指すのかと思いをめぐらしてきた。研究者として、わたしたちは、長期欠席担当官や出席委員会によるヒアリングがかかわるような、学校についてのより大きなストーリーが、アーロンに対するケアリングの方法と言えるのか疑問に思った。ゲイルとジャネットは、アーロンが学校にいないことを報告する必要がはたしてあるのだろうかと考えた。わたしたちは皆、このような会話から倫理的緊張関係がもち上がってくるのを感じた。アーロンの担任は、彼のいない机と彼女の書類整理棚に彼の名札を置き続けることで、一年を通して教室の中にアーロンのための場所を確保し続けた。空いた机と名札を保持することで、彼女は、アーロンが引き続き彼女の教室の児童であるというフィクションを継続した。彼の机を保持し、彼の名札を書類整理棚の横に置き、アーロンを教室の子どもたちの記憶の中に生き続けさせることで、ゲイルは彼女の支えとするストーリー、すなわち、子どもたちの人生の多様性に対して偏見のない思いやりのある（caring）教師というストーリーを維持できたのだ。そのおかげで、学校の風景を断続的に移動し続けるアーロンにとって、ラビーン小学校は心地良い場所となった。長期欠席担当官が呼ばれることは決してなかった。

第4章 ● 脚色されたストーリー

脚色についての引き続く考察

　アーロンが支えとするストーリーは、家族との変転の中で生きた彼の人生によって形成されていた。彼が家族と生きた風景は常に変化し続けるものだった。ラビーン小学校の児童としてのアーロンが支えとするストーリーは、中断した出席によって方向づけられた。安定的な出席が児童の成功にとって決定的に重要であるという、学校の典型的なストーリーは、一つの支配的なストーリーであった。もし、安定的な出席が、児童が支えとするストーリーにおけるナラティブ的一貫性を維持する唯一の方法だとわたしたちが思っていたなら、ナラティブ的に一貫した学校のストーリーについてのわたしたちの理解をアーロンがどれほど解体するかを見ることになっただろう。もし出席についての学校のストーリーがもっと流動的で、児童の人生の複雑さと複合性を受けとめるものであったなら、どんなやり方が可能になっただろうか。アーロンのおかげでわたしたちは、そのことを想像し始めることになった。ゲイルとジャネットとマーニが、中断された出席についてのアーロンのストーリーに対する心配を共有したとき、彼女たちは学校についてのストーリーを、アーロンについてのストーリーと絡ませ始めたのだった。彼女たちは、共に、アーロンをケアするとはどういうことかを問い、緊張関係を含む場面をアーロン、彼の母親、祖母、そして互いと共に進んでいった。このように率直な会話を始めたことで、彼女たちは、不安定な立場に置かれることになり、アーロンの支えとするストーリーを理解するための他の方法を探究し始めることになった。

　わたしたちは、アーロンがフィクションをつくっているようには思わなかった。むしろ、母親が宿題とすぐにも学校に戻ることについての脚色を行ったことによって、教室そして彼についての学校のストーリーに彼の居場所が維持される表向きのストーリーが準備された。マーニ、ジャネット、そしてゲイルは、アーロンの学校での出席をめぐって形成されたそのフィクションの中に加わり、彼についてのこのストーリーを支えた。

　しかし、ジェームズとカトリーナは、彼ら自身の脚色の書き手だった。わたしたちは、これらの脚色が2つの働きをしていることを知った。時に、彼

らの脚色は、自分について語られている学校のストーリーから自分を守る表向きのストーリーとして現れる。ジェームズは、自分自身についてのストーリーを、算数と読書、そして作文が得意であるように語り始めたが、それは、おそらく、受け入れ可能な児童という筋に適応しているように自分を見せるための表向きのストーリーを綴る方法だった。カトリーナは、ファッションとイメージチェンジについてよく知っている人気のある女子だというフィクションをつくった。このフィクションは、教室での人気者という筋に自分がうまく適合している場面を想像できる表向きのストーリーとして役立ったと思われる。このような脚色は、勇敢な企てであるが、わたしたちには、はかなく（fragile）、弱いものと映る。そうしたフィクションが、ジェームズやカトリーナの学校の風景における位置を変えるほどの力をもっているところは見ることはできなかったからだ。ジェームズとカトリーナは、2人ともクラスで周辺的な位置のままだった。ジェームズは、悪戦苦闘している児童だったし、カトリーナは、人気のある女子たちの輪の外だった。

　わたしたちは、また、ジェームズとカトリーナが他の目的と思われることのために脚色を行っているのを見た。ジェームズがどんなふうにクジラに乗れるか、怪物を退治するか、そして冒険したかを語るとき、わたしたちは、これらが表向きのストーリーとして働いてはいないことに気づいた。こうしたストーリーは、彼が自分の支えとするストーリーを綴るにあたり、自分は何者でありえ、何者になれるかもしれないという可能性を拡大することにつながったのだろうか。ジェームズは、アンと一緒に読んだ作品にそってつくったフィクションの中では力強い性格になっていた。おそらく、このことは、彼が、自分自身の支えとするストーリーをつくることのできる強くて能力のある少年として、支えとするストーリーを想像することに役立ったのではないだろうか。

　カトリーナは、幽霊と闘ってきたという彼女のストーリーの中で、いじめに対処する方法を想像することができた。この脚色によって、彼女が支えとするストーリーの可能性は、いじめっ子たちやその親たちと対決できる勇敢な少女というものにまで広がった。ジェームズと同じように、1つのストーリーを脚色したことで、カトリーナは、自分が何者であり得て、何者になろ

うとしているのかについてさらなる可能性を含んだ支えとするストーリーを綴ることができた。以前のわたしたちは、子どもたちについてのストーリーが様々なタイプで脚色され、そこに子どもたちもかかわっているかもしれないことを考慮していなかった。これら3人の子どもたちのストーリーに注目することで、わたしたちは、フィクションが学校の子どもたちによって、そして、子どもたちのために、様々な目的でつくられうることを知るようになり、フィクションが、生きる支えとするストーリーと複雑に絡み合っていることを認識するようになった。

第 5 章

人格教育プログラムをめぐるストーリー

　最初に、シティ・ハイツ校の人格教育（character education）をめぐる学校のストーリーの筋に着目するところから始めよう。この学校は、わたしたちがメリッサとリアに出会った都会の学校である。シティ・ハイツ校には、制度的に計画された人格教育のプログラムがなかった。人格教育のカリキュラムは、どちらかといえば、暗黙的で、学校についてのストーリーに編み込まれているようだった。それは、より隠された種類のカリキュラムだったのである（Jackson 1992）。ジャクソンは、この種のカリキュラムに着目するにあたり、「日常の学校には、2つの異なるカリキュラムが存在し、1つは明示的に認められているものであり、もう1つはそうではないものだ」と書いている（p.8）。ジャクソンは、この2つ目の、非公式で、文書化されていないカリキュラムをヒドゥン・カリキュラム（隠されたカリキュラム）と名付け、双方のカリキュラムが学校においてどのように両立しているのかを研究した。わたしたちが、朝の全校放送で何が教えられているのかにようやく着目するようになったのは、シティ・ハイツ校に入って何週間も経ってからだったが、それは、一つには、その人格教育カリキュラムがこのようにより隠された性質のものだったからである。毎朝、朝の放送の一部として、子どもは良質で生産的な学びの一日を過ごすべきだというフレーズが繰り返され

ていた。わたしたちがシティ・ハイツ校にいた年、子どもと教師に向けて一年中毎日大きな声で語られていたこのメッセージは、高い生産性と質を重視する、教育のビジネスモデルから導かれたものだった。この朝のメッセージが人格教育のより隠れた側面であることに注意を向けると、学校はビジネスの場であり、生産の場であるという学校についてのストーリーの中にそれがどのように織り込まれているのかがわかってきた。この学校についてのストーリーから姿を現してきたのは、学校のビジネスモデルと合致したルールと慣習である。すなわち、このビジネスモデルの影響によって、時間を守り、時間通りに学校に来る責任があること、しっかりした職業倫理を身につけ自制的であること、割り当てられた課題を念入りかつ遅れずに完成させることといった点が強調されていたのだ。こうしたルールを破ったときには、事務室に行って遅刻票をもらわなければならなかったり、また、やり残した課題を仕上げたり、失った時間を挽回（ばんかい）したりするために、休み時間や昼食時間も教室にとどまらねばならなかった。これらのことは、子どもたちの中に、恥じらいの感覚や、もっと責任を負えるようになりたい、もっと自制的になりたいなどといった思いを喚起する結果になるよう設計されていた。

　シティ・ハイツ校での学校についてのストーリーの中にどのように人格教育が織り込まれているのかに対する、当初のわたしたちの着目の仕方は皮相だった。わたしたちは、エミリーが教師として、リアやメリッサ、そして他の３・４年学級の子どもたちと共に生きているストーリーと競合するストーリーとしてそれを理解していた。子どもたち、エミリー、ジャニス、ジーンが構成している教室内の筋書きでは、個々の子どもや家族の生活の特殊性や多様性を重視していた。それに対し、人格教育についての学校のストーリーでは、責任を負うこと、自制的であること、正直さ、勤勉さなどが何を意味するのかについての明確かつ一義的に定義された観念に対してすべての子どもたちが忠実でなければならないという筋書きが続いていた。３・４年学級の子どもや家族が生きるストーリーについて多少のことを知るようになって初めて、わたしたちは、人格教育という競合的なストーリーが、彼らやわたしたちが支えとするストーリーと衝突していることに気づき始めた。

　第１章で描かれたリアのストーリーは、まさにわたしたちの注意をひくも

第5章 ● 人格教育プログラムをめぐるストーリー

のだった。その遅刻は、彼女の支えとするストーリーが展開する文脈の中で理解するならば、家族の義務を果たすということ、すなわち弟たちへの責任を自分自身のことよりも優先するというストーリーにほかならなかった。リアの生活の文脈の中で見るならば、彼女は責任ある行動をとっていたのである。彼女の遅刻が無責任のストーリーとして読まれるとすれば、それは学校に織り込まれている人格教育の筋の中で理解した場合だけだった。リアが学校に遅刻し、3・4年学級に着くのがさらに遅くなったことは、リアの筋から言えば無責任な行動ではない。しかし、ある種のビジネスモデルに沿って構成された学校についてのストーリーから見ると、リアは無責任な行動を取っていたことになる。人格教育のカリキュラムがいかに巧妙にシティ・ハイツ校についてのストーリーに織り込まれており、それが子どもや家庭の支えとするストーリーと衝突しているかを知るようになって、わたしたちは、以前よりもかなり直接的にそのことに注意を向け始めた。人格教育のカリキュラムが学校での子どもたちの経験に生じさせた衝突を、人格教育の筋と子どもたちやその家族が支えとするストーリーとの衝突と見て焦点を当てた。それによって、人格教育という織り合わされた筋は、単に競合するストーリーであるだけではなく、子どもや家族の人生のストーリーの事情によっては、時に対立するストーリーともなることを理解するようになった。

顕在化しつつある人格教育のカリキュラム

わたしたちがシティ・ハイツ校に滞在した間は、人格教育の公式のプログラムはなかったが、地域の学区にある多くの学校が公式のプログラムを実施していることは知っていた。これらの学校の人格教育プログラムの多くは、「道徳教育——心と精神を良きものに向けて訓練すること…明示的な指示、奨励、訓練と同様にルールを含んでいる…」（Bennett 1993: 11）として理解されている哲学に基盤を置いているようだった。人格教育プログラムが話題に上るときには、子どもたちに「少なくとも自分が生活の中で見ているものは何かを理解させ、人生を良く生きるのに役に立つ最低限のレベルの道徳（教育）を獲得させなければならない」（p.11）という発想でとらえられ

ていることが多かった。このように、人格教育プログラムは、子どもたちが、責任、思いやり（caring）、正直、忠誠、忍耐等々の特定の性格的特性をもつよう指導することをねらいとしていた。それらは、「圧倒的多数のアメリカ人（そしてカナダ人）は、正直、慈悲、勇気そして忍耐といった根本的な特性に対する敬意を共有している」（p.12）というベネットの信念に依拠しているように思われた。それらの特性をベネットは「徳目」（virtues）と名付けていた。地域の学区全域にわたる学校に突如として現れた、このような徳目をベースとした人格教育プログラムも、責任、正直、忍耐、勇敢、忠誠等々の徳目は「基本」（the basics）であり、「複雑な論争」（p.13）などしなくても教えられるのだとしている点で、ベネットが述べているのと同じような筋を奨励しているように思われた。例えば、ある子どもの行動が責任あるものであろうがなかろうが、正直さは常に視線などに表れているというような話である。徳目は、文脈、すなわちわたしたちが文化的、制度的ナラティブと見ているものとは関係なく、一連の様々な所定の態度の中に現れるとされた。文化的、制度的ナラティブは、これらの徳目をベースとしたプログラムがどのようにデザインされるのかということとは関係がないかのようだった。

　やがて、より明示的で公的な人格教育プログラムを備える学校が増えるにつれ、わたしたちは、そのような近代主義的な人格教育の理解に対して疑問をもつようになった。また、人格教育カリキュラムを隠れたものから公的なものへと転換することで、子ども、家族、教師、管理職がそれを経験する仕方がどのように変化するのかも疑問だった。人格教育プログラムが明示的になることで、それらもより探究へと開かれたものとなるのか？　シティ・ハイツ校のような学校では、徳目の理解のされ方が、公立学校の置かれている社会的文脈や、多文化、多様な家族、多様な宗教、多様な性、多様な言語、多様な政治的立場、多様な経済の現実をめぐる論点にまで開かれた場合、ますます複雑にならないのだろうか？　このような疑問、そして、シティ・ハイツ校でわたしたちがリアや他の子どもたちと経験したことを背景として、わたしたちは、ラビーン小学校で展開している人格教育にかかわる学校のストーリーに注目した。

第5章　人格教育プログラムをめぐるストーリー

ラビーン小学校の人格教育にかかわる学校のストーリー

　地域の学区では、ますます多くの学校が、徳目をベースにした人格教育プログラムを導入しはじめていた。その状況から、校長のジャネットと司書教諭のスザンヌは、公式の人格教育プログラムの実施が地域のすべての学校に命じられるのも時間の問題だと感じていた。２人とも文学を愛していたし、子どもたちがストーリーを愛することを学ぶ手助けをすることに最大限の努力を傾けていたので、ジャネットとスザンヌは、様々な種類の児童文学を用いたラビーン小学校独自の人格教育プログラムを立ち上げる道を選択した。すでに出回っている事前にパッケージ化された教材では、各徳目の定義を示し、子どもにワークシートを埋めさせ、あらかじめ決められたグループ活動に取り組ませるようになっていたが、スザンヌとジャネットは、それを実施するのではなく、一連の20の価値に即したラビーン小学校の人格教育プログラムを組織し、週の定例集会で児童文学を読み聞かせることを通して月に２つの価値が紹介されるようにした。集会は、学年に応じて、低学年（幼稚園から２年生まで）、中学年（３年生と４年生）、高学年（５年生と６年生）に組織された。わたしたちが学校に入っていた時期に重点的に取り組まれた価値の中には、責任、ケア、他者への配慮、敬意、寛容、能力の共有、忍耐、そして正直さといったものが含まれていた。以下の中間リサーチ・テキストは、全校にわたる集会の雰囲気を伝えている。

学校のストーリーとしての週定例集会

　　毎週、子どもたちと教師は、学校のロフトにある音楽室に集まった。親や学校ボランティアもよく子どもたちに加わった。子どもたちは、足を組んで床に座り、親や教師は、部屋の横側や後ろのイスや観客席に座っていた。スザンヌとジャネットは、子ども、教師、親の全員が集まって集会を始める準備が整うまで、子ども同士がふざけ合って注意散漫になってしまうのを防ぐために、通常は、前に立って、拍手遊びに子どもたちの意識を向けさせるようにしていた。ジャネットが簡単に開始の挨拶をしたあとは、スザンヌかジャネットがあらかじめ選んであった価値について、最初は、その価値がうまく描かれている

と思われる児童文学の一節を読んだり、演じたり、動作化をして紹介する。次に子どもや親や教師が、どうすればその価値を実現できると思ったか、考えの例を交流し合う。そして集会のまとめは、ジャネットかスザンヌが、教師たちにこの1週間、子どもたちや行事、活動を見ていてどうだったかコメントを求めて終わりとなる。コメントは、たいていは子どもに対してで、教師たちが見かけた行動についてのものが多かった。例えば、休み時間に子どもたちがしていた創造的な遊びについて話す教師もいれば、靴置き場が整頓されておらずひどい状態になっていることが指摘される場合もあった。人格教育の公的な指導は、主に集会で行われたが、諸価値は、しばしば日々の校内放送、教室での会話、図書館の掲示の一部にも組み込まれていた。その月に重視することになっていた価値は、学校の正面ドア前の芝生に設置してある大きな掲示板にも表示された。 　　　　　　　　　　　　（中間リサーチ・テキスト 2003年4月）

競合するストーリーを即席でつくる

　わたしたちがラビーン小学校に来る前、ジャネットとスザンヌが予想していた通りの事態が起こった。教育委員会が、すべての小学校に対し、人格教育プログラムを実施するよう指示したのだ。そのプログラムは、2年前にシティ・ハイツ校でわたしたちが垣間見たのと類似のものであった。違うのは、シティ・ハイツ校では、人格教育のカリキュラムがより隠されたものとなっていたのに対し、ラビーン小学校では、今や公的に、公式のカリキュラムの一部となっていた点だ。研究チームとして入ったわたしたちは、価値観を直接的に指導することに重点を置いたプログラムには一様に違和感をもっていたが、ラビーン小学校の教師、管理職、子どもたち、家族が学区の指示に逆らえないことも理解していた。ジャネットにとって、プログラムを確実に実施することは、校長としての責務であるから、彼女がこの指示との関係では特に弱い立場にあることもわたしたちは認識していた。学区の監督官や他の学区の職員が学校を訪れたときには、プログラムの実施状況を見ようとするし、調査が行われたり、質問が出されたりした場合にはそれに対応する責任があることはジャネットも自覚していた。

　ジャネットとスザンヌの実践は、公的に決められたプログラムの実施が求

められる以前からのものであり、プログラムは、児童文学への愛情と合致するようにデザインされていた。彼女たちは、学区の支配的な筋に対抗するストーリーを即興でつくり上げたのだが、その文学に基づく（literature-based）改革的な人格教育プログラムを、学区の指示も満たしたものとして提示できるとジャネットは判断していた。文学に基づくプログラムは、学区における支配的な学校のストーリーに改革者として立ち向かうというジャネット自身のストーリーとも合致していた。学校において物事はどのようにすればもっと違った生かし方ができるのかを示せるような人間でありたいというのが、ジャネットが支えとするストーリーであるが、このプログラムは、その具現化の一例であった。ジャネットの支えとするストーリーについては、第６章と第９章でもっと全面的に検討することにしよう。

　わたしたち研究チームも児童文学を愛することは同じだったから、スザンヌが集会の何分か前にジャネットのオフィスに駆け込んで、ある価値について書いた本のタイトルを聞いてきたときには、快く手助けをした。いくつかのタイトルの本を提案し、ジャネットのオフィスの周囲にぐるりと並べられている子どもの本の棚から探し出すのを助けた。集会にもできる限り出席した。しかし、集会中に、どうやったら価値を実現できるかを提案したり、学校や遊び場でこの１週間、価値がどのように行動で示されたのかを見たといったことについて話したりするのは気分のいいものではなかったし、価値観の直接的な指導についての教師、子どもたち、家族による校内の話し合いにも加わらなかった。

人格教育についてのストーリーに芽生えた混乱

　すでに述べたように、ラビーン小学校に来たときに、わたしたちが携えてきた研究課題は、子ども、教師、管理職、そして家族のそれぞれが支えとするストーリーが互いに衝突したり、学校についてのストーリーと衝突した場合にどのように変化したり、混乱したりするのかというものだった。人格教育についてのラビーン小学校のストーリーを直接に調べることが課題ではなかった。しかし、集会の経験を伝え合い、研究の中で知ることになった子ども、

家族、管理職、教師たちのストーリーを語るようになってから、人格教育についての学校のストーリーに関心が向くようになってきた。次に続くフィールド・テキストと、その解明によって、ラビーン小学校での人格教育についてのストーリーが、子どもや家族や教師が支えとするストーリーを中断させる場面の理解に目覚め、そのために研究することに意義を感じるようになった。

シェルビーと責任

　　　今日は、低学年集会で責任についての話が読まれた。ジャネットは、責任ある行動を表す選択について話をした。マーニは、ゲイルの学級の1年生であるシェルビーを見ていた。シェルビーは熱心に耳を傾け、絵を見て微笑み、質問が出されると挙手をしていた。

　　　マーニはシェルビーを見た時に、自分がシェルビーについて話そうとしていたストーリーを考え直した。それは、物静かで、他の子どもたちとうまくやっていくことはできるが、むしろ1人でいるか、おとなと付き合う方を好む子どものストーリーであり、登校することに困難を抱えている子どものストーリーであった。
　　　　　　　　　　　　　　（フィールド・ノート　2003年1月9日）

シェルビーのストーリーは、よくマーニのフィールド・ノートの中で語られていた。マーニがシェルビーについてのストーリーを、1・2年学級での生活についてのストーリーや、低学年集会についてのストーリーと一緒に語り始めたとき、最初、わたしたち研究チームは、特に緊張感をもつことなく聞いていた。しかし、マーニのフィールド・テキストを長い時間にわたって聞き、ストーリーが積み重なっていくにつれ、心配になってきた。

　　　シェルビーは、今日、学校を欠席した。ゲイルは心配だとマーニに言った。それは、単に、シェルビーが欠席した授業の総時間のことではなく、彼女が遅刻したときに起こるたくさんの出来事への心配だった。
　　　　　　　　　　　　　　（フィールド・ノート　2003年1月22日）

第5章 ● 人格教育プログラムをめぐるストーリー

　マーニは、シェルビーの欠席や遅刻についてのこうしたストーリーに合わせて、シェルビーの母親との会話をめぐるストーリーも研究チームに話した。マーニがシェルビーの母親と話をしたのは、ほとんどの場合、彼女が、シェルビーの学年である1・2年生の学級でボランティアをするために学校に来たときだった。マーニがシェルビーの母親との会話について書いたフィールド・ノートには、彼女のうつ病との闘いのストーリーが描かれていた（フィールド・ノート　2003年1月27日）。そこには、シェルビーの母親がマーニに家庭での緊張関係についてのストーリーを語った場面もはっきり書かれていた。その緊張関係は、彼女によれば、自分の結婚、シェルビーの姉が苦労している学習困難、自分が高校の補習コースをとった経験、地元の大学に入りたいという彼女の未来計画から生じているのだった（フィールド・ノート　2003年5月15日）。シェルビーの担任ゲイル、そしてシェルビーの母親の両方と話したことで、マーニは、そして、研究チームの他のメンバーも、シェルビーの人生の複雑さに気づき始めた。

　　責任についての集会から2、3日たって、マーニとゲイルは、シェルビーの出席について話した。ゲイルは、シェルビーの出席不足には、母親の情緒的健康が関係しているかもしれないと思っていた。シェルビーがもっと責任ある児童になることがどれほど求められているのか、また、シェルビーの母親がこの目的をサポートすることがいかに必要かをゲイルは語った。それは、ゲイルにとって、安定的に出席すること、遅刻せずに学校に到着し、日々の勉強に精を出す構えができていることを意味していた。
　　　　　　　　　　　　　　　　　（フィールド・ノート　2003年1月27日）

　マーニがゲイルとの会話を研究グループに説明したとき、わたしたちは、責任ある児童であるとは何を意味するのかにかかわって、ゲイルのストーリーと、学校の人格教育プログラムでの責任をもつことの定義とが相互につながっていることに気がついた。責任をもつことの価値に重点的に取り組んだ低学年集会で、シェルビーが熱心に耳を傾け、微笑み、質問に一所懸命答えていたことはどう理解すればいいのかをわたしたちは検討し始めた。シェ

ルビーとしては、集会中に彼女に対して話されていた責任についての学校のストーリーの中に、自分は入れていると思っていたが、担任のゲイルとしてはシェルビーの行動からそうは見ることはできなかったということなのか？
　それとも、シェルビーは、担任が自分について述べたストーリーが、「もっと責任ある児童になる必要がある」という意味だという実感をまだもてないでいたのか？　わたしたちは、再び、文化的、制度的ナラティブが、人格教育についてのラビーン小学校のストーリーの外側にどのように存在しているのかを考察した。
　マーニのフィールド・ノートは、シェルビーとは何者であり、何者になろうとしているのかについての掘り下げた洞察を提示し続けた。

> シェルビーは、マーニに「母親はちょっと病気であり、だから（彼女が）家にいて看病する必要がある」と語った。
>
> 　　　　　　　　　　　（フィールド・ノート　2003年1月30日）

　シェルビーとの会話について研究グループに話したとき、マーニは、シェルビーにとって、責任をもって生きるとは、母親の看病を助けるという意味なのだと述べた。マーニのストーリーは、シェルビーの支えとするストーリーと人格教育についての学校のストーリーとの間の緊張関係がどこにあるのかを目に見えるかたちにしてくれた。1年生の子どもであるシェルビーにとって、責任についてのストーリーを生きるとは、「ちょっと病気」である母親の看病を助けることを意味した。ところが、学校のストーリーの中で責任ある児童でいるとは、安定的に、時間通りに登校し、勉強し続けるという意味だった。シェルビーが何者であり、何者になろうとしているのかを理解しようと試みるうちに、わたしたちには、シェルビーが緊張関係の場の中にとらわれていること、そこで彼女が支えとするストーリーが、責任についての担任や学校のストーリーと衝突していることがわかってきた。母親に対する責任についてのストーリーと、責任ある児童でいることについての学校と教師のストーリーを同時に生きることは、シェルビーにはできなかった。シェルビーの生活の筋の中にあるこの緊張関係を省察し、わたしたちは、自分の子

第5章 ● 人格教育プログラムをめぐるストーリー

ども時代のストーリー、また教師として知り合ってきた他の子どもたちについてのストーリーを思い返した。そうした選択を強いられたとき、子どもたちにとって第一の責任は、責任ある学校の児童であることよりも、家庭に対するものだったことを思い出した。また、わたしたちにも教師として、子どもたちの人生におけるこうした責任と責任との間の対立についての認識に欠けていた場面があったため、そうした場面のストーリーについても語り合った。

シェルビーの人生に綿密に注意を払うことで理解できたのは、ある筋の中で、すなわち、シェルビーの支えとするストーリーの筋の中で見れば、シェルビーは、責任の価値を実現していたが、学校のストーリーにおける責任ある児童というもう一つの筋から見れば、彼女は責任の価値を実現していなかったということだ。シェルビーが何者であり、これらの筋の中で、何者になりつつあるのかについて考えるとき、わたしたちは、グリーン（1995）の複合性（multiplicity）をめぐる研究を思い出す。シェルビーが支えとしていた複合性のことを多少なりとも理解しながらわたしたちが思ったのは、公式の人格教育プログラムに可能性は存在するのだろうかということだ。子どもたちが支えとする展開し続けるストーリーに配慮したプログラム、シェルビーのような子どもたちが、自分の人生の複合性を大事にしながら、責任をもって生きるとは何を意味するのかを理解できるプログラムは存在しうるのだろうか。

エリカによる他者の受け入れ

5・6年生の2人の児童、エリカとカトリーナが、人格教育についてのラビーン小学校のストーリーの筋と衝突したことも、子どもたちの支えとするストーリーの複雑さをさらに理解する助けとなった。

リアンとショーンが、ある研究懇談で話しているとき、ショーンは、リアンに、教室における経験と認識論的な（epistemological）変化の起こり方に順序性を感じるかとたずねた。ショーンは、他者の変化の足場をつくることにおい

て子どもと教師は同等に重要なのかどうか、子どもたちは教師の変化の要因になるのかどうかを考えていた。ショーンの問いに応えながら、リアンとショーンは、カトリーナのこと、そして彼らがクラスの隅にいる彼女をどう見ていたかについて話し合った。リアンは、カトリーナが自分のことを怖がっているのではないかと思っていた。また、リアンは、最近、カトリーナがエリカに標準作文試験の復習のために作文を書くパートナーになってくれるように頼んだ様子と、それをエリカが承諾したことをショーンに話した。ショーンは、エリカが受け入れたことに驚いた。というのも、エリカはクラスの中では、とても社交的意識の強い典型のような子であり、カトリーナは、これまで彼女と協力し合ったこともなければ、エリカの仲間集団に入っている子でもなかったからだ。リアンの考えでは、エリカがカトリーナと協力し合うことに同意したのは、エリカがカトリーナを書き手として有能だと認めており、前日にあった、受け入れ合うこと（including）についての高学年集会に応え、カトリーナを受け入れたかったのだろうとのことであった。

（2003年5月15日の個人的会話の記録に基づく中間リサーチ・テキスト）

エリカがカトリーナに協力することに同意したというリアンの話に興味をもったショーンは、後日、エリカと1対1の研究懇談をするときにその話題を取り上げた。

ショーンが聞くとエリカは次のように答えた。「そうね、どうしてって、えーと。うーん、あの子が頼んできて、わたし思ったの『誰かのことを断るってあんまりいいことじゃないでしょ』って。それと、うん、それともう一つのことを、えーと、わたし気がついたのね。わたしなっちゃうって、時々とっても意地悪になっちゃうって。そしてこう思ったの『これで本当に成長できるのかもしれないし、もっと親切になれるかもしれないでしょ』って。だから、あのときは、ただ、そんなことを考えていて、友達がどう思うかを全然気にしていなかったの…」。同じ懇談の後半でショーンがエリカに、高学年集会が彼女に影響を与えたかをたずねると、彼女はその影響はあったし、リアンがその会話をクラスでも続けたことや、さらにそれによって薬物乱用防止教育で学んだこと

第5章 ● 人格教育プログラムをめぐるストーリー

を思い出したことも影響したと話した。
　　（2003 年 5 月 16 日の個人的会話の記録に基づく中間リサーチ・テキスト）

　ショーンがこれらのフィールド・テキストについて研究チームの懇談の一つで話したとき、わたしたちは、最初、高学年集会がエリカの支えとしているストーリーの変化の要因になったのではないかと思った。エリカが支えとするストーリーについては、第 3 章で多少明らかにした。そこでの探究では、エリカのアイデンティティの脈絡を、物怖じせず自信があり、スポーツ好きで競争心があり、自分の人気に敏感で同級生（特に人気があるとみられている子たち）に受け入れられることに気を配り、成功している児童であり、以前は年上の児童たちからいじめられ、からかわれていたというものとして明らかにしていた。エリカの高学年集会に対する反応が、カトリーナと協力するという決断をつくり出したと理解すれば、ラビーン小学校の人格教育カリキュラムの有効性は確証されたかのようだった。エリカの決断をこのように理解すれば、受け入れ合うことの価値に重点的に取り組んだ高学年集会と教室での補足討論に出席したことによって、エリカは「もっと親切になる」ことを、そして、カトリーナと協力することを選択したと言えるかもしれない。このようにして、次に、エリカは、友だちがどう思うかということ、すなわち、彼女がいつもは目を離すことのなかったストーリー展開を気にかけないことに決めた。おそらく高学年集会と補足の教室討論で、エリカは他者、特に、より人気がなく、より周縁的に見える同級生、すなわちカトリーナのような同級生との関係において支えとしてきたストーリーを変化させ始めるのに必要な勇気を得たのだろう。それは、高学年集会によってエリカの心にカトリーナの世界への旅に出てみる余地が生まれたということなのだろうか。ルゴネス（1987: 17）は、他者に対する傲慢な見方を乗り越えることを可能にする方法として「世界旅行」というものを検討した。彼女は書いている。「誰かの『世界』へと旅することは、彼らと自分を重ね合わせる方法だ…なぜなら、彼らの『世界』を旅することで、わたしたちは、**彼らであるとはどういうことか、そして彼らの目から見てわたしたち自身であるとはどういうことか**を理解できるからだ（強調は出典による）（p.17）。高学年集会によって、エリ

149

カがラビーン小学校で5年生だったとき、6年生にいじめられたり、からかわれたりしていた年の記憶が呼び起こされたのか？　エリカはこうした経験を覚えていたので、カトリーナの世界を旅し、カトリーナが今のクラスで周縁に追いやられている様子に自分を重ね合わせたのだろうか。

　けれども、ルゴネス（1987）の傲慢な認識（arrogant perception）という概念を、上のフィールド・テキストとの関係で検討するうちに、わたしたちは、高学年集会とそれに続く学級討議が、エリカが支えとする、別の新しいストーリーを形成してしまった可能性に思い至った。彼女を含んでいるそのストーリーは、人格教育カリキュラムを通じ、傲慢な境界線を引いてカトリーナを見るようにいつの間にか方向づけられていたのかもしれなかった。ルゴネスは指摘する。「自分が傲慢に認識されている人びとは、今度は他の人びとを傲慢に認識する傾向がある」（1987: 5）。高学年集会と学級討議を、ラビーン小学校の他の児童と共にいる自分が、権威をもったおとなたちによって、傲慢に認識された経験としてエリカが解釈してしまったおそれはないのか？　もしエリカが、他者を受け入れる点に欠けていると傲慢に認識されたと感じたのなら、今度は、彼女が、カトリーナのことを受け入れてもらう必要のある人間というふうに傲慢に見るようになったのではないのか？　エリカは、他の人、特にジャネット、スザンヌ、リアンに、その価値を達成している、すなわち、受け入れ合うという価値を実現している子どもと見てもらう手段としてカトリーナを受け入れることを理解してしまった可能性はないか？　エリカが、一緒に勉強しようというカトリーナの誘いを受け入れたことをこのように理解すると、エリカの積極的な対応をカトリーナがどう感じたのかがおのずと疑問になってくる。一方では、カトリーナはエリカの反応を信頼できるものと理解した可能性がある。他方では、カトリーナは、今となっては自分が他者、特にエリカから、受け入れてもらうことが必要な存在とみなされているのだと受け取ったかもしれない。

　カトリーナがエリカによる受け入れをどのように感じたかはわからないが、この強力な筋にとらえられた状態で、エリカとカトリーナは、どうすれば、展開していく自分たちの人生と関係させながら受け入れ合うということを考えられるようになるのだろう。こうした疑問がわきあがる中で、わたしたち

が行きついた問いは、受け入れ合うということは状況に深く埋め込まれた終わりのない過程なのに、その複合的で重層的な状態を取り除いたところで、子どもと教師は、受け入れ合うという筋の実現にいったいどのようにして取り掛かれるのかということであった。受け入れ合うという価値が、高学年集会とクラスで扱われてしまった以上、他者を受け入れることに心を配る生き生きとした人生の複雑さについて継続的に模索したり、探究したりするどのような可能性がまだ存在するのだろうか。このような持続的な模索と探究を行うことなく、「複雑な論争」なしに「基本」が教えられ続けていた（Bennett 1993: 13）。

学校のストーリーの中で人格となることについての継続的探究

　人格教育についての学校のストーリーは、子どもたちが道徳的に優れた人格として見られることを望んだり、必要だと感じたりしているという筋を長続きさせられるのかどうか。そのことに頭を悩ませていたとき、わたしたちは、5・6年学級で生きられたもう一つの場面に引きつけられた。

　　　カトリーナが、リアンとクラスの何人かの女の子たちに、自分はレオのガールフレンドで、学校が終わった後、一緒に近くのコンビニエンスストアに行くことになっていると話した。リアンがそれをレオに話すと彼はそのストーリーをすべて否定した。カトリーナが自分から女の子たちにからかわれるようなことをしているのが、リアンには心配だった。リアンは、カトリーナとそのことを話したとき、クラスの他の児童にからかわれるようなストーリーをでっちあげてはいけないと言った。カトリーナが、後でショーンに語ったところでは、確かに彼女はレオのガールフレンドではないが、彼女とレオは、放課後、一緒に店に行く計画を立てていたのだった。レオがこのことを正直にリアンに話さず、その上、リアンが彼女の方を、真実を話さないような人間だと思ったことにカトリーナは傷ついていた。本当のいきさつを知ってリアンは悩んだ。

　　　　　　　　　　　　　　　　　　（フィールド・ノート　2003年2月5日）

上のフィールド・ノートで展開している出来事に詳しく注意を向けるうちに、リアンが、教師として、学校の人格教育のストーリーと、正直さという価値との関係で生きているのであろうストーリーにわたしたちは関心をもった。リアンは、カトリーナについて、自分が何者であるかということについて、時に脚色を行う（いくつかについては以前の章でより詳しく検討した）と知っていたことに基づいて、カトリーナに、ストーリーをでっちあげることの危険性を警告しようとした。リアンは、カトリーナに、からかわれたり、クラスの他の子どもたちに正直さという価値観を支えとしていない人間だと見られたりするような、批判を受けやすい状態に自分をおいてほしくはなかったのだ。しかし、これらのフィールド・ノートに書かれていた出来事が展開するうちに、リアンはカトリーナがこのストーリーを脚色していなかったことを知った。むしろ、リアンから直接に質問されたとき、一緒に店に行くことになっていた自分とカトリーナの放課後の計画を打ち明けていなかったのはレオの方だった。リアンは、カトリーナが何者であるかをこの状況で誤解していたのは自分であったことに気がつき、思い悩んだ。リアンに緊張関係を生じさせたものは何だったのだろう。道徳的に生きるという筋に忠実に生きるよう子どもたちを指導する必要があるという学校のストーリーに、自分があまりにも夢中になりすぎて、カトリーナを傲慢に認識してしまっていたことに気づいたからなのだろうか？　このように、レオのストーリーとカトリーナのストーリーが合致しなかったからといって、それはカトリーナの方が正直ではなかったからだとリアンがみなしたのはなぜなのか、それについて唯一の納得いく解釈の可能性は存在するだろうか？　リアンに緊張関係が生じたのは、彼女がカトリーナの世界へと旅し、リアンが彼女について語ったストーリーをカトリーナがどのように感じたかもしれないかを想像したからだろうか？　わたしたちは、ショーンが5・6年生の教室で過ごした日々と、彼とリアンが交わしてきた会話から知っているのだが、リアンは、自分が担当する子どもたちを深く愛していた。また、ショーンが継続的な研究懇談に共に取り組んできた子どもたちも、リアンが彼らのことを大事に思っていることを理解していた。この緊張関係の契機によって、徳目を教えることに伴う複雑な問題についてのリアンの理解は変化するだろうか。

第5章 ● 人格教育プログラムをめぐる
　　　　　ストーリー

教師がそれぞれの人格になることについての継続的探究

　人格教育についてのラビーン小学校のストーリーの筋をめぐって緊張関係を表現したのは、研究者グループであるわたしたちだけではなかった。ラビーン小学校の教師たちも、価値観を直接に教える中で経験した複雑な問題との格闘について声を上げた。例えば、司書教諭であるスザンヌは、マリリンとの１対１の研究懇談で、文脈や関係から離れたところで正直さという価値観を教えることについての不安を述べた。次に記録されたシーンでスザンヌのジレンマが浮き彫りになった。

　　　わたしも、正直さ（という価値）には本当に困惑しています…。いつも頭から離れないほど悩ましいことです…。以前にブックトーク（＊司書教諭などが、一定のテーマを立てて、それに関係する複数の本を、その本の面白さを語って紹介する取り組み。）で使ったある本があって、それは正直さの話に合うのですが、どの程度かはわかりません。それは『真実の頭蓋骨：マジックショップの本』（Coville 1997）という本で、少年がこの頭蓋骨と仲良くなり、頭蓋骨は少年が真実を言わないではいられない気持ちにさせるのです。そして彼が夕食を食べているときにおばさんが聞きます。「わたしが作ったルバーブキャセロールは好き？」。彼は言います。「いいや、古い靴下のような味がする」。つまり、骸骨が彼に強制したから、彼はこんなことを言い、そうやって真実を言うことでトラブルにばかり巻き込まれるのです。だから、わからない。子どもに価値観を教えるのがわたしの仕事なのかわからないのです。いいでしょう、まあ、わたしのすることは、できるだけ正直でうそをつかずにいること、うそをつくにしても個人的な利益のためではなく、他の誰かの気持ちを傷つけないためです。それがたぶん、狭い範囲でのわたしの正直さについての理解です。でも、それは、おそらく他の親たちが自分の子どもに（学んで）欲しい価値ではない…。それはどちらともいえないグレーゾーンですから、そこでわたしは子どもたちに何を言えばいいのでしょう？　図書館の本を盗むのは不正です。つまり、白か黒かがはっきりつくことです。でも、もし（図書館員が）そこにいなくて、（本を貸し出す）コンピュータが壊れていて、読書感想文のための本が必要で、明

日には返却できることがわかっていたら。わたしにはわかりません。何とか答えを出さなければなりません。

(個人的会話の記録 2003年3月7日)

スザンヌがマリリンとこの懇談を行ったのは、正直さという価値に重点的に取り組んだ次回の学校集会の直前だった。その集会では、彼女とジャネットが組織し、リードする責任者になっていた。上の記録の一節で、スザンヌが、価値を教える際の「グレーゾーン」を理解しようとしているのを見た。彼女は、低学年、中学年、高学年の集会で読む、正直さという価値観に焦点を合わせた児童文学を見つける責任が自分にあることは知っていた。しかし、その文学によってどのような理解を提示すべきかに確信が持てなかった。彼女は悩んでいた。『真実の頭蓋骨』(Coville 1997)が表しているようなメッセージを描くべきなのか、それとも、正直さについての自分自身の理解、すなわち、「できるだけ正直でうそをつかずにいること、うそをつくにしても個人的な利益のためではなく、他の誰かの気持ちを傷つけないため」という理解にもっと厳密に適合した別の文学の一節を見つけるべきなのか（個人的懇談の記録 2003年3月7日）。

スザンヌが自分の緊張関係について述べたことで、人格教育についての学校のストーリーが、少なくとも正直さという価値に関する限り、彼女にとっていかに対立するストーリーであるかがわかった。マリリンとの研究懇談で、スザンヌは、「価値は…その真の意味を文脈の中で獲得する」(2003: 379)というビューゲラーとベダーの思想を目に見えるものにした。スザンヌの苦労は、一部は、文脈が欠けた価値を教えることが必要となっているところから生じているが、彼女の緊張関係は、また、親たちが子どもたちに学ぶことを望んでいるのが、正直さという価値についてのどんな理解なのかわからないことからも来ている。ラビーン小学校の子どもたちの人生の多様性を考慮に入れることにより、スザンヌは、正直さという価値が教えられるべきであるという文化的、制度的ナラティブの中から導かれる知と格闘していたのである。

ノディングス (1984: 184) も同じような議論を提起している。「生徒と真の対話を行うために、わたしたち教育者は、まず彼らの親たちと真の対話を

行わなければならないだろう」。スザンヌとジャネットは、学区における人格教育のより支配的なストーリーに対して、それと競合するストーリーを即興でつくるために協力してきたが、スザンヌは、まだ、対立し合う筋の中にとらわれていた。学区から指示された筋は、価値についての直接的な指導を行うことをすべての小学校に要求していたが、スザンヌがかかわる子どもと家族がもっている多様な知と歴史を尊重していない点で、彼女が支えとするストーリーの筋と衝突していた。もし、学区の指示が価値の直接的指導を要求せず、むしろ、児童と教師が一緒に「価値を反省的に考察したり、価値について自分たち自身の解釈を与えたりすることを学ぶためのスキルを獲得する」(Veugelers and Veddar 2003: 385)、児童の積極的な参加（active participation）に重点的に取り組むものであったなら、スザンヌは人格教育のストーリーに異なる印象をもったかもしれない。残念なことに、2003年から、学区は地域の学校に人格教育プログラムをさらに規範的で堅苦しいものにするよう指示を出す。ラビーン小学校が置かれている学区の学校には、今、学区固有の定義による12の徳目に焦点を当てた人格教育カリキュラムを準備することが要求されている。

価値についての話し合いに取り組む

　シェルビーの経験と、彼女がラビーン小学校の責任に関する人格教育のストーリーにおいてどうストーリー化されたかを検討したことで、いくつかの問いが浮かんできた。それは、人格教育カリキュラムを教えるという学校のストーリーの外側で、ナラティブの文脈はどのように存続しているのだろうかということだった。明示的な公式の人格教育カリキュラムに、子どもたちが、自分たちの展開し続ける複合的なアイデンティティと関係させながら価値を意味づける取り組みを含みうる可能性はあるのか。エリカ、カトリーナ、リアンの経験、そして彼女たちが人格教育についての学校のストーリーの中で何者になりえたはずなのかということを掘り下げてみると、さらに多くの問いがわきあがってきた。このような所定の「基本的」方法（Bennett 1993）で価値を教えることによって、子ども同士、そして子どもたちと教師

との間の傲慢さによる境界がどのように永続してしまうのかについてわたしたちは考察を続けた。これらの傲慢な認識は、自分自身を道徳的な人格だと思いたいし、また、他者からもそう思われたいという筋の中に子どもや教師を留める一方、価値を個人的、関係的、複合的、そして文脈的に探究する可能性を閉ざしてしまうのではないか？　カトリーナとエリカの経験は、他者、具体的には同級生や権威ある立場のおとなから傲慢に認識されるとはどういうことなのかをよく考える機会を与えてくれた。価値の直接的指導に重点を置いた集会を共同で計画し、共同で主宰する責任を負ったスザンヌの教師としての経験についても問いは生じた。公式の人格教育プログラムが、価値の直接的指導から脱皮し、自分たちは多様な価値との関係で何者であり、何者になろうとしているのかを探究する過程に、子ども、家族、教師を携わらせるような内容になっていけば、そのプログラムの筋はどのように変化するのかに興味をもった。わたしたちが、イメージし始めたのは、価値がストーリー化され、再ストーリー化され、生き直されることができる過程だった。

　子ども、教師、家族にとって、こうした過程に携わることがどのような意味をもつのかをさらに検討するうちに、5・6年学級で、教師のリアンと子どもたちが学級会をしていたときのもう一つの場面が思い出された。5・6年学級では、学級会の実施は、定期的なリズムになっていたわけではなく、必要に応じて提起されていたようにショーンには思われた。次の中間リサーチ・テキストは、ある学級会の様子を映し出している。

　　リアンは、遊び場と教室で起こった問題を議論するために5・6年生の子どもたちに学級会を呼び掛けた。ミーティングの出発点を設定するために、リアンは子どもたちに最近の高学年集会のことと、その月の2つの価値が、寛容（tolerance）と敬意（respect）であることを思い起こさせた。リアンは教室の中と外で起こった問題が何かを確認するよう子どもたちに求めた。子どもの1人が意見を述べた。「教室の中では、みんな少し敬意が足りないところがある」。どんなふうにお互いに敬意をもてていないのかをもっと話すようにリアンが子どもたちに要求したところ、話し合いの中でつくっていったリストには次のようなことが連なった。騒々しい、からかう、悪口を言う、互いを笑い物にする、

相手にイライラする、仲間はずれにする。リアンは、子どもたちに、お互いの我慢が足りないんだねとほのめかし、それから、今月の2つの価値にもっとつなぐように促した。リアンが子どもたちにその問題を解決するために何ができるのかを聞くと、何人かの子どもたちが思いついたのは、リアンが彼らの行動を監視できるだろうということだった。リアンは、自分が行動修正のシステムに責任を負いたくはないし、むしろ、子どもたちが自分自身に責任をもつ必要があると考えているとはっきり説明した。彼女は言った。「みんなは、もう大きいんだから、何をすべきなのか、良いことをしているときや悪いことをしているときにどんな気持ちになるか、わかっているでしょう。だから、みんなは、その選択を自分でできるとわたしは思うの。それはあなたたちの中から出てこなければならないことなの。わかる？　それをしたらわたしが点数をあげるとかということではないのよ」。

　学級会の間中、子どもたちは繰り返し提案し、リアンは介入し、彼らの間で問題を解決した。時々、リアンは、ルールをつくり出したり、解決策を提案したりして、管理する人間の筋に陥った。またあるときには、主導権を子どもたちに返し、その問題はどこから生じているか、どうすればそれに対して敬意ある対応ができるのかについて話し合うよう求めた。ミーティングが展開するにつれ、子どもたちは、敬意を払っていないとき、そして互いに寛容なときはどのように見えるか、また、他者から敬意をもたれていない場合にはどのように感じるかということについて具体的な例を挙げた。ある子どもが言った。「あのね、自分が扱ってほしいように人を扱いなさいっていうことわざ知っているよね？　それでね、他の人のことをとっても親切に扱っているのに、あんまり人気者じゃないからって、うまく付き合えていない人も何人かいます。例えば、誰かに本当に親切にしているかもしれないのに、その人は、意地が悪いことばかりするかもしれないということです。敬意をもって接しているのに」。ミーティングが終了に向かうにつれ、子どもたちとリアンは、敬意をもちながら、文脈的に議論をした。腹が立っていたり、敬意を欠いたりしたときにも、互いにどうやって応答ができるかを考えた。

　（2002年11月20日の集団討論からの記録に基づく中間リサーチ・テキスト）

この学級会で、リアンは、子どもたちを、敬意と寛容という価値について自分たちの具体的な経験とかかわらせて考える過程に取り組ませた。子どもたちの行動に対して権限を握るようになったり、彼らの態度を管理するために策定された体制を押しつけたりするよりも、むしろリアンは子どもたちに話し合いをさせた。そこでは、子どもたち皆が、問題を確認したり、なぜその問題が生じたか、もっと互いに寛容で敬意に富んだ対応をするにはどうすればよいかを考えたりする意欲を高められた。この話し合いの場で、5・6年生の子どもたちは、自分たちの感情、時には、なぜ自分は他者に敬意や寛容に欠けた対応をしてしまったのかといったことについて語る機会をもった。道徳教育にとって不可欠の構成要素として対話（dialogue）を研究しているノディングス（1992: 22-3）は、次のように示唆している。

　　対話は、オープンエンドである。すなわち…どの話者も、最初は、どんな結果や結論になるかわからない。親や教師であっても、わたしたちの結論はすでに決めてあるというのでは、子どもとの対話に入っていくことはできない。優しげで、訳知り顔だが、こちらが何を言っても、結局は自分の意見を変えず、「こういうふうにやるものなんだよ。一緒に理由を考えてみようね」などと言うようなおとなとの「対話」は、若者にとって（いや、誰にとっても）、ひどく頭にくるものだ…。対話とは、理解、共感、あるいは好意を共同で探索することである。陽気にも真面目にもなるし、論理的にも想像的にも、目的志向にも過程志向にもなりうる。しかし、常に対話というものは、最初には何かはっきりしないものを純粋に探究することである…。対話によって学習者は「なぜ」と問う機会が得られ、双方の話者は十分に情報を集めた上での意思決定に到達できる…。対話によってわたしたちは互いに結び付き、思いやりのある関係（caring relations）が維持できる。また、対話で得られた互いについての知識が、ケアリングにおける対応の基盤となる…。対話を続けることで築かれる互いについての豊かな知識がわたしたちの対応の指針となる。

　学級会が展開するのにつれ、リアンは、子どもたちにルールや解決策を告げる役になったり、そこから抜け出したりした。彼女がこうした役に陥った

第5章 ● 人格教育プログラムをめぐる
ストーリー

のは、時に、子どもたちがそうしてほしいと繰り返し要求したからだろうし、またあるときには、議論があまりにも混乱したり、張りつめたものになったりしたので、自分からその役割を担ったのだと考えられる。しかし、リアンは、答えをもっている存在となることに故意に抵抗することもあった。このように対応することで、リアンは、態度や行動を管理するのは自分たち自身だと子どもたちが考えるようになる可能性を開いた。わたしたちも、教師そして教師教育者（teacher educators）として、権威をもつ位置についたり外れたりするリアンの気持ちはわかった。管理する存在となること、すなわち、教室で唯一の権威になるという伝統的、階級組織的な位置をとることで力量（competence）を示せと教師に要求するような、学校についての支配的ストーリーが広がっていることは知っている。また、この支配的ストーリーの中で生きることは、教師と学習者の役割がはっきりと分かれ、境界が明確に確立されるので、子どもと教師の双方に、一種の居心地の良さをもたらしうることもわたしたちは知っている。学校での教師と児童についての支配的ストーリーによって方向づけられたこうした役割は、思うに、リアンだけではなく、児童もよく知っているものだった。しかし、フィールド・ノートに可視化されたように、そうした場面や、こうした役割に陥っているとき、子どもたちとリアンは、ノディングス（1992）が勧めているような種類の対話を交わすことができなかった。なぜそのような問題が生じていたのか、また、そうした問題との関係で自分たちはどのようなストーリーを支えとしていたのかがもはや問われないところでは、子どもたちもリアンも、互いの声を聞き続けることはできなかったし、こうなると、未来のために、情報を十分に集めた上での意思決定を形成していくという取り組みもできなかった。しかし、台本が用意されたこのストーリーが取り除かれた場面では、互いに近づき合い、どのようにすれば敬意と寛容という価値が、それぞれの人生において、より個人的、関係的、そして文脈的なやり方で再ストーリー化され、生き直されるかを探究できる。子どもたちとリアンは、まさにそうした時間を経験したのだった。ベイトソン（2004: 342-52）と同じように、わたしたちも次のことを理解している。

参加（participation）が学習に先行するのであって、その逆ではない。そして曖昧さが、学習を促進する…。子どもたちは、曖昧な対象とかかわる（機会をもつ）必要がある。単にそれを拒絶するのではなく、何者かをよく見て、批評して、解いていく…。曖昧さに対応したり、それと共に生きたりすることを、一つのスキルとして尊重すべきだ。それは、それを表す新しい言葉が必要な一種のリテラシーである。

第6章

子どもと共に生きる、ある管理職のストーリー

　ラビーン小学校でわたしたち皆がよく知るようになった人物の1人が、校長のジャネットである。ジャネットと、わたしたちの研究グループのメンバーたちは、それぞれ多様な筋書きの中で互いに知り合っていた。例えば、ジーンは、ジャネットと、以前、彼女の学校で行ったいくつかの研究プロジェクトで仕事をし、大学院で指導教官をし、そして様々なオルタナティブな教師教育のプログラムや委員会で一緒に仕事をした仲だった。マリリンは、ジャネットといくつかの研究プロジェクトで一緒に仕事をし、同じ教育委員会の教師でもあった。パムは、ジャネットを過去と現在のいくつかの研究プロジェクトで知っていたし、7年以上にわたって学校で長時間の話し合いを重ねてきた。わたしたちそれぞれには、ジャネットと共に生きたストーリーがあるし、彼女について語ったストーリーがあった。同様に、彼女にもわたしたちそれぞれについて生き、語ったストーリーがあった。
　わたしたちはラビーン小学校を訪問すると、ジャネットに到着を告げることが多かったが、彼女は気持ちの良いオフィスに招き入れてくれた。子どもたちの本やファイル、フォルダー、黄色い付箋、そして書類をオフィスの角にある小さなテーブルに片付け、座って話をするよう勧めてくれた。時には、わたしたちの質問から話し合いが始まったが、ジャネットとは関係的な間柄

をつくってきたので、彼女の方も自由に自分が気にかかっていることについてたずねたり、疑問を示したりした。

　ジャネットは、校長として、探究的な話し合いのための空間を学校内に広げる方法をしばしば即座につくってくれた。校長の伝統的な役割は、政策側の管理人、監視者であり、1人の校長が、支えとするストーリーを学校内で表現したり、生み出し続けたりする自由はほとんどなかった。「ナラティブ的探究におけるように、誰かと共に歩み続けることで、自分の居場所を保ち続けられるかもしれない。居場所などどこにもないと思えるときでも」(Steeves 2000: 233)。歩き方を学ぶ良い方法は、おそらく誰かと一緒に歩くことだ（Young 2003）。わたしたちが、関係的なナラティブ探究者として学校に現れたことで、彼女のための、学校関係者のための、そしてわたしたちのための探究の場が実現したのではないだろうか？

　ジャネットとオフィスで話し合いをしているとき、彼女はたいていドアを開け放っておいたので、教師、事務員、親、そして子どもたちが、彼女との対話を中断させたものだった。ジャネットはその人の方に向き直り、笑顔で挨拶をし、彼らの用件に対処し、さようならを言ってから、わたしたちの方に戻って話し合いを続けた。そうした話し合いの1つから、ラビーン小学校の3・4年生学習支援学級にいた8歳の女の子、アミットについてのストーリーも語られ始めた。フィールド・ノートを比較し、研究会議で互いに話していたときに気づいたのは、ジャネットはわたしたちの多くにアミットのストーリーの断片を語っていたということだ。わたしたち自身がアミットとかかわったのは、少し距離を置いて、廊下、図書館、その他の教室外の場所においてであった。研究チームの何人かは彼女のことを認識していたが、彼女のクラスには誰も定期的な研究に入っていなかった。ジャネットが語るのをより詳しく聞くようになって、わたしたちは、断片を注意深く縫い合わせながらアミットのストーリーを総合し始めた。アミットのストーリーを繰り返し語りながら、また、それぞれがアミットについてジャネットや他の教師のストーリーから聞いた細部を加えながら、縫い合わせていった。そうするうちに、アミットに対するジャネットの極めて強い関心から、ジャネット自身に関する多くのことや、また、アミットや他の子どもたちによってジャネッ

第6章 子どもと共に生きる、ある管理職のストーリー

トの支えとするストーリーがどのように方向づけられたのかがわかってきた。

アミット：人づてのストーリーを縫い合わせる

　ジャネットは、ラビーン小学校に通うすべての子どもたちのストーリーを知っていた。わたしたちの1人が、ある子どもについて聞くと、いつでもジャネットは、その子についてのストーリーを語れたし、その子の家族のストーリーについてのちょっとしたことや、その子がどんな人に育ちつつあるのかというストーリーまで語ることもあった。子どもたちについてもっている知識には驚嘆させられた。彼女は、学校で日々子どもたちと共に過ごすことにより、こうしたストーリーを知るようになった。それぞれの子どもについて、教師、親、他の子どもたちが語るストーリーに注意深く耳を傾け、これらの詳細からストーリーをまとめ上げた。一人ひとりの子どものストーリーに耳を傾けたし、ジャネットがアミットについてのストーリーの骨組みをつくることができたのも、アミットが話したストーリーと、アミットの両親が話したストーリーからだった。アミットについてのジャネットのストーリーは、学校の内と外両方の風景で生じたストーリーによって方向づけられていた。

　通常は、わたしたちの方が、調査研究の参加者である個々の子どもについて質問するためにジャネットのところに行っていたのだが、2002年秋のある日、ジャネットは、自分からアミットについてのストーリーを語り始めた。彼女の話は、こちらからの質問によって出てきたことではなく、むしろジャネットがわたしたちと共有している関係的な間柄から現れてきた。ブーバー（1947）は、教育の要は、対話的関係を通して現れる包括的なコミュニティだと論じた。わたしたちの間でつくられた信頼できる間柄は、学校長であるジャネットにとっても、わたしたちと共に、率直かつ正直に話ができる場、学校の風景で展開している出来事を解き明かし、そこから学んでみたいという思いに正直になれる場となっていた。ジャネットがアミットにかかわるストーリーを断片的に語ったとき、わたしたちは、彼女の心配、動揺した感情に気づき始めた。そのストーリーが展開し始めたのは、彼女がアミットの両親との11月の懇談で、あるニュースを聞いてからだった。

ジャネットによると、アミットはカナダ生まれだが、両親はインドからの移民だった。アミットの両親は、彼女によれば、息子を欲していて、男の子を妊娠しようとして何度も失敗した後、母親はようやく男の子を妊娠した。多くのインド人の家庭では、所有物や財産を相続するのは男の子だけであることをジャネットは知っていたという。このことをアミットの両親に聞いてみると、まさにそうなるだろうという返答だった。彼らの息子が、母方と父方の両方の家族の財産を相続するだろうという。また、アミットの親類の多くがインドに住み続けていることもジャネットは知った。

　11月の日々が進んでいくにつれ、ジャネットは、研究グループの別のメンバーたちにもアミットについての彼女のストーリーの断片や、わたしたちが徐々に組み合わせていた部分についての話を続けていた。ジャネットは、アミットの学習困難（academic difficulty）[*1]について語った。アミットがラビーン小学校の通常学級で頑張る姿をどれほど見たか、また、特別学習学級に配属される候補者になりうる子どもとしてテストを受けられるよう、両親の承諾の下、どのような段取りをとったのかを語った。アミットが非言語的な学習に障害をもっていると判定されたとき、ジャネットは再び両親の承諾を得て、アミットがラビーン小学校で3・4年の学習支援学級に配属されるよう手続きをとった。アミットは、児童が15人以下のこの小さな学級に2人だけの女の子の1人となった。

　ジャネットは、アミットのための教育プログラムの作成にかかわり続け、アミットの担任と両親の定期懇談に参加した。ジャネットがアミットの両親とのこうした会話を詳しく聞かせてくれる中で、ジャネットと担任がとても頻繁にアミットの優しい性格や、学業に対する強い熱意、他者との愛情深く、思いやりに富んだ関係について話していたことが印象的だった。

　ジャネットがわたしたちにアミットのストーリーを語り始めるきっかけとなった両親との話し合いがあったのは、児童のその年度の学業の進捗状況を焦点にした最初の公式の保護者懇談である11月の学習祝賀会（Celebration of Learning）[1][*2, *3]のときだった。担任とジャネットは、ジャネットによれば、アミットの進歩について話す準備をして学習祝賀会に臨んだ。彼女たちは、アミットがとても成長していることを喜んでいた。しかし、両親が

第6章 ● 子どもと共に生きる、ある管理職のストーリー

もってきた知らせは、ジャネットにとってとんでもないものだった。近々男の子が生まれるというニュースと共にもたらされたのは、アミットは、まもなく祖父母たちと暮らすためにインドに移り、そこではもう学校に通わないという告知だった。アミットが学校でいつも頑張っているのは認識していると両親はジャネットに言った。ジャネットとラビーン小学校の教師たちはそれをこれまでの懇談で明確に示してきたからである。アミットの両親は、インドの結婚に備え、妻そして母になることを娘に知らせる決心をどのように行ったかを話した。アミットが13歳で結婚するだろうと聞いてジャネットは驚いた。

　ジャネットは、研究チームの他のメンバーと話すたびに細部を付け加えた。彼女は、アミットに対する心配と、この移住が彼女の人生にもつだろう意味について両親に伝えたという。アミットがラビーン小学校に引き続き残れるためにはどうすればいいか、その可能性を探ろうともした。アミットの両親に、娘さんはたくさんの才能をもっているので、成長し続けるだろうし、学校でも認められるだろうと伝えたことも話してくれた。ジャネットはアミットの両親に再考を促したが、彼らの決心は変わらなかった。

　ジャネットによればこれらのストーリーの断片は、11月の学習祝賀会に続く数日から数週間にわたるものだったという。彼女の語りから、近く予定されているアミットのインドへの移住をどれほど心配し、不安に思っているかが皆に伝わってきた。わたしたちの多くは、アミットと彼女の人生について心配している点ではジャネットと同じだった。しかし、アミットとの関係は異なっていたので、ジャネットのように何かをしなければとますます熱くなっていくことはなかった。ジャネットは、アミットとの直接の関係により、アミットの人生に展開している出来事を深く個人的に経験していた。だが、わたしたちは、それとは違い、アミットの人生の特殊性について知るようになったのは、ジャネットを介してだった。アミットと直接の関係は結んでいなかった。わたしたちは、この違いを不思議に思い、もし学校の風景や、そこで生きる人々の経験を直接に感じていなかったらどうだったろうと考えた。研究について書いたり、指導性を及ぼしたり、政策を立案することはできても、それはもっと離れた立場からのものであり、それゆえに意味や文脈

165

性に欠けることになっただろう。
　両親の告知からアミットの出発までの期間は短かった。ジャネットは、アミットが学校に来た最後の日はどのようなものだったかを説明した。彼女は放課後の職員会議の間中うろうろしていた。アミットは、彼女の人生に展開している出来事をひどく悲しみ、狼狽(ろうばい)していたとジャネットは話した。ジャネットもアミットの人生に何が起こっているかを理解するのは大変だったという。関係を維持するために、ジャネットは自宅と学校の電話番号を書いたメモをアミットに渡し、いつでもコレクトコールをかけるよう告げたという。
　わたしたちがこれらのストーリーの断片を聞いたのは、それぞれが彼女のオフィスや廊下で会ったときだった。ジャネットがそのストーリーを話すときの切羽詰まった様子から、彼女が事態の展開にどれほど心をかき乱されているのか、展開しているストーリーに介入できないことでどれほど身を切られる思いをしているのかがわかった。アミットはラビーン小学校での最後の日の翌日に学校に電話をかけてきたとジャネットは言った。アミットは、その長距離電話の最初に、母親にはトイレに行くと言って出てきて、公衆電話を探し、ジャネットに電話をかけたと説明したという。アミットは、その朝、母親と飛行機でトロントまで移動した様子を説明した。トロントから、インドまでの残りの行程を当初はインド人のもう一家族と一緒に旅することになっていたが、飛行機が変わり、意に反して、彼女は1人でインドまでの空旅を続けることになるという。アミットの不安を察知して、ジャネットは、飛行中は客室乗務員が面倒を見てくれるし、インドの空港では誰かが迎えに来てくれると言い聞かせて何とか落ち着かせる努力をしたという。ジャネットは、アミットの不安を和らげようとしながら、自分自身も冷静になろうとしていたのだとわたしたちは感じた。ジャネットは、無力感を覚えながら、またいつでもコレクトコールをかけてきていいのだとアミットに念を押した後、どのように別れを告げたかを話してくれた。これを書いている時点で、ジャネットはまだアミットから電話を受けていない。
　縫い合わせることによってできたこれらのストーリーからは強い印象を受ける。わたしたち教師は、子どもの人生にとって何者なのか、わたしたちならそれぞれ何ができたのかについて、これらのストーリーはたくさんのこと

第6章 ● 子どもと共に生きる、ある管理職のストーリー

を考えさせてくれるので、研究チームとしても何度も話し合った。文化的ナラティブがいかにわたしたち自身の人生を方向づけていたか、そしていかに様々な文化的ナラティブが、わたしたちがかかわっている子どもたちの人生を方向づけているのかを思った。

　ここでこのストーリーを提示した理由は、アミットと両親が展開しているストーリーにとって、ジャネットはどのような役割を果たした人間であり、彼女の支えとするストーリーがそれをどのように方向づけたのかを理解するためだ。ジャネットは、アミットとのこうした成り行きに導いた、支えとするストーリーをどのようにして綴るようになったのか。ジャネットがアミットとの関係で自分の支えとするストーリーを全うできていたとき、女の子としてアミットは何者なのかについてのジャネットのストーリーと、彼女が女の子たちのために綴っていたストーリーとの間に衝突する部分があると感じていただろうか？　あるいは、彼女が母親として支えとするストーリーと、アミットの両親がわたしたちの縫い合わせたストーリーにおける出来事の展開の中で支えとしていたストーリーとの間に衝突する部分があると感じていただろうか？　彼女が校長として支えとするストーリーを全うしていたとき、学校についてのストーリーの中で権限をもつ人間であるという彼女の認識と、自分たちには娘のストーリーを方向づける権限があるという両親の認識との間に衝突する部分があると感じていただろうか？

ジャネットが支えとするストーリーへの着目

　これらの疑問の検討に入るにあたり、わたしたちは、ジャネットとの会話にかかわるたくさんのフィールド・テキストを振り返った。そこでは、彼女に生い立ちについてのストーリー、家庭と学校での経験についてのストーリー、教師教育および教職と管理職の開始についてのストーリー、さらにラビーン小学校での現在の仕事からのストーリーを語ってくれるよう頼んでいた。こうした1対1の会話が何ページにもわたる記録を生み出した。こうした記録に加え、わたしたちは、ジャネットとの単独での会話の記録、そして、ジャネットとラビーン小学校の他の教師たちが進行中の仕事について

行っていた会話の記録ももっていた。わたしたちが学校にいたときの会合や学校行事のときの、そして教室外の場でジャネットと交流したときの日々のフィールド・ノートもあった。わたしたちの多くは、学校での研究から得られた、他の教師、親、そして子どもたちがジャネットについて語っていたときのフィールド・ノートも持っていた。ジャネットが支えとするストーリーについての語り、自分は何者であり、何者になろうとしているのかについての彼女の語りから織りなされたストーリーを構成するにあたり、わたしたちは、これらすべてのフィールド・テキストを振り返った。ジャネットが自分自身についてストーリー化する方法の時間的な感覚を拾い出したかったので、これらのフィールド・テキストから取って選び出した言葉を通して以下のようなナラティブ的説明をつくり出した。ジャネットの言葉は、ワード・イメージ（word image）(*4)のようになった。わたしたちは、ワード・イメージをその場面についてのより生き生きした描写を喚起するために用いた。ワード・イメージをつくり出すことは、きわめて解釈的な過程であり、ジャネットの長期にわたって展開しているストーリーを一面的な話に描いてしまったかもしれないことは認識している。また、この1つの語りの中には、何重にもわたる他の語りの可能性があることもわかっている。他ならぬこの語りは、ジャネットが支えとするストーリーがアミットと両親についてのストーリーとどのように衝突したのか、その意味を理解しようとしてつくったものだ。彼女のストーリーは、わたしたちのストーリーすべてと同様、時と場所を超えて展開し続けている。

 わたしの幼年期はとても平穏だった
 でもあまり記憶はない。

 わたしの母は言っていた
 あなたたちは皆違っている必要がある。
 あなたたちはいろいろなものにたくさん触れる必要がある
 本当になりたいものを見つけるために。

第6章　子どもと共に生きる、ある管理職のストーリー

成長するにしたがって、わたしたちは皆
異なる得意なものをもつようになった
兄弟姉妹の競争ではなく
彼女はわたしたち皆を違わせておいた。

学校を超えるものを見つけなさい
テレビではない、友達ではない
あなたはそれを行わなければならない（あなたは実践しなければならない）
母──みんなの違いを認識する。

家庭でのくらし
わたしたち皆が違っていた
わたしたちができたことを皆が称賛してくれた。
わたしと違う人々とは
つながりをつくらなかった。

ダンスの指導を始めた
12歳くらいのときだった
最初はお手伝いとして
次には助手として。

学校はたまたま──白人、中流階級
わたしはそこにいた。
わたしに要求されたことをした
没頭はしなかった。

一群の子どもが旅に出た
小学校から
中学校へ
高校を通って

皆一緒。

学校では多様性の記憶がない
兄と姉が学校で苦労した以外は
兄と姉は、物事を違うやり方でしたかった
もっと創造的でありたかった。

兄と姉は、弱者の味方に付き、
教師たちとトラブルになり
不公平に関心を向けた。

わたしはといえば、
トラブルを起こすことがなかった生徒
言われたことをやってきた生徒。

学校の素晴らし（くな）い記憶
学校で学ぶことは何もなかった。
いつも本を読んでいた。

　ワード・イメージのこの最初の部分において、ジャネットが支えとするストーリーの、複数の回想を超えてつながっていたと思われるナラティブの脈絡は、それぞれの子どものユニークさを認め、称賛することの重要性と、子どもたちが生まれながらにもっている才能を育む場をつくることの重要性をめぐる強い脈絡と共に始まった。子育てについての彼女の母親のストーリーが方向づけた場で、ジャネットは学校での経験よりもダンスをすることに関心を集中させた。多様性が社会経済的、文化的、民族的、能力的なもののどれによるものかといったことは、ユニークさが称賛される家族のナラティブでは目に留められなかったようだ。ダンスの仕事に就くことも含め、少女にとって可能性はどこにでもあった。彼女は、何を選択しても支援されるという認識をもち安心していた。

第6章 子どもと共に生きる、ある管理職のストーリー

　子どもの頃、ジャネットは、兄と姉が状況を見る見方が自分とは違っていることに気づいた。兄や姉の関心は、弱者の困難、社会的公正の希求、より創造的でありたいという意欲に向けられていた。しかし、ジャネットにとって、それはただ彼／彼女たちのやり方だというだけだった。彼女は兄や姉をユニークで独特なのだと思っていた。しかし、その一方で、彼女の家族のナラティブは、それぞれの子どものユニークさと、それぞれの子どもが得意なことや楽しむことを見つける必要をめぐって語られていた。

　すべての子どもはユニークで、特別な才能をもっているという、ジャネットが支えとするストーリーをこのように取り上げてみると、彼女がどのようにこの筋書きをアミットや彼女の両親と生き続けていたかがわかる。校長として、ジャネットは、アミットをラビーン小学校の学習支援学級に入れてもよいというアミットの両親の許可を得て、アミットの非言語的学習困難に対応した。このプログラムでは、アミットの学習上の努力がより全面的に支援されるはずであり、心優しい気質という彼女の天分や、学校の課題に対する熱心さだけでなく、他者に愛情と思いやりをもった生き方も育まれるはずだった。ジャネットの母が、ジャネットや兄姉たちが自分を特別でユニークなのだとみなすことができるように筋書きを方向づけようとしたのと同じように、ジャネットも、アミットのための学校のストーリーを、彼女自身や他の子たちが彼女の天分を認識するようなものへと方向づけたいと思っていた。アミットを、クラスのサイズがずっと小さく、子どもたちはより専門的な配慮を受ける学習支援プログラムに登録することで、ジャネットは、アミットの学校内での経験と将来のチャンスを広げたかったのだ。

　ワード・イメージを続けるうちに、彼女の支えとするストーリーが展開していく際の多面的で変化しやすく矛盾する様子が、織り合わされたストーリーの複雑さによって明らかになってきた。

　　大学には
　　行くものだと思われていた
　　教育は本当に大切だ。
　　でも、ダンスをすることは、わたしにとって、学校よりもっと大切だった

わたしはあなたがたが望むことをしよう
わたしがそれを信じていようとなかろうと。
わたしには、この別の課題があるのだ
65％もできればそれで十分。

わたしの大学に対する態度のすべては、
官僚主義をやり過ごすことだった
何をするにしても。

最初の年――すべて人文科学
その時点では、教育は考えていなかった。
あるとき、異なる決断をした
ダンスをするか、教えるか
教師になる道へ進んだ。

ダンスとのつながりを保とうとしたが
時間がなかった
両方はできなかった
ダンスをするのをやめた。

ただ、すべきことをする
学位をとってしまうために。

教師になれるように。

教育実習
母校の小学校に戻った
中学校でわたしを教えた先生
（そして）わたしの子どもの頃と変わらない子どもたちと一緒。

第6章 ● 子どもと共に生きる、ある管理職のストーリー

上流、中産階級の地域
わたしはまだ気づかない
文化的多様性に。
どの子も違う
それがわたしの母。

駆け出しの教師
わたしには特権があった
たくさんのことを試す――
チームティーチング
違う年齢レベルと一緒の学習
両親の参加。

でも、わたしは、ただ教えていただけだったと思う
わたしが覚えている子どもたちは、白人で貧しい子どもたちだった。
本当に貧しかった
肌の色は見ていなかった。

（教育委員会の）コンサルティング
わたしは覚えている
とても自覚的に述べたのを
「わたしは変えられる
1クラス分以上の子どもたちを扱う仕事をするとは
教師たちと協力すること
教師と教育実践とについて考えることだ
それによって、わたしは子どもたちを変えられる」。

校長になって
このように考えたことを覚えている

「違いを生み出すのに必要なのは
子どもたちと共にあることであり
たくさんの家族
たくさんの子どもたち
たくさんの教師たちをかかえてやっていく方法であり
物事について違う考え方に挑戦することであって
権力ではない」。

　ジャネットが学生生活についてストーリー化した語りを解きほぐしていくことで気づいたのは、ダンサーになるという、思い描いていたストーリーにほころびが生じたことだ。ジャネットは学齢期の間、ずっとダンスを続けていた。12歳のときには、ダンスの指導助手になった。何か人と違うことを練習し、実行するというストーリー、すなわち、ユニークな天分を発達させることが重要だという母親のストーリーの一部をジャネットが綴り続けていたことがわかった。ジャネットは、学校ではなく、ダンスへの信奉を語った。しかし、ジャネットは、成長すると、大学には行くだろうという家族のナラティブの期待に直面した。「学校では何のトラブルも引き起こさなかった」「言われたことをした」という幼児期のストーリーから続いている脈絡によって、大学生になっても彼女の生活は同じようになっていった。両親は、ジャネットのストーリーを方向づける上で自分たちが一定の役割を果たすのは当然のつもりでいたが、それをジャネットが受け入れていたことがわかった。彼女は点数に関心がなく、学校にも関心がなかった。ダンスをすることについて、自分にとって学校より「ずっと大切」な「この別の課題」と語っていたが、「大学に行く」という白人中産階級の文化的ナラティブがジャネットの支えとするストーリーを方向づけた。ジャネットはダンスを続けようとしたが、自分が「教師の道に進んでいく」ことで、最終的には、これ以上両方を続けることはできないと感じていることに気づいた。教師になるというジャネットのストーリーは、ダンサーになるというストーリーに余地を与えなかった。
　しかし、駆け出しの教師として、彼女が、教育実践というストーリーが狭苦しい台本を超える可能性を含んでいることに目覚めた様子がわかった。

第6章 子どもと共に生きる、ある管理職のストーリー

　ジャネットは、教育実習生として「わたしの子どもの頃と変わらない」子どもたちがいる自分の小学校の場面とストーリーに戻ったのだが、ダンスが創造的な行為なのとおそらく同じように、創造的な行為としての教育実践という新しいストーリーの足場となったのは、「本当に貧しい」子どもたちを指導した初期の経験だった。彼女には、チームティーチング、異なる年齢や学年の子どもたちを一緒に活動させる、教室の活動に親たちを参加させるといった「たくさんのことを試みる特権があった」。
　コンサルタントになることで、教育実践というものの可能性についての彼女のストーリーはさらに広がった。教師たちとコンサルティングでかかわった経験、それから校長として「たくさんの家庭、たくさんの子どもたち、そしてたくさんの教師たち」と協力し合ったことは、教育者とはどのような存在でありえ、何をしうるのかということについてのさらに広いストーリーの足場となった。何か人と異なることをしたいというジャネットの子どもの頃の願いは、「権力ではなく、何か異なったことについて」の校長のストーリーをつくることで実現され続けることになった。ジャネットのこうした語りの脈絡をアミットのストーリーと並べてみてわかったのは、学校の児童であり、児童になろうとしたアミットのストーリーが中断させられたことが、ダンサーであり、ダンサーになろうとしたジャネットのストーリーの中断と共鳴したことだ。ジャネットはダンサーになることに心を注いでいたのに、娘は大学に行くものだという親の期待が、ジャネットを大学生そして教師として自分自身を構築していく方向へと転換させた。ジャネットがダンスへの情熱を語るのを聞き、わたしたちは、アミットもまた、どんなに学校にいたいと願っていたかを思い起こした。しかし、ジャネットとアミットの両者の場合とも、文化的ナラティブから導かれた親の期待が、彼女たちにとってオルタナティブなストーリーを形成した。
　ワード・イメージに戻ると、教育実践についてのそのときのストーリーが両立の余地を与えなかったため、ジャネットがダンサーになるというストーリーを諦めたことがわかった。しかし、駆け出しの教師のときの「本当に貧しい子どもたち」との経験の中には、教育実践について、より創造的なストーリーの足場をつくり、方向づけることができる可能性も含まれていた。彼女

の教育実践のストーリーが、子どもの頃から引き続いている脈絡を拾い上げた。すなわち、ダンサーをしていたらそうだったであろうように、何か異なることをする、そして創造的であるという脈絡である。ジャネットが「ものごとについて異なった考え方をしようとする」校長になるというストーリーを語ったとき、彼女は、アミットのような児童のために新しい世界をつくることを想像していたのだろうか？ アミットの両親との会話を通して彼らの世界を広げることを想像していたということもあるのだろうか？

　ワード・イメージの検討を続けるうちに、わたしたちは、ジャネットの息子のロビーのことも知るようになった。彼のストーリーは、校長としてのジャネットのストーリーを支え、また、教育者としての仕事について継続的に考える足場となった。

　　ロビー（わたしの息子）が授かったとき
　　わたしはさらに細かく心配りをするようになった
　　子どもたちの感じ方に
　　少しでもより子どもたちの目を通して見ることに
　　教師の目とは対照的な
　　親の目とも対照的な。

　　こう思ったのを覚えている、
　　「これは面白いことじゃありませんか
　　教師としてのわたしたちにとって
　　本当に大切なことは
　　彼にとっては大切ではなかった。
　　彼にとっては１個の記憶細胞にすら値しなかった。
　　なのに、彼が大切だと思うものは、わたしたちが軽く扱うようなもの」。

　　校長として
　　わたしはロビーのストーリーを活かした
　　子どもたちがやっていることを理解しようと

第6章　子どもと共に生きる、ある管理職のストーリー

必死の努力をしている両親を助けるために
彼らがやっていることはそれで大丈夫なのだと
彼らは変われるのだと。

こんなふうに言ってロビーのストーリーを活かす
「別なやり方もありますよ」
たくさんの会話
わたし自身を校長の位置に置かない
（むしろ1人の親の立場に置く）

　ジャネットは、自分は何者であり、何者になろうとしているのかをわたしたちと共に探り続けていたが、ワード・イメージのこの一節の中で、教師であり、校長であることのナラティブが1人の母親になったことで、どのように変化したかを見せてくれた。ロビーに気を配るようになって、彼女は、自分が教師、校長として何者になろうとしているのかをより注意深く認識するようになった。彼女は、ロビーの経験を傲慢な感覚（Lugones 1987: 4）、「人と自分とを重ね合わせることを怠り傲慢に眺めること」に起因するような認識で見ることはできなかった。ルゴネスは、自分の母親との関係を振り返って、愛情のこもった感じ方と傲慢な感じ方の両方について説明している。彼女は次のように書いた。

　　母を愛するには、わたしが彼女の目で見ること、彼女の世界に入っていくこと、わたしたちが2人とも彼女の世界でつくられたと理解すること、彼女の世界の中で彼女自身についての彼女自身の感覚を見ることも求められた。彼女の「世界」へのこうした旅を通してのみ、わたしは彼女と自分を重ねることができた。
　　　　　　　　　　　　　　　　　　　　　　　　　　　　（Lugones 1987: 8）

　ジャネットは、ロビーの経験についての彼女のストーリー、彼女自身の経験についての彼女のストーリーに心を配った。そして、ロビーの世界を旅することにより、彼のストーリーにも同様に心を配った。そうするにしたがっ

て、教師としての自分は何者かというストーリーも変化していった。ロビーの目を通して見ることは、ジャネットに新しい見方、すなわち、愛情のこもった感じ方で多様性のある子どもたちを理解するという見方をもたらしてくれた。彼女が言ったように「ロビーを授かったとき、わたしは、わたしたちがおとなとして行っていることを、子どもたちがどう感じているかに今まで以上に細かい気配りをするようになった」（個人的会話からの記録2003年1月31日）。彼女は、自分のことを教師であり校長であると見る一方で、ロビーの目を通して教師、校長としての自分を見ることも試みた。このように生きることで、彼女は、教師、校長として考えたことの何が大切なのかに疑問をもち始め、ロビーが大切だと考えたものにより丁寧に心を配るようになった。母となったことで、ジャネットは、何が学校において大切なのかについての子どもたちの経験にこれまで以上に気を配るようになったが、それが、彼女の支えとするストーリーが変化する足場となった。彼女がラビーン小学校で一人ひとりの子どもについてのストーリーを知っており、語ることができた様子に着目していたわたしたちには、ジャネットが自分の支えとするこうしたストーリーを全うしていることがわかった。彼女の語りは、観点が多角的で、常に子どもの、そして教師や親たちの良いところを見る視点が含まれていた。

　ジャネットが、アミットのストーリーとアミットの人生に展開している出来事について伝えてくれたとき、彼女は、アミットがどんなにラビーン小学校に残りたがっており、また、両親から引き離されて祖母と暮らすためにインドに送られるのを望んでいなかったかということも含めて話していた。アミットについてのジャネットのストーリーに耳を傾け、真剣に考えるうちにわかってきたのは、ジャネットが自分の支えとするストーリーと、アミットの人生に展開している出来事との矛盾をいかに感じていたかということだ。アミットの視点と願いが大事だという自分のストーリーに忠実に、ジャネットは、アミットの両親のストーリーを中断させ、アミットがラビーン小学校の児童であり続けられるための代替案を理解してもらえるようにしようとした。

　1人の親としてのジャネットの自己認識も、少なからず彼女が親たちと交

第6章 ● 子どもと共に生きる、ある管理職のストーリー

わす会話の重要な一部分となっていた。そこで、彼女は、「自分を校長の位置に置いていない」。ジャネットは、母としての観点を、学校で子どもの親たちと会話をするときに活かそうとしていた。しかし、次のことが気になった。ジャネットは、白人、中流階級のカナダ人の視点から見ていたということはなかったか？ アミットをインドに送り、学校を修了させるのではなく、結婚させ母にするという両親の決定にジャネットは動転した。ジャネットが彼女の文化における母として支えとするストーリーが、アミットの両親が彼らの文化において支えとする文化的ストーリーと衝突したのか？

ワード・イメージのこの最後の節では、ジャネットの支えとするストーリーが、彼女が新しい学校の風景と関係を築くにつれて拡大されていく様子を見た。

　新しい学校
　親を決定に関与させる
　彼はたった1人のインド人だった
　教師たちを助け、面接し、(選ぶ)
　(親たちは) 学校で何でありたいのか
　それが多文化的な物事が展開していった始まりだったと思う。

　わたしはただボランティアを求めていた
　わたしはただ来て助けたいと思っている親を求めていただけだった。
　みんな白人だったらわたしはどうしただろうか
　もしみんな女性だったら
　わたしはそれを気にとめただろうか？

　いや、わたしにはわからない
　いくつかのことについて、あの時点で
　どの程度自覚的に気づいていたのか。
　でも、わたしが気づいていたのは
　それが今までとは異なるやり方だということだ。

179

3年目までには
たくさんのインド人の家族を知るようになったと思う。
彼らは、いくつかのとても具体的なことを子どもに要求する
学校として必ずしも想定していなかったことを。

わたしたちはたくさんの会話を重ねた
彼らは、インドに返送するために評点（＊カナダの小学校での評価は、ガイドラインに基づきつつも、一般には評点ではなく、教師が一人ひとりの子どもについて記述する形式となっている。）を出してほしいと言う。
それについてのたくさんの会話
「では、評点以外に何かインドに返送できるものがあるのですか？
どうすることができるのですか？」
わたしはたくさんたくさん書類を書いた
インドに送るために。

わたしは肌の色を見ないと言うとき、こう思っている
わたしが言っている意味は、肌の色は何の違いももたらさないということ、
どうでもいいのだ
インド人か
スペイン人か
エルサルバドル人か
先住民か
白人かなどということは。

彼らとの仕事の仕方は、できるかぎり尊重し、高く評価するということだ。
伝統や背景に関することを学ぼう
そうすれば、わたしは理解できる
（わたしが）対処する前に。
たとえばこんなふうに言える。

第6章 ● 子どもと共に生きる、ある管理職のストーリー

「あなたがたは、ちょうど今、ラマダーン（＊イスラム教の断食期間。）を祝っているところね、
誕生祝いに来てもクッキーを食べられないのはわかっているわ。
でも、わたしがあなたのために何を手に入れておいたかわかる？
この特別製のグラスよ。そして水なら飲めるのよね。
だったら、このグラス、使ってみる？」

わたしは、どうしたら同じ地点に立てるようになるか考える
でも、異なる人びとは、異なるものとして理解しなければならないのもわかっている。
誰もが決して恥ずかしいと感じてほしくない。

家族と協力し合うのは
わたしらしいやり方だった
そして家族はわたしに求め始めた
彼らの外の生活の一部に
かかわることを。

シーク教徒の葬儀で
話すことを頼まれる
ヒンズー教徒の家族の
洗礼に参加するよう頼まれる。

　この部分のワード・イメージで説明したのは、新設された学校でのジャネットの経験である。そこで、彼女は、親たちと密接に協力し合う必要があることがわかり、親たちを建築、スタッフの採用、カリキュラム、学校管理、学校の方針をめぐる意思決定に参加させた。ワード・イメージは、もう一つの場面で、彼女が支えとするストーリーに変化の足場がつくられたことを明らかにした。彼女は、予期せず、気づかないうちに、1人の父親、インド系の親の1人が、まだ発展段階にある時期の学校の意思決定に関して彼女と密接

に協力することを申し出てきた様子を述べた。ジャネットは、別の学校での専門的な仕事で忙しく、意思決定過程に参加するのにどの親が自発的であり、どの親がそうでないかに、あまり高い注意を払わなかった。彼女の家族のナラティブでは、それは、関心が高かったり、際立った才能があるような人びとが申し出るものであった。彼女は、その学校のコミュニティの多文化的な特徴やジェンダー・バランスを代表するようなボランティアたちを意識的に招いたわけではなかった。実際、彼女は思いめぐらしていた。「あの時点で（わたしは）どの程度自覚的に気づいていたのか」（個人的会話からの記録2003年2月14日）。しかし、1人のインド系の父親がたまたま参加することになったとき、ジャネットの、自分は何者になろうとしているのかについてのストーリーの中に、ある変化の足場が組まれた。彼女は、多様な文化的出自をもつ親たちが「学校に想定している」ものにこれまでよりはるかに気を配るようなストーリーを生き始めた（個人的会話からの記録2003年2月14日）。こうした注意を向けることにより、ジャネットが教育実践についての自分のストーリーをどのように実現するかが変化した。例えば、児童の成績に評点を付けるのは、依然として気分の良いものではないが、彼女は、「たくさんの会話」を通して、評点が、多くのインド人の親の学校についてのストーリーにおいて重要な位置を占めていることに気づいた。自分の支えとするストーリーが変化したとき、彼女は、自分のストーリーも、学校についての親たちの文化的ストーリーも共に尊重するような、学校についての新しいストーリーを編み出すことができる余地を共に模索する必要があるのだと気づいた。親たちが評点の代わりにインドに送れるよう、児童の学校での成績を説明する手紙を、彼女が即興で書いた行動が、両者のストーリーに留意した新しい学校のストーリーの足場となった。

　ジャネットは、「（彼女が）対処する前に理解できるよう、伝統に関することとその背景を学び」続けたと語った（個人的会話からの記録2003年2月14日）。こうした会話的な方法で、ジャネットは自分が支えとするストーリーにさらに多くの脈絡を加え続けた。それは、彼女が新しく赴任した学校で出会った数々の相違に思慮深く対処する方法を心に描いていたからだ。

第6章 ● 子どもと共に生きる、
ある管理職のストーリー

複合的にぶつかり合うストーリー

　アミットのために懸念されることはもっとあった。ジャネットがカナダの文化における女性の立場として認識していたこと、子どもの頃から彼女が知っていた一つのストーリー、すなわち、何でもなりたいものになるための教育を受けられるというストーリーが、アミットのような少女が学校を離れ、若いうちに妻となり母になるという文化的ナラティブがつくっているストーリーと衝突したのである。このストーリーにおいてジャネットが何者であり、何者になろうとしていたのかに着目していると、おそらくインドに返送するための手紙を書いたときのようには、アミットのためにその文化的ナラティブを中断させ、新しいストーリーを方向づけられなかったことで、ジャネットの心が次第にかき乱されていくのがわかった。

　先ほど、ワード・イメージにあったように、ジャネットは、自分が校長として求めていたのは、「何かについて違う考え方をしてみることであり、権力ではない」と語った（個人的会話からの記録 2003年2月14日）。ジャネットが前任校でインドの文化と出会ったときには、権力を用いず、むしろ、親と子どもが「何か違うこと」を試みる余地を見つけるという筋書きを維持できた。それが可能になったのは、児童の成長を報告するという新しいストーリーを彼女が模索し、急場に対応してつくり出したからである。その新しいストーリーは、彼女自身の支えとするストーリーにも、多文化的な学校の風景におけるストーリーにも応えるものだった。ところが、アミットの場合には、それができなかった。全く時間がなかったのだ。ワード・イメージでも気づいたが、ジャネットは、対応する前に「伝統に関することやその背景」を理解するようになるには、親との「たくさんの会話」が必要だと言っていた。アミットの場合には、両親はすでに決断してしまっており、アミットの旅行計画はすでに準備万端だった。

　権力をもつ地位としての校長の立場で生きることはしないという、ジャネットの支えとするストーリーが、アミットをカナダの学校に留まらせたいという彼女の願望と衝突したのである。この矛盾にとらわれ、ジャネットは、学校についてのストーリーにおける校長としての地位を使って、両親が

アミットのために構成したストーリーを妨害しようとした。彼女は、アミットの両親に、学校を去ることがアミットの人生にどのような意味をもたらすかについて懸念を述べた。彼女は、どうすればアミットがラビーン小学校に残れるのか、その可能性を追求した。しかし、ジャネットに、影響を及ぼす力はなかった。アミットの両親が彼女をインドに送るのをやめさせることはできなかった。学校についてのストーリーの中で校長の任務をどう実現するかについてのジャネットの認識は、誰が娘のストーリーを方向づけるべきかについての両親の認識と衝突した。

　ジャネットは動揺した。学習において子どもたちをサポートする場を形成しようとしている校長という、ジャネットが支えとするストーリーが中断された。疑問として残ったのは、アミットを学習面でサポートするために主に男子からなっている学習支援学級に彼女を入れるという、以前に足場が組まれたストーリーが、彼女の両親による第2のストーリー、すなわちアミットをインドに送り返すことを彼らに決断させたストーリーの足場になったのかどうかだ。おそらくジャネットもこの点では疑問をもっており、彼女が校長として支えとしていたストーリーは中断された。しかし、カナダの学校における文化的ナラティブでは、うまくいく児童になるために必要なスキルを学べるように子どもたちをサポートする際の方法としてこれはよく行われることだ。1人の少女と1人の校長にかかわるこのストーリーで、ジャネットは、アミットをインドに戻すという両親のストーリーを中断させることができなかった。ジャネットにとっては、このストーリーを中断させることが大事だった。しかし、子どもが支えとするストーリーにおいて、中断とは何か？

　アミットがジャネットに長距離電話をかけるために、空港で母親の元をこっそり離れたとき、アミットは、助けを求めるために、従順な子どもという彼女のストーリーをまさに中断していた可能性がある。おそらく中断はわずかだったろう。ジャネットにも、わたしたち研究者グループにも、このことがアミットの支えとするストーリーにどのような影響を与えたかはわからない。遠いところに向かって旅をしている小さな女の子にとって、いつでもコレクトコールで校長に電話をしていいとわかっていることは、実際にはその見込みは非常に低いにしろ、それをめぐって支えとするストーリーを継続

第6章 ● 子どもと共に生きる、ある管理職のストーリー

し、綴る強い脈絡となったかもしれない。アミットがどうなっていくのかわたしたちにはわからない。トロント空港からの出発と共に、彼女との連絡は途絶えてしまった。

振り返ってみると

　この章の最初で、子どもたちと共に生きることは、管理職の支えとするストーリーをどのように形成するのかという疑問を立てた。わたしたちは、この章で見てきたいくつかのワード・イメージに表現された多くの研究懇談を通して、ジャネットが支えとするストーリーを学んだ。わたしたちが、ジャネットがよく語っていたアミットのストーリーを知るようになったのは、ジャネットと交わした会話を通してだった。ジャネットがアミットやその両親と共に生きるようになり、わたしたちが思い知らされたのは、ジャネットはアミットの両親の支えとするストーリーを中断させることはできなかったかもしれないが、アミットとジャネットには確実に中断が生じたということだ。

　ジャネットがアミットとの関係で経験した中断は、ラビーン小学校の子どもや家族と共にジャネットが生きる他のストーリーをどのように方向づけていくのだろうか。アミットとジャネットの両者が経験した中断は、ますます文化的に多様になっている学校において校長、教師、子ども、そして家族と共にあるナラティブ研究者としてのわたしたちの人生をどのように方向づけていくのだろうか。ジャネットは、わたしたちと共に、例えば、学習支援学級のような特別プログラムに子どもを入れるにあたって親たちが持ち込んでくる文化的理解をさらに研究することになるのだろうか？　ジャネットが評点をめぐり新しく即興の学校のストーリーをつくり出すことに向けて努力したのと同じように、彼女がアミットやその両親と生きたストーリーは、ラビーン小学校で実現されるより広い学校のストーリーに足場を組むきっかけとなりうるだろうか？

　クランディニンとコネリー（1998）は、新しい学校のストーリーを形成するのが複雑なのは、絶え間なく変化する学校の風景、学校に参加する人びと

185

のナラティブの歴史、そして、実践家の知の間にある認識論的な相違をめぐる課題のためだと書いている。学校に参加する人びとの、文化的歴史も含んだナラティブの歴史を考慮するとなると、ジャネットが、アミットの両親が支えとするストーリーと彼女自身のストーリーとの両方に配慮したより広いストーリーを模索し、足場を築けるにしても、それには長い時間が必要になるかもしれない。

　関係を築くには時間がいる。学校の風景は、関係的な場を組み上げるための多かれ少なかれ教育的な可能性を形成するが、その関係的な場から、家族、子ども、教師、そして校長に留意した新しい学校のストーリーが共に模索され、実現されうる。この特定の時間における、この特定の学校の風景を検討して気づいたのは、アミットの両親とジャネットには全く時間がなかったということだ。学校では物事はどのようであらねばならないのかという規定と共にはびこり、教室の外という、校長が生きている場に注ぎ込まれている水路（conduit）(Clandinin and Connelly 1995) を検討してみて思ったのは、学区や政府の主導権が時間の節約という名目や、効率性の名目で学校の風景に押しつけられることによって、関係的な空間をつくるための時間もまたどんなに絞り取られているかということだ。

　アミットについて言えば、おそらく、アミットの人生の中に新しいストーリーが綴られるのをジャネットが助けるのに少なくとも十分な時間があっただろう。なぜなら、アミットは、小さな女の子なのに、トロント空港で母親から数分間も離れ、ラビーン小学校にいるジャネットに電話をかける勇気をもっていた。ジャネットとアミットの支えとするストーリーが織り合わされたように、わたしたちの研究者としてのストーリーも織り合わされた。アミットのストーリーは、研究者であるわたしたち、アミット、アミットの両親、ジャネット、そして、わたしたちの知らない人びとに、長い時間をかけ、わたしたちの誰もが知らず予想もしない仕方でどのようにこだましていくのだろうか。

第7章

支えとするストーリーを変化させる
教師の人生において個人的なものと専門的なものを織り合わせる

　この章では、わたしたちがラビーン小学校で共に過ごしたジム、サリー、スザンヌという3人の教師に焦点を当てた。彼らの教育実践のキャリアと人生についてのストーリーに着目したのである。コネリーとクランディニン（1988: 25）が「個人的実践知」（personal practical knowledge）という概念を立てたことで、ある教師の知がその人生とどのように織り合わされているかに光が当たるようになった。教師の知は、「ナラティブ的なライフ・ヒストリーの観点からは、ストーリーとして綴られた人生」と見ることができる。「これらのストーリー、経験についてのこうしたナラティブは、ある人のライフ・ヒストリーを反映しているという点では個人的であり、社会的環境や教師が生きている文脈を反映しているという点では社会的である」（Connelly and Clandinin 1999: 2）。ジム、サリー、スザンヌが伝えてくれたストーリーには、各人が教育実践の中に持ち込んだ個人的実践知も表現されていた。それはちょうど、前章のジャネットのストーリーによって、彼女の管理職としての実践が、気がつくと彼女自身その中にいた複合的な文脈の只中で生きられ、そこから拭い去れない影響を受けた、ストーリーとして綴られた人生であることが理解できたのと同じだった。

ナラティブ的に結びついている教師の知、文脈、アイデンティティ

　教師の個人的実践知は、教師の人生の全期間をかけて綴られ、全うされるが、コネリーとクランディニン（1999）は、この個人的実践知にナラティブ的に着目したことで、教師アイデンティティにかかわるいくつかの問いを考察することになった。ある教師のアイデンティティとは、彼／彼女の支えとするストーリー――彼女／彼が生き、働いた過去と現在の風景によってつくられたストーリー――がその人なりの個性で身体化したものと理解される。支えとするストーリーということでわたしたちが言おうとしたことは、一読すると、洗練された統一的なアイデンティティのように受け取られるかもしれないが、そういう意図ではない。ギアツ（1995）は、40年にわたる変遷を回顧しているが、それをわたしたちも参加するパレードのようなものと考えてみることで、コネリーとクランディニンは、支えとするストーリーが、いかに複合的で、発展的で、変わりやすく、矛盾に富んだものであるかに思い至った。その点を次のように書いている。

> 　パレードが通り過ぎるときに――物、人びと、関係、パレードそれ自体――を変えていくのと同じように、教師や研究者のアイデンティティも変わる必要がある。それは、教師や研究者といった、風景の中にいる専門職が、新しいアイデンティティ、新しい支えとするストーリーを必要としている、すなわち、自分たちのアイデンティティの変化・変更、支えとするストーリーの変化・変更を必要としているというよりは、むしろ、パレードが、新しい可能性を提案し、他の可能性を取り消すということだ。（Connelly and Clandinin 1999: 131）

　変化し続けるパレードにおける教師の支えとするストーリーに焦点を当てることで、わたしたちは、学校の内と外における教師の風景に対して提案され続けてきた、絶え間なく変わる可能性に注意を向けることになった。パレードが教師に提案する一つの可能性は、児童の人生が本質的に多様だということだ。わたしたちが教師たちと共にパレードに引き込まれる一つのきっかけとなったのも、一緒に研究をしている子どもたちの多様性だった。

新たな研究上の難問

　ラビーン小学校での研究期間中、わたしたちは、中間リサーチ・テキストを綴り始めるにあたり、人びとの経験、すなわち、教師、子ども、管理職の経験において緊張関係が生じた時と場所に注目することにした。多様性とは、それを手掛かりに、研究に関与した人びとが語るストーリーに着目するための概念の一つであった。センターのテーブルを囲んでの討論、あるいは学校での懇談の中で多様性について考える際、多様性についての、文化、経済、宗教、言語、能力、性的指向、家族構成に基づく形式主義的なカテゴリーからは出発しなかった。トリン（Trinh 1989）が指摘したように、カテゴリーでは覆いきれない部分がある。文化的伝統、認知的能力の程度、社会経済的地位、ジェンダー、身体能力、宗教的信条、その他、子ども、教師、管理職の人生を方向づけているものも心に留めてはいたが、わたしたちが興味をもっていたのは、ストーリーの中で、生きられ、語られ、語り直され、生き直されるものとして多様性を知るということについてだった。

　教師たちはどのようにして自分とはライフストーリーの筋が異なる子どもたちに気を配る人生を生きるようになったのか、わたしたちはもっと理解したいと思った。教師が自分自身の人生において多様性を経験したことが、カリキュラムについての子どもたちの経験を学校で扱う仕事をどのように方向づけたのかを見ることに関心をもった。わたしたち自身の経験を振り返ってみても、自分は何者かというストーリーは、ある程度は自分がいつの間にかその中にいた文脈や、自分が関係をもちながら生きることになった人びとによって変化していた。

　わたしたち自身の幼少期、学生時代や教育実践の経験のストーリーを調べてみると、自分が何者であるかについて複数のストーリーを生き、語ることを学んでいたことがわかった。学校の風景の内と外の両方の経験によって形成され、再形成されたわたしたち自身の個人的実践知に関心の焦点を置いたことで、教師生活において個人的なものと専門的なものとがより合されていることに興味をもつようになった。

　わたしたちが生き、教育をしている個人的かつ専門的な場における生成の過程（a process of becoming）（Greene 1995）としての人生に注意を払うこ

とで、再び熟考することになったのは、多様性をもつ子どもたちの教師としての自分は何者なのかを、わたしたちはどのように理解するようになったのかという問題であった。この疑問から、ラビーン小学校で出会い、共に過ごした教師たちについて考察することになった。多様性をもつ子どもたちの教師として自分を理解するようになったストーリーを、ラビーン小学校の教師たちは、どのように語ることができるだろうか？

フィールド・テキストを綴る

　ジム、サリー、スザンヌの3人の教師たちは、自分たちが支えとするストーリーが、経歴を通じてどのように変化したのかについてわたしたちと一緒に研究することに興味をもっていた。自分たちのストーリーにおける、個人的なものと専門的なものがより合された性質について探ることに関心があった。この章の主要なフィールド・テキストは、それぞれの教師との一連の会話についての記録である。これらの録音された会話により、三次元的なナラティブ的探究の空間において、教師そして研究者として生きることの複雑さ、複合性、そして再帰的な性質について調査することが可能になった。

　ナラティブ的探究の空間で研究したことにより、わたしたちは、3人の教師と一緒に彼らの幼少期、学齢期、教師教育の経験にさかのぼり、教師になりたての頃の経験へと降りて行き、ラビーン小学校でわたしたちが探究している間に生きた時間へと滑り込んでいく旅をすることができた。彼らと共に、感情や反応の内側や、記憶されている出来事の外側へと旅した。彼らの出生地から学校のあった場所まで移り行き、それによって、発展し続けている彼らの支えとするストーリーがかたちづくられ、その人生が子どもたちの多様なライフストーリーに出会ったときにつくり直された様子について明らかにしようとした。

リサーチ・テキストを綴る

リサーチ・テキストⅠ：支えとするストーリーのワード・イメージ

　わたしたちは、三次元的なナラティブ的探究を行う場だけではなく、フィールド・テキストの多様な読みを検討する機会も使って、教師たちとの会話を進めていった。最初に、わたしたちは、それぞれの教師が、幼少期、学校体験、教師教育、そして、駆け出しの教師の時期の中で思い起こした場面において自分をどのようにストーリー化しているかについて、時間的感覚をもつためにテキストを読んだ。第6章でジャネットの支えとするストーリーについてのワード・イメージを構築するために種々の記録から言葉を選び出したのとちょうど同じように、この章で光を当てられている3人の教師たちそれぞれのワード・イメージを綴った。ここでも、ワード・イメージが、それぞれの教師についての一次元的説明、すなわち、彼らの今までの教師人生について不完全な見方をつくり出したかもしれないことは認識していた。

リサーチ・テキストⅡ：支えとするストーリーを変化させる

　ポートフォリオの利用を通して足場をつくることに関しては、リヨンとラボスキー（2003）の研究を、また、「子どもが、彼や彼女のストーリーを生きることから、新しい洞察をもってストーリーを語ったり語り直したりすることへと移行するのを可能にする展開過程。こうした教授—学習の状況では、教師もまた自分のストーリーを語ったり語り直したりすることを学んでいる」ことの足場を明らかにした点ではヒューバーとクランディニンの研究（2004: 147）を心に留めていた。これらの著者の探究に学んだことからフィールド・テキストの第2の読み方が現れてきた。この読みにおいて、わたしたちは、教師の認識が高まったという事実がはっきりと表れている場面、すなわち、目の前を行くパレードが示した新しい可能性と衝突していることに彼／彼女が気づくことで緊張関係が生じた場面を選んだ。こうした衝突の場面は、多様な子どもたちとの関係において教師が支えとするストーリーが変化する足場となった。これらの教師たちと共に探究をしていてわかったのは、時には、学校の風景において1人の子どもや状況と出会ったことが衝突を引

き起こし、ときには、教師たちが、学校の風景の外でのストーリー化された経験を利用することで、支えとするストーリーを肯定したり、支えとするストーリーにおける変化の足場をつくったりしたということだ。

それぞれの教師について、わたしたちは、初期の支えとするストーリーについてのワード・イメージをつくり、それから、彼らの支えとするストーリーがどのように変化していったかを示した。最初は、1・2年学級の教師であるジムからだった。

ジム：支えとするストーリーのワード・イメージ
　　中流から上流階級の白人家庭
　　地価の高いところに住んでいた
　　ほとんどの家はとても大きい
　　わたしたちの家は、平凡な平屋。

　　学校で何が起こったかは覚えていない
　　白人以外は誰も心に描けない
　　ほとんどが白人のプロテスタントと白人のカトリック
　　今はたくさんの中学校で起こっている緊張関係がそこにはなかった
　　それを経験しなかったのは幸いだった。

　　とても恥ずかしがりやで物静かだった
　　教師のお気に入り
　　いい子ぶりっ子
　　面倒を起こさなかった
　　面倒を起こすことへの恐怖
　　両親は言った、
　　「学校から何か知らせが来てみろ、
　　おまえは、家でその2倍ひどい報いを受けるからな」
　　それが彼らの家族の育て方
　　伝統的な育て方。

第7章　支えとするストーリーを変化させる

両親は本国の出身だった
とても厳格な教育法
父親は家族の長
口答えをしてはいけない
生意気な口を利いてはいけない
言われたことをやれ
黙ってやれ
きっちりやれ
遊びに行ってよいのは、やり終えてからだ。
彼らの子育ては素晴らしいと思う。
彼らは正しいことをしていたのだろう。

家ではドイツ語を話した
英語は話さなかった。
3歳くらいで
近所の子どもたちと遊び始めるまでは。
（学校に行くようになって英語を話すのに）全く苦労した記憶（はない）。

小学校
（わたしがドイツ語を話すのを）誰も知らないと思った
それは全く気づかれなかった。

わたしが最初に本当に覚えているのは高校でのことだった。
わたしは取り始めた
ドイツ語の1年生クラス、2年生クラス、3年生クラス
誰もが自分の知っている語学をとった
ドイツ人の子どもたちは全員ドイツ語をとり
フランス人の子どもたちは全員フランス語をとり
スペイン人の子どもは全員スペイン語をとった。
同じような伝統を背負っていたかもしれず

同じ種類の教育を受けていたかもしれない他の子どもを見た
今でも覚えている最初の機会だった。

家で、休日に
わたしがする多くのことは
まだ、ドイツの伝統と
わたしが育ったときの
物事のやり方に基づいていた。
クリスマスがクリスマスでなくなるように
もしわたしがもっていたあるものをもたなかったら、
聞いていたある音楽を聞かなかったら、
食べていたある食物を食べなかったら、
同じにはならないですよね。

教師教育
個別の子どものためのプログラム作成
個別のニーズ
それぞれの子どもは個人として扱われた
実際の学級がどのようなものであるかは、決して本当には語られなかった。

個々人の違いとは、わたしには、こういう意味だった
ある少年たちは、サッカーが好きだろう
ある少年たちは、そうではないだろう
ある少女たちは、美術が好きだろう
ある少女たちは、そうではないだろう。

どのような種類の違いなのか、決して明らかにされなかった
ただ、学業の違いだけではない
そうではなく、社会的な、そして家族の違い
英語を話せないままで学校に来る子どもたち

家では英語を話さず
学校ではようやく何とかやっている子どもたち
朝は朝食を食べてこず
午前中は途中まで眠り込んでいる子どもたち
こうしたことの背景は、全く明らかにされなかった
計画を立てればよいとしか言われなかった
それぞれの子どもは個人だ。

児童の指導
こうした子どもたちがどこから来たかを考慮したことすらなかった
そのことをまだ深く考えたことがなかった。

保育所…最初の仕事
スタッフの半分は男性
子どもたちの周りには、女性の役割モデルが多すぎるのではないか
特に片親家庭の子どもには
男性の役割モデルが必要だ。
保育所に子どもを預けている両親でも
大学教育を受けた人たちは
異なる種類のものごと
異なるやり方をより受け入れる姿勢があり
よりリベラルだった。

10年間、そこで働いた
親とは一つも問題がなかった
小さな子どもたちのところで
どうして働いているのかという質問
人びとは決めてかかる
小さな子どもたちとかかわって働いている男は
変質者か小児愛者で

隠された動機があるに違いないと。
わたしは、小さな子どもたちとフルタイムでいっしょだった
ある人びとはびっくりしてしまった
友達は驚かなかった
家族はとてもよく受けとめてくれていた。
（＊2年の研修を受ければ保育所で働くことができるカナダでは、4年制大学を卒業した男性が保育所で働くのは珍しいという背景がある。）

保育所のおかげで
どのような種類の違いがあるのかを理解できるようになった。

　ジムと、幼少期、学校での経験、教師教育、最初に教職に就く前に働いていた保育所での仕事の経験について話していて、最もはっきりした印象を受けた物語の脈絡は、彼が学校とコミュニティに所属することを学んだというものだった。自分が他の人と違うのは、異なる言語を話すことから認識していたのだが、彼はその違いを表に出さないようにしていた。学校に適応することを学んだからである。彼の両親が生きていた学校のストーリーとは、子どもたちは教師に従い、尊敬することを学び、成績優秀でなければならないというものだった。これは子どもたちにとって、家と学校で守るべき家族のナラティブだった。ジムは、このストーリーを生きた。だからこそ、彼は黙って適応し、ドイツの言葉や伝統を家の外では表に出さなかった。ようやく高校で彼は気づいたのだが、他にも同じようにドイツの言葉と文化で育てられた生徒がいたのかもしれなかった。子どもたちを個々人として扱うという言葉だけは教師教育で習ったのだが、どうしたらそんなふうに教えられるのかという経験はついぞしたことがなかった。彼自身の学校経験は、学校についての支配的なストーリーがどのようなものであってもそれに適応するというものであったから、彼にせいぜいわかっていたのは、生徒の好みには表面的な違いがあるのかもしれないという程度のことだった。保育所で働き始め、教師として教えるようになって初めて、彼は自分が支えとするストーリーに疑問をもち始め、子どもたちの人生の多様性とそれが教師としての自分に

第7章 ● 支えとするストーリーを変化させる

どのような意味をもちうるのかを考えるようになった。多様性に深く注意を向けるようになったのはそのときだった。また、男である彼が小学校教師や保育所職員をしていることを他の人々がどのようなストーリーで見ている可能性があるかに気づいたのも、この文脈においてだった。彼が強調したのは、友人たちと家族の応援に支えられたからこそ、小さな子どもたちの男性教師として、自分は何者なのかが問われる専門知の風景を生きていく努力ができたということだ。この暗黙の問いを突き付けられたことで、ジムは、多様性に対して新しい注意の向け方をするようになったのではないだろうか。

ジム：支えとするストーリーを変化させる

2つのストーリーをジムとのフィールド・テキストから引いたが、それによって、彼の支えとするストーリーがどのように変化したのかをある程度知ることができた。最初の記録は、ジムが、英語以外の第一言語を話す幼い子どもたちとの経験について語ったものである。

> 教室にいるインド人の子どもの何人かが、時々、仲間で集まって、パンジャブ語で話しているのはわかっています。「学習祝賀会」のときになると親たちが聞いてくるんです。「ところで、子どもたちの英語の調子はどうですか？」ってね。そういうときは、こう返事します。「そうですね。練習は十分とは言えないですよ。だって家では英語を話してないし、ここでもぼくの英語を聞いているだけなんですから」。

（個人的会話の記録 2002年12月16日）

この記録を検討すると思い返されたのは、ジムが他言語を話す子どもだったというストーリーだ。子ども時代の経験を語りながら、英語を話し始めたのは外に出て友達と遊ぶようになってからだと彼は言った。このように家族のナラティブの1つは、ドイツ語とドイツの文化が家庭では維持されていたというものだったが、それとは違うもう一つの家族のナラティブがジムの学校での経験を方向づけていた。彼は学校では成績優秀で問題を起こさない子どもでなければならないと思っていたのだ。英語を学び、訓練して、優秀な

学業成績を収められるほどにならねばならなかった。学校に適応し、その一員となり、優秀な成績を収めるために彼が支えとしたストーリーは、ドイツ語とドイツの伝統を表に出さず隠すというものであったが、それが、ジムが教えている、インドの伝統を背景にした児童たちに有効とは思われなかった。むしろ、インド系の子どもたちは、「仲間で集まって、パンジャブ語を話す」のだった（個人的会話の記録 2002 年 12 月 16 日）。親たちが、子どもの英語学習の進捗状況についてたずねて来ると、ジムは、優秀な成績を収め、適応するという筋書きの方を前面に出し、子どもには家庭でも英語を話させるように言うのだった。ジムの支えとするストーリーは、子どもは第一言語と文化的実践を家庭で保持し続ける必要があるというものだった。だが、この場面において、それは、親に対して前面に立てたストーリー、すなわち、子どもは家でも英語を話す必要があるというストーリーと衝突していた。

　２つ目の記録で、ジムは、家族の文化的あるいは宗教的ナラティブの違いによって、子どもたちの多様性がどのようにかたちづくられるかに思いをめぐらしていた。

　　わたしたちは、毎月、「ご飯入りチキンスープ」と呼ばれる取り組みを行っていて、毎月、１つご飯入りチキンスープについての詩も発表されます。ご飯入りチキンスープを毎月の初めに、まあ、ちょっと楽しむために食べるんですよ。缶詰のスープをただ電気鍋に入れておいたのをおやつにする。低学年の子どもみんなが参加し、その場に合った詩が披露され、お話もある。そして子どもたちは、その詩やスープのあらゆることについて歌ったりするという、もっぱら楽しむためにやっている取り組みの１つなんです。でも、僕のクラスにいる２人のインド人の子どもは肉を食べないから、チキンスープに入っている鳥肉が食べられない。だからスープを飲めないことになります。それで、いつもクラッカーを勧めているのだけれど、仲間はずれのようなものだから、ちょっと気の毒に感じています。あの子たちもつらいはずです。たぶんなぜなのかを理解していないようだし、「わたしは食べられない」というから、食べられないことはわかっていても、自分たちにとってスープを食べないことにどういう意味があるのかをおそらく本当には理解していないでしょうからね。あの子た

第7章 ● 支えとするストーリーを変化させる

ちにわかっているのは、ただ、自分たちは食べるわけにはいかないのに、他の子たちは食べられるということです。それにしても、あの子たちが楽しい機会を逃しているのはちょっと気の毒に感じています。

（個人的会話の記録 2003年5月5日）

　この記録で、ジムは、彼の支えとするストーリーを、多様性のある子どもたちの教師として意味づけようとしている。この場面では、子どもたちの文化的、宗教的な信念が、学校のストーリーと衝突しているが、そのストーリーは彼が教師として組織し、進めているものだ。ジムが子どもの頃に学校で過ごしていたときには、文化的な理解や違いが支配的な学校のストーリーに抵触しないよう、うまく過ごしていたし、時には、自分の居場所もつくり出していた。この場合の、ご飯入りチキンスープのアクティビティは、楽しみとコミュニティづくりのために低学年で企画したものだが、それが原因となって、多様な文化的背景をもつ子どもたちの何人かが除外されることになってしまった。仲間になることを学ぶというナラティブの脈絡は、ジムが支えとするストーリー全体を通して紡がれているものだったが、そこに着目してわかったのは、彼がその脈絡をインド系の子どもたちと一緒に実現しようと努力して、歌や詩のアクティビティに参加させたり、クラッカーを勧めたりしていたことだ。彼が子どもたちに示したかったのは、すべてのアクティビティに完全には参加できなくても、仲間になるというストーリーを生きることはできるということだった。このようにして、ジムは、子どもたちが学校において支えとするストーリーを変化させる足場を与えようとしていた。学校のストーリーを乗り越えて、互いに仲間になれるきっかけを見つけることができるのだと子どもたちを促す方向でストーリーを変化させようとしたのである。しかし、この経験は、ジムにとっても、教師として支えとするストーリーを変化させる足場となった。ジムは、繰り返し、その子たちが催しに入れないことをどうしてこれほど「気の毒に感じる」のか思いめぐらし、そのような気持ちになるのは、一つには、参加が許されない理由を子どもたちが本当に理解しているのかわからないからであり、もう一つには、その子たちがこんなに「楽しい機会を逃している」ことを残念に感じているからなのだ

と思い至った（個人的会話の記録 2003 年 5 月 5 日）。学校は、子どもたちが居場所だと感じられるところでなければならないという強い思いがジムのストーリーから伝わってきた。そしてジムの子どもの頃のストーリーからわかるのは、この児童としての帰属意識は、彼が自分を取り巻く学校のストーリーに適応していたことに由来するということだ。このストーリーにおいてジムが置かれている緊張関係からわかるのは、インド系の子どもたちがご飯入りチキンスープについての学校のストーリーに適応することを彼は期待していなかったということだ。しかし、学級でご飯入りチキンスープのアクティビティをやめることはしなかった。彼が緊張関係の経験を背負い続けることができたのは、学校のストーリーを、すべての子どもたちが完全に帰属できるようなストーリーへと広げていく方法を探し続けることにしたからだった。

わたしたちの研究に参加していたもう 1 人の教師であるサリーは、副校長兼 5・6 年学級の担任だった。

サリー：支えとするストーリーのワード・イメージ

  小学校――全員白人の子どもたち
  中学校――全員白人
  高校
  白人でない人と一緒に
  学校に行った
  それでまごつくことは少しもなかった。

  わたしはウクライナ人だった
  それは他の誰とも違うことだった
  それがわたしの知ったことだった。

  （私の両親は）2 人ともウクライナ人で
  ウクライナの文化を実践した。
  父は（都心の学校で）教えていた教師で
  夕食の席では決して会話をしなかった。

第7章 ● 支えとするストーリーを変化させる

母はよく彼女のところで働いている女の人たちの話をした
（インド人と中国人）
わたしは彼女たちに会った
サリ（＊インドで主にヒンズー教徒の女性が身につける衣装。）やあらゆる異質なものを見た
社員パーティー
持ち寄りの料理
世界中のあらゆる種類の食べ物。

わたしの兄
親友はパキスタン人だった
ただ兄の親友だというだけで
家族にとっては何の問題もなかった。

（わたしたちのコミュニティは）ほとんどが白人だった
わたしの経験は
自転車で行ける範囲に限られていた。

父が育った農場
一方の隣はスコットランド人
もう一方の隣はフッター派教徒のコロニー
（＊共有財産の生活を営むキリスト教の一派。）
そして、その反対側にはポーランド人家族。

その農場に行ったのを覚えている
フッター派コロニーにも行った
わたしたちとは差異があるように見えた
それまで差異のある人を見たことがなかったというわけではなく
ただ、差異に思い至らなかったのだ。

201

高校
2人か3人の友達で親密なグループをつくった
ウクライナダンスに本当に熱中し始めた
ほとんどの時間、ダンスをして過ごした。
登校して下校するだけ
学校生活にはほとんど参加しなかった
クラスに行って帰るだけ
ダンスをすること
そこにだけわたしの社会的な生活の場があった。

大学も同じだった
大きな池の小さな魚
多様性について話されることは全くなかった
それは、全然わたしの注意をひくことではなかった。
小学校全科。副専攻はカウンセリング
カウンセリングにおいてさえ多様性について話されることはなかった
情緒障害
学習困難の子どもについて話したが
それについてもちょっと触れるだけ
それでおしまい。

教育実習
（最初は）白人の住む近隣での実習
中流、中流上層階級
何の問題も起こらない
小さなクローンたちが歩き回っている。

2度目の実習
こんどは中流階級家庭の

小さな白人の子どもたちばかりではなかった
わたしが実習をしたクラスは
全員白人の子どもたちだった
目立っていたのは、
わたしがカトリックではないことだ
わたしの宗派はウクライナ正教だ。

宗教は学校に持ち込まれるべきではないという強い信念
宗教の授業を教えるつもりはなかった
最初は、教育実習を取り消しにすると脅かされた。

学習は、グローバルである必要がある
学習は、すべてである必要がある
世界にはほかの宗教もあるのに
もしカトリックしか教えないとしたら
教えていることにならない
グローバルなスケールで教育をしていることにならない。

もし宗教について語るのならば
みんなの信仰が代弁されるものとしたい
わたしたちが生きているのはそういうところなのだ
それがわたしの課題だった
正しい道はただ一つという考え方は好きではない。

　サリーが伝えてくれた子ども時代、学校、そして教師教育の経験についてのストーリーに注目することで、彼女のストーリーでは文化が重要な位置を占めていることに気づかされた。子どもの頃、サリーのウクライナ系という出自は、近親者においても親戚においても中心的な意味をもっていた。それは、家族が誇りとするだけでなく、彼女を「コミュニティの誰とも違う」存在とする属性でもあった。サリーにとって、文化的多様性を祝福するという

筋は、家族を超え、母親の職場でも実現されていた。社員パーティーには、「世界中のあらゆる食べ物」が並び、インド系と中国系の人が自分たちの文化の衣装を身につけていた。サリーは、文化的多様性は、歓迎されるべきことだと理解しながら育った一方で、民族の多様性についても「取るに足らない問題」と感じていた。おそらく、だからサリーは、小学校と中学校、そして彼女のコミュニティに民族的多様性がないことを気に留めることがなく、また、高校で他の民族的背景をもつ若者たちと会っても「ひるむ」ことがなかった。

　サリーが受けた教師教育プログラムは、多様性をもつ子どもたちの経験にしっかり対応できるようになるにはほとんど役立たなかった。ここで、多様性は、情緒障害や学習困難のある子どもの問題と同一視され、それですら大学のコースでは、「ちょっと触れられるだけ」だった。２度目の教育実習を経験して初めて、サリーは、自分のストーリーと対立する差異のストーリーと出会った。このカトリックの学校という環境において、サリーが異なる宗教的信仰をもっていることは、歓迎されないのはもちろん、取るに足らない問題として見逃されるようなことでもなかった。むしろ、自分の信仰、違いには口をつぐみ、子どもたちに宗教についての単一の視点を教えることが要求された。この学校についてのストーリーとどのように衝突したかを語りながら、サリーは、「唯一の正しい道」が存在すると思わせる筋書きには従いたくないというナラティブの脈絡をあらわにした。彼女は、「学習がグローバル」であり、「みんなが代弁される」ストーリーを生きたかった。教育実習生として、もし全員の宗教的信仰を代弁するような方法で教えることができたなら、宗教の授業をするつもりがあったというサリーの言葉を注意深く考えてみて、わたしたちが疑問に思ったのは、彼女は、大学のコースで多様性や差異をめぐるどのようなレトリックを学んだのか、全員の宗教を教えたいという彼女の願望は、このレトリックにおいて形成されたのだろうかということだ。ジムについても考えてみたことだが、学校の風景において個人的な差異に直面することはサリーにとってどのような意味があったのだろうか。学校外の文脈ではなく、学校という場の生活において差異を経験することは、教師たちにとってどのような意味をもつのだろうか？

サリー：支えとするストーリーを変化させる

　支えとするストーリーが変化した可能性を示唆するストーリーを、サリーもまたたくさん語ってくれた。最初にそれが現れたのは、民族的に多様な児童がいる小学校1年生の教室で初めて教えた年のことだ。次の記録で、彼女は目覚めの瞬間について語っている。

　　夏学期だけの雇用でした。（多文化学校に）入って行って、初日のその日に学級名簿をもらいました。リストの最初にあったのが、アナンス・バンドゥーラとか、そんな感じの名前だったのが忘れられません。それから、アミ、パブ、プレート、ウァミというのもありましたが、珍しくて、わたしには発音すらできない名前でした。それからよく覚えているのは、この子どもたちとの対面がとても楽しかったことです。みんながやってきて思いっきりハグしてくれたので、それに応えるだけで十分だったのです。一緒にいてとても楽しかったし、名前を発音しようとするとみんなが笑ってくれました。載っているのがどれも普通の名前ではないような学級名簿を読み上げなければならないなんて初めてのことでしたから。自分の学級をもつことにわくわくしていて、子どもたちの外見がどうだとか、どんな人なのかといったことはまるで気になりませんでした。何組かの両親に最初に会ったとき、すぐに母親の方に話しかけたのは、（わたしの）直感でした。単に自然な思いつきでそうしたのです。それで、両親がやってきたときにも、わたしは自己紹介すると、すぐに母親に話しかけ（ていました）。そして子どもたちを連れてきている中には、祖母もたくさんいることに気づきました。でもそうしたことにはあまり注意を払っていませんでした。その後、11月に初めての面談をしたとき、アナンスの家族がやってきました。母親と父親が入ってきて席についたので、話を始めたのですが、また、いつものように、母親に向けた話になりました。でも、いつもわたしの質問に答えるのは父親でした。母親ではありません。父親が毎回答えるのです。わかった、いいでしょうとばかりに、わざと母親にばかり話し続けても、ずっと父親が応じてくるのです。それで、そうか、こういうことかとやっとわかりました。この家族はとても家父長的なんだと。結局、そうひらめいたときには、懇談は半ばを過ぎていたのですが、ともあれ、「では、ここでは少し方針を変えなけ

ればならないな」ということにようやく気づきました。そこで、遅まきながら、話をもっと父親の方に向けるようにしました。そうすると、母親が目に見えてリラックスしたのは実に面白かったですね。それは、わたしがわかっていなかったということです。母親は、わたしに応答しないでいることに、当然ながら少々気まずい思いをしていたのです。会話全体が少し変化しました。不意に、そうか、今は話すべき相手に話している、こうするのが正しい、正しい状況にいるのだと気づきました。彼は、とても礼儀正しく、懇談をした中で最も礼儀をわきまえた親の１人でした。まさに素晴らしい男性です。しかし、これは、思いもよらなかった出来事の１つでした。たぶんこのことをきっかけとして、わたしは、そうか、世界には様々な文化的な差異があり、自分はそうしたことを学び始めるべき状況にいるのだなと認識したのです。

(個人的会話の記録 2003年3月24日)

　この記録で、サリーは、最初の教職経験について語っていた。クラスの子どもたちと会うことに、はやる思いでいたが、まず、学級名簿をもらってあっけにとられた。子どもたちの名前は、ほとんどが南アジア系のもので、見たこともないものだった。彼女が言う「普通の名前」(個人的会話の記録 2003年3月24日)ではなかったのである。でも、彼女には、学校についてのストーリー、すなわち、学級名簿があり、子どもたちと会ったときには、どんな子どもたちもそうであるように「おもいっきり、ハグしにきてくれる」(個人的会話の記録 2003年3月24日)ことを知っていた。自分は教師として何者なのかについて、気の乗ったストーリーを続けることができたし、子どもたちは、自分たちの名前をどのように発音したらよいかを教えてくれた。異なる言語と文化においてつくられた名前の発音を学ぶ必要があったという点を除いて、彼女が教師として何者かということについては、何も変える必要がなかった。彼女は、自分が支えとするストーリー、すなわち、両親は、親として対等であり、また、２人とも専門的な仕事をもっているはずだというストーリーを生き続けた。若い女性だったので、彼女の支えとするストーリーでは、子どもが小さいときには、母親が最も中心的な役割を果たすものだという思い込みがあった。また、彼女が生きていたストーリーでは、拡大家族

第7章 ● 支えとするストーリーを変化させる

が一緒に住んでいるという発想がなかったので、子どもが学校に来るにあたって祖母が果たしている役割にも着目していなかった。初めて親たちと懇談をするまでは、自分が育った家族のナラティブから知ったことを生き続けていたのだ。親たちと会う場面になって初めて、彼女は、他の文化を背景にした家族のナラティブがあることに目覚め始めた。初め、彼女は、自分が支えとするストーリーに基づいて行動していたので、それが親たちの支えとするストーリーと衝突し、彼女は緊張関係の存在を感じた。最初は、その緊張関係を「家父長的な」(個人的会話の記録 2003年3月24日) 家族構成の結果だと言って、そのときは、転換しようと努力した。「礼儀正しく」(個人的会話の記録 2003年3月24日) あるにはどうすればいいかを求め続け、結局は、親たちと新しいストーリーを生き始めることになった。この緊張関係の場面、この認識の高まりが、彼女が「世界には様々な文化的な差異があり、自分はそうしたことを学び始めるべき状況にいる」(個人的会話の記録 2003年3月24日) と気づいたとき、新しいストーリーが始まる足場となった。

　2番目のストーリーで、サリーは、2校目の経験について語った。最初の学校での経験と、家族と文化のナラティブにおける個人的経験に頼りながら、彼女は、自分が支えとするストーリーがどのように変化したのかを認識した。彼女が支えとするストーリーが変化する足場が築かれ始めたのは、個人的風景に由来する経験と、専門職としての風景に由来する経験とが交わることによってであった。

　　多様性について考えるのなら、ここの子どもたちを見るといいですよ。母親や父親のこと、車庫にある2台の自転車やミニバンのことから、父親のまたいとこのおじが家庭内暴力で接近禁止命令を受けていることまで、あらゆることを聞いてきましたし、気が遠くなるような家族のフローチャートもわかりました。前の学校は、もっと安定していました。経済社会的な階層では、上流ではないけれど、ちょうど中流、でもずっと中流のままという地域で、たぶん全校で3人、3家族は遠くの高級アパートに住んでいました。それに対してここでは、このあたりは低所得者世帯、向こうには共同住宅、そして、(先住民の)バンド(＊カナダの先住民族が形成している、連邦政府が公認した一群の行政

単位。）が購入した、全世帯が先住民という共同住宅もあります。短期在籍者の点でも、ここは、わたしが見てきた学校の中ではたぶん一番多いはずです。先住民の子どもたちは、ここに2週間いて、次の3週間は在籍予約名簿に名前を残しておき、それから戻ってきて1か月いて、結局、サスカチュワン（隣の州）のおじのいとこのところに行くことにしたといった具合です。先住民の文化について対処しなければならなくなったのは、この学校が初めてなのですが、インドの文化とはずいぶん違っています。前の学校では、担任しているインド人の子どもの家族が3か月間インドに行くといったことには慣れていましたから、いいですよ、どういう扱いにすればいいかわかっているから大丈夫ですよという調子でした。でも、ここでは、すでに言ったように、先住民の文化を経験するのは初めてだし、全く異なる文化なので、改めて勉強する機会になりました。
(個人的会話の記録 2003年3月24日)

サリーが、教師としての最初の数年間に働いた2つの異なる学校での経験について話すのを聞いていると、多様性についてのより深い理解へと目覚めていった様子がわかる。最初の学校では、彼女の学校についてのストーリーは、インド系の子どもたちや家族による学校についてのストーリーと衝突した。彼女にとって、異なる文化、言語、民族的伝統について学ぶことは、「勉強する機会」（個人的会話の記録 2003年3月24日）であった。サリーの生育過程のストーリーを振り返ると、文化的伝統が重要であり、彼女のストーリーの中心的な筋だったので、子どもたちの場合も文化的伝統が中心的な位置を占めることを理解した。中流階層のコミュニティで両親と兄弟姉妹たちに囲まれて育ったという自分の経験を手掛かりに、この最初の学校の子どもたちの生活を理解した。学校を3か月も休むことが、子どもの生活にどういう意味をもつか、初めは測りかねていたが、これは拡大家族をたずねるという一種の家族休暇なのだと理解するようになった。彼女自身の生活でも、祖父母を訪ねるために農場を訪れていたときの様子を語っていた。子どもたちの生活でも、祖父母や他の拡大家族の人たちを訪ねるために家族でインドに行っているのだった。

2番目の勤務校に着任した当初、サリーは、子どもたちの生活における文

化的多様性について、いろいろな点で理解しているつもりでいた。しかし、学校に来ている子どもたちが背景にしている家族構成や社会経済的条件はかなり多様かもしれないと気づいた。このような多様性について学ぼうとしたものの、自分自身の人生との新たな違いにぶつかった。今度は、先住民の子どもたちの家族の文化的ナラティブを理解しようと努力することになった。彼らが学校を欠席するのは、インド系の子どもたちの場合とは違って、一定のパターンに従ってはおらず、1年に1度だけ家族の特別な休暇としてのことでもなく、ただ、祖父母を訪ねるのを目的にしているのでもなかった。むしろ不規則で、しばしば予告もなく突然に退去してしまうのだ。彼女の支えとするストーリーは、自分史の中で形成されたもので、こうした子どもたちのことをわかるようになる役には立たなかった。サリーと共に調査をしていると、彼女は、多様な子どもたちの指導について学ぼうとする姿勢を通して、今も「勉強する機会」（個人的会話の記録 2003年3月24日）の真最中にいる様子を見せてくれた。

　どちらの学校の状況でも、彼女が支えとするストーリーは、子どもや家族が支えとするストーリーと鋭く衝突した。しかし、最初の学校では、自分自身のストーリーから導きだした筋と脈絡を手掛かりとして、子どもたちのストーリーの意味を理解する方法の足場をつくることができた。2つ目の学校では、子どもや家族のこのような人生を理解する足場となる脈絡を、自分が支えとするストーリーから調達することはできなかったが、それでも、こうした新しいストーリーに注意を払いたいと考えていた。それは、経済的ナラティブの点でも、文化的ナラティブの面でも、これまでの彼女の支えとするストーリーからは外れるものだったから、彼女は、自分は教師として何者であるのかについて、新しいナラティブ的に一貫したストーリーを創造している真最中なのだった（Carr 1986）。

　3人目の参加者は、司書教諭のスザンヌである。

スザンヌ：支えとするストーリーのワード・イメージ
　輝かしい子ども時代

両親の宝物
素晴らしい日々
年上の兄姉
兄弟間の競争意識は全くない
ずいぶん甘やかされた。

「ビーバーにおまかせ」（＊1950年代アメリカの幸福な典型的核家族を描いたテレビのホームコメディ。その後、アメリカンドリームを皮肉る言葉にもなっている。）のような隣近所
郊外にある
規格化された一戸建て住宅団地
子どもたちでいっぱい
一緒に育った
不安などない
お菓子屋さん
ベビーブーマーのコミュニティ。

親友はプロテスタントの学校に行った
わたしはカトリックの学校に行った
問題とは感じなかった。

優秀な生徒
いい子ぶりっ子
列をなして座るのがうれしかった
わたしの書いた文字が壁に貼られた
字がきちんとしていたからだ
貴重な経験
近所の子どもたちと一緒に
学校ごっこ
先生役をしたかった。

友達は
（学校で）本当に苦労していた
彼女の恥ずかしさをわたしも感じて居心地が悪かった
わたしは自分を賢いと思っていた
わたしたちとあの人たちというように賢さで区別を感じた
彼らをかわいそうだと思っていた
でも、助けようという気は起こらなかった
教師に言われるまでは。

通知表を家に持って帰ると
母と父は言ったものだ
「おまえは何て賢いんだろう」
彼らは自尊心（self esteem）を重視していた。

屈辱を味わったのは、
野球チームの編成で選手を順に選んでいくとき
わたしが選ばれるのはいつも最後に近かった
これは恥ずかしかった。

高校
楽しかった
女の子の一団で群れていた
夫とは12年生のときに出会った。

おとなになったら
教師か看護師
それしか選択の道はなかった
看護師になりたくないことはわかった。

教師教育
よく思い出せない
とても詰め込み的だった。

教育実践を始めた
学級管理が面白くなった
良い教師のしるしは
整列している子どもたちが
完璧に静かにしていること
5年生の最上位クラス
そんなふうに子どもたちをふるいにかけた
成績の違いが多様性、わたしは最上位クラスを担任し
（他の教師が）残りを担任した。
（*かつてカナダでは、習熟度別学級編成をとっていた。）

子どもたちは、ワークブックの同じページに取り組む
全くの静寂
自分の机に座って
わたしは思っていた
何もすることがないと
態度に関する問題もない
子どもたちに学習に向けた意欲をかきたてようという発想も起こらなかった。
ある親の言葉
「学習計画をどのように充実させるつもりですか？」
わたしには何も思い浮かばなかった。

　スザンヌと、子ども時代、学校での経験、教師を始めた頃のことについて話をした記録を読み通すと、ナラティブの脈絡として浮かび上がってきたのは、他者とうまくやっていき、喜ばせたい、そして「優秀」だと見られたいと望んでいるということのように思われた。輝かしい子ども時代を送ったと

語ることで、他者から受けた応答が、スザンヌにとってはとても重要であり、自分自身をどう見るかを方向づけたことが明らかになった。結びつきが強く、住民の生活に共通性の多いコミュニティで育ったことにより、スザンヌは、強い帰属意識を感じていた。学校に行くようになると、学校についてのストーリーと、優秀な生徒だと学校の文脈でみなされるためにはどのような人物である必要があるのかを直ちに身につけた。優秀な生徒とみなされることは、彼女と両親にとって重要な筋書きだった。差異の筋は、スザンヌの学校やコミュニティでの経験においては「問題だと思われなかった」。野球が下手だったことと、学校で友だちが学習面の苦労をしていたことを深い感慨をもって思い出したが、特にそれに注意を払うこともなかった。

　スザンヌの子ども時代を方向づけたナラティブの脈絡は、教師になったばかりの時期の彼女が支えとするストーリーも織りなしていた。女性は教師か看護師になるという、当時の支配的ストーリーに忠実に、スザンヌは教師になった。看護師にはなりたくなかったからだ。優秀な生徒と見られたいというストーリーを生きていた子どもの頃と同じように、優れた教師とみなされるよう、また頑張って仕事をした。その結果、子どもたちは黙って教師の期待に従うようになった。能力の違いに敏速に対応するどころか、全員でワークブックの同じページをやっているという具合だった。駆け出しの教師だった頃のスザンヌのストーリーを聞いていて、わたしたちも、この時期の学校の支配的ストーリーが、徐々に難易度が増していくワークブックを子どもたちが同じペースでこなしていくことによってつくられていた様子を思い出した。

スザンヌ：支えとするストーリーを変化させる

　研究懇談からは、スザンヌのストーリーを1つだけ引いてきた。ストーリーの中で教職に就いて4年目に経験した場面を思い出し、そこから教育実践についての現時点の理解へと進んで行った。スザンヌと一緒に時間と場所を横断したことで、彼女の支えとするストーリーがどのように変わったかがわかった。

マウント・ローヤルでは3年間教えました。4年目に困難な学級に当たったのです。あの時点のわたしには難しい学級でした。たぶん、こうしてたくさんの経験を積んだ今では、ただ普通の学級だったのだろうと思います。でも、とても情緒的に不安定なアンジーという子がいて、「もう教えられない」と思いつめていたことを覚えています。もう教えるのが嫌になっていたのです。
　それは、以前に教えていたことに比べると、本当に生きた心地もしないことでした。そしてアンジーは、あなたにもわかると思いますが、机が並んでいて、紙を一番前の人から後ろへと渡していくというようなときになると問題を引き起こしたものです。自分のを取ると、わたしを見てそれをくしゃくしゃにして床に投げ捨て、「どうするつもり？」というような態度をとるんです。今の学校にもそういうことをする子どもがいますが、落ち着かせることはできるし、何をすべきかもわかります。でも、そのときは、際限のない力関係の問題としか思えなかったのです。ある晩、帰宅して、つくっていたスパゲティソースに顔を伏せて泣いているときに帰ってきた夫に、「本当に嫌いよ。こんな仕事なんか大嫌い。もう続けられないわ」と言ったこともありました。今となって振り返ると、たぶんもっとずっとうまく対応できただろうと思うのですが、そのときには経験がありませんでした。ひたすら態度の問題でした。以前はそんな必要がなかった、態度をどう扱うかという問題ばかりになっていたのです。
　でも、実際は、それでも他の多くの教師たちよりは、ずっとうまくアンジーとかかわれていたんですよ。わたしは正面から対立しませんでしたからね。わたしがしていたのは、教室の外に連れだして「何が気に入らないの？」と聞くことでした。（彼女はよく言っていました）「みんながわたしを嫌っているんだ」。わたしは、「当たり前だよ。そんなバカなまねばかり続けてるんだからね」と言ってやりたくなりました。もちろん口には出しませんでしたよ。（わたしはこう言っていました）「そんなことないよ。みんな嫌ってなんかいない」。でもこれは少々偽善的でした。わたし自身が彼女にはとても腹を立てていたのに、こんな優しい顔を装っていたのですからね。それしかやれることはなかったと思います。みんなに対するわたしの要求は、それまでより厳しくなったかもしれません。そこは誓ってわたしの教室だったのだし、そこのボスになるつもりでしたから。そしてとにかくかなり厳格になりがちでした。おそらくその年は、今

までよりもずっと口やかましくなっていたのですが、たぶん子どもたちにはすこしゆったりする機会を与えるべきだったのでしょう。

　今は、わたしも経験を積んだので、その学校にいたとしても、きっと多くのことについて別のやり方をとると思います。アンジーを受けとめて話しかけたり、運動感覚的なアクティビティのような、彼女がうまくやれるものを見つけたりして、自分をあまりみじめに思わないようにしてやることができたでしょう。そういうことは全然思いつきませんでした。だって、すべての子どもたちがワークシートの19ページに取り組んでさえいれば、それが本当に子どもたちにできるのかどうかなどお構いなし、易しすぎるとか、難しすぎるとかなど、全く意に介さなかったのですから。でも、今は、彼女を導けるかもしれない、きちんとした学習計画か何かを与えることができたら、たぶん彼女は子どもたちの邪魔をしないで、楽しいことができたのではないかと考えています。そうすれば、彼女も最高の気分で学級に来て、その気持ちをみんなに示せたかもしれない。もっと違うやり方がたくさんあり得たでしょうに。

（個人的会話の記録　2003年4月16日）

　この記録で、スザンヌは、教職4年目に時と場所をさかのぼり、そのときのことを、子どもたちが「以前に（彼女が）教えていたことに比べると、本当に生きた心地もしない」状態にある「困難な」経験だったと述べていた（個人的会話の記録　2003年4月16日）。スザンヌは、ストーリーの語りの焦点を1人の子どもに当て、この子が彼女にもたらした挫折感と、その子の振る舞いが理解できる筋を超えていた様子をわたしたちに伝えた。スザンヌのストーリーでは、アンジーが支えとするナラティブの脈絡は、スザンヌが児童のときとは共通点がないようだった。教師と仲良くやりたいとか、喜ばせたいとも思っていなければ、スザンヌとは違って、他の人から良い児童だと見られるかどうかとか、自分自身を良い児童だと思えるかどうかということにも関心がないようだった。それどころか、公然とした反抗の筋書きを生きていた。他者と仲良くしようともせず、また、この学校の文脈を方向づけている学校についてのストーリーに適応しようとも思っていなかった。アンジーを理解する手掛かりとして、自分が支えとするストーリーを用いることがで

きず、スザンヌは、教師としてのアイデンティティと格闘することになった。以前の児童と同じやり方ではアンジーを指導したり、関係を結んだりすることはできないことはわかったが、スザンヌは、さらに厳格になることで優秀な教師になるという自分のストーリーを保ち続けようとした。

　今は、何年か経ち、アンジーや他の児童たちとのこの時期のかかわりを振り返って、スザンヌは、自分が教師として支えとするストーリーがどれほど変化したかを認識した。より経験を積み、教師としての年数を通して「多くのことについて別のやり方をとる」ことを学んできたから変化したのだと彼女は考えていた。アンジーと権力闘争をしたり、子どもたちに同じ課題を同じように完成させたりするといった、駆け出しの教師のストーリーを生きるのではなく、教師として彼女が支えとするストーリーは、状況を鎮める方法を探したり、子どもたちの力を引き出して成功体験を味わえる活動に取り組ませたり、子どもたちの多様性を尊重したりするストーリーへと変化した。

個人的なことと専門的なことを織り合わせることへの洞察

　これらの教師たちは、子どもたちの人生の多様性に関心を向けることを学んだ経験について説明してくれたわけだが、それによって、わたしたちは、再び教師の人生における個人的なものと専門的なものとを織り合わせることに目を向けることになった。どんな人間になりつつあったのかということが、どんな教師になりつつあったのかということと紡ぎ合わされた。3人の教師たちの人生のそれぞれにこの紡ぎ合わせがあった。サリーについては、自分がどんな教師になりつつあるのかを理解するために子どもの頃の経験を頼りにしたと聞いたときにそれが理解された。スザンヌの場合は、教育実践にかかわる挫折感が家庭生活に波及したことを語ってくれたときだ。ジムは、子どもの頃学校に居場所を得る必要があったことが、すべての低学年の子どもたちに、ご飯入りチキンスープ (Sendak 1986) をめぐる学校のアクティビティへの参加を保障しようとするところに具現化していた。

　スザンヌ、ジム、そしてサリーが、多様性のある子どもたちを指導することを学ぶ彼らの人生について語ったときに、おそらく、最も興味深かったの

は、多様性と出会ったとき、自分たちが何者であるかということや、支えとするストーリーを、どう利用したのかということだ。時には、学校の風景の外で何者であるかということにより近い脈絡を引き出し、また、あるときは、学校の風景での経験によって方向づけられた脈絡を引き出していた。いつも個人的なことと専門的なことが絡み合っていた。ベイトソン（1994: 108）が指摘したように、「人生は、バラバラの断片からできているわけではない」。教師としてわたしたちが生きること、語ること、語り直すこと、そして生き直すことを学ぶストーリーは、わたしたちが人生の複合的な文脈を行き来するうちに重なり合ってくる（Huber et al. 2004）。

　ジム、スザンヌ、サリーの説明において、支えとするストーリーがどのように変化し、転換するのかに注目し、また、わたしたち自身の人生について考えるうちに、様々なことが見えてきた。アイデンティティの足場という概念は、そうした変化が、支えとするストーリーにおいてどのようにして起きるのかを考える手掛かりとなった。

　その転換は、すべてが一度に形を変えるようにして起こったわけではなかった。むしろ、転換が生じたのは、それぞれの教師が、ある状況に直面したり、1人の子どもと出会ったり、何らかのストーリーを聞いたりして、その場面を、語り方を変えたり、発展させたりしながら、自分が何者であるのかを再ストーリー化するきっかけとし始めたときだった。例えば、サリーは、異なる文化的伝統を出自とする子どもたちと出会い、初めは名前の響きが変わっていることからその文化的伝統に関心を向けたにすぎなかったのだが、その出会いの経験が、自分がどんな教師になるのかについての考えが変化し始めるきっかけとなった。最初は、名前の発音さえ覚えればいいのであり、そうすれば、自分が支えとするストーリーを生き続けることができるとも思っていた。しかし、その後、1人の子どもの両親とかかわって、子どもの家族のナラティブもまた文化的ナラティブであることに気づいた。家族がもっている学校についてのストーリーを彼女はもっと学ぶ必要があった。この気づきがあってから、彼女は、新しい支えとするストーリーを足場にし始めた。そのストーリーでは、すべての子どもは同じではなく、家族と文化のナラティブに方向づけられているのであった。彼女は、多様性がある子ど

たちの教師として自分が何者なのかを再ストーリー化している真最中だった。その再ストーリー化が行われた背景には、「人生の重なり合い、ストーリー間の共鳴」(Bateson 2000: 243) があった。

　同様のことは、ジムが、以前は疑問をもたなかった実践、すなわちチキンスープを飲みながら学級のアクティビティを共にするということをめぐって、自分は教師として何者なのかを疑い始めたときにも生じた。彼は、最初、これはコミュニティを形成するための楽しいアクティビティだと見ていたのだが、自分は多様性のある子どもたちの教師として何者なのかを問う契機となった。彼がそのアクティビティにもった最初の疑問が、自分は教師として何者なのかを語り直す過程の口火となった。この変化の過程は、スムーズで素早いものではなく、ゆっくりとしていて不規則であった。加えて、変化した支えとするストーリー、すなわち、過去のものをその新しい理解の仕方と共に呼び戻してくるストーリーの展開もゆるやかだった。それは、ベイトソン (1994) が示唆したように、即興で人生を綴っていく過程であった。

　支えとするストーリーが変化する可能性が見込まれるのは、ほとんどの場合、緊張関係に陥ったときである。わたしたちはいくつかの緊張関係のストーリーを聞いてきた。そこでは、何かがかみ合わなかったり、わたしたちは何者なのかについての理解が滞ったりしたときにこそ、最も他の可能性の存在に気づきやすいことがうかがわれた。ジムが平気ではいられなくなり、実践を変えていく必要があることを、緊張関係を通して理解するようになったのは、何人かの子どもがチキンスープを食べられなかったことに気づいたからだった。最初は、インド系の子どもたちが疎外感を抱かないようにクラッカーを与えた。そのときにも、迷いがあったし、緊張関係はあまり消えなかった。彼は、何か少しおかしなところがあるという意識を持ち続けた。その何かこそ、ゆるやかな変化を導いた何かであった。彼は、いくつかの側面に目覚め、その結果、さらに他のことについても、自分は教師として何者であり、何者になろうとしているのかということにおいて変化する必要があると悟った。自分たちが何者であり、何者になろうとしているのかに関する矛盾にわたしたちがおそらく最も注意深くなれたのは、緊張関係の場面においてだった。

　ジム、サリー、そしてスザンヌは、自分たちが何者であり、何者になろう

としているのかの意味を理解しようとしたときに、子ども時代や学校での経験を手掛かりにした。彼らがそうしたとき、そこには、グリーン（1995: 75）が書いたように「わたしたちの生きてきた人生を素材としてつくったナラティブは、もし、自分自身を本当に認識しようとするなら、そして、若者と真正の（authentic）関係を結ぼうとするなら、幾分なりとも、わたしたち固有の風景に注意を払わなければならない」。サリーは、最初、異なった文化の出身であることはどういうことかを理解するために、母親の同僚との子どもの頃の経験に依拠した。多様性とは、最初、サリ（saris）と変わった食べ物のことだった。多文化学校に駆け出しの教師として着任した初日に出会った「珍しい名前」は愉快に感じられた。しかし、懇談で親たちと会い、サリーの知は、より広い範囲にわたって変化することになった。自分が慣れない領域にいることに気づき、緊張感が芽生えた。「遅まきながら、話をもっと父親の方に向け（始める）」という緊張に耐えることができたのは、おそらく、子どもの頃に差異について経験していて、そこから得られたなじみのある脈絡を手掛かりにできたからだろう。子どもの頃からのストーリーは快適だったので、彼女は、ある支えとするストーリーの中に閉ざされてしまう可能性もあった。しかし、古くからの支えとするストーリーが不安定になったとき、子どもの頃に差異について経験していたことが、民族的に多様な子どもたちを指導するとはどういうことかについての彼女のストーリーをより深く、広く変化させる足場として働く脈絡になったと考えられた。

　また、自分の支えとするストーリーの中で安穏としていることが、あるストーリーの中から抜け出せなくなる結果になりうる経緯も理解した。自分のストーリーがおびやかされたとき、わたしたちは緊張関係を感知する。わたしたちは、その緊張関係をはね除けるかもしれないし、あるいは、新しく支えとするストーリーの足場を組みつつ、緊張関係に耐えるかもしれない。いったい何がこのような違いをもたらすのだろうか？　一つの考え方は、ジムとサリーについて見たように、慣れ親しんだ子ども時代のストーリーから導かれた脈絡が、新しくより幅の広い支えとするストーリーの足場を組む助けになるかもしれないということだ。もしかしたら、そのときにわたしたちがお互いに出会い、かかわることが、新しい支えとするストーリーの足場と

なるのかもしれない。もしかしたら、真に子どもに目を向ける新しいストーリーの足場とするために関係的な脈絡を見つけることで、クランディニン他（1993: 218）が示唆したように、「わたしたちのストーリーを新たな可能性を含むものとして語り、語り直すことができるために、ストーリーへの多くの応答が求められる息の長い会話」が形成されるのかもしれない。

　時には、自分の実践を振り返って初めて、自分が教師として何者であるかが変化してしまったことに気づくこともあった。変化した実践を成り立たせる足場は、ほとんど意識的な注意を払わなくても生じてきた。このことは、教職について間もない頃の、ある子どもとの経験を振り返ったスザンヌのストーリーを通して見ることができた。その子との経験によって、教師として何者になろうとしていたかということがどのように変化し始めたのかということも、振り返ってみて初めて理解できた。グリーン（1995: 86）が自分の経験について書いたように、「わたしは、旅の途中でいくつものナラティブに出会ってきたから、他者に囲まれて人生が広がったときにも、自分のあり方のパターンを考え出すことができた」。スザンヌの教師生活におけるあり方のパターンのいくつかは、研究懇談で彼女が教師経験についていくつかのナラティブを語り直したことを通じて浮かび上がってきた。

　支えとするストーリーは、個人的なものと専門的なものとを紡ぎ合わせたものであり、また、発展し、流動的で、複合的なものであると感じることによって気づかされたのだが、わたしたちが、教師の個人的実践知が形成され、形成し直される複雑なあり方を学んだのは、学校における教師の人生に注目したときだった。多様性のある子どもたちの教師として教師が自分たちをストーリー化しているのに着目したとき、わたしたちは、教師たちの支えとするストーリーを貫く脈絡を見つけたのである。

　疑問に思ったのは、わたしたちが教師としてのストーリーを語る場、すなわち、多様性のある子どもたちとの関係の中で生きることを学んだときに支えとするかもしれない他のストーリーをわたしたちそれぞれが想像できるような問いを発する場はどこにあるのかということだ。ジムがわたしたちを導いたかもしれない種類の会話をする場が学校にはあったのだろうか？　ご飯入りチキンスープ（Sendak 1986）の取り組みをした子どもたちと彼の経

験によって、多様性について会話をする場はどのようにしてつくることができるだろうか？　南アフリカの教師たちとの仕事において、ピレイ（Pillay 2003: 217）は、次のように書いている。「これらの教師たちの人生経験は寄る辺なきものだ。自分たちがいつの間にか置かれる新しい状況において受け入れることになる立場の中で絶えず変化し、転換し続けている」。ジム、スザンヌ、サリーが経験した変化のストーリーとは、幼少期、学校時代、あるいは教師教育を受けていた時期に形成された、ある支えとするストーリーから、多様性のある子どもたちとの出会いによって再形成された支えとするストーリーへの変化であった。それを検討すると、やはり彼らが感じたであろう寄る辺なさは、いかばかりであったろうかと思う。自分たちの教師としてのあり方を変えない、すなわち自分たちの支えとするストーリーはこれしかないのだとして守りに入るという対応もあり得たのだ。しかし、この教師たちは、出会った緊張関係や、必ず他のやり方があるはずだという感覚に対して自覚的であり続けようとすることで、自分たちは何者になろうとしているのかを変化、転換させる只中に身を置いていた。教師、子ども、そしてわたしたち自身のために、学校につくり出すべき学びの場とはどのようなものなのかを考え直すことが求められている。それは、パレードの中で踊りながら進むのと同じように、変化し、転換する支えとするストーリーを想像し、生き始め、語り始めるための場なのである。

第8章

緊張関係を生きる

人生のカリキュラムを共に模索する

　シティ・ハイツ校の３・４年学級で行った１年にわたるナラティブ的探究でジーンとジャニスが着目したのは、カリキュラムを共に模索しているときの、子どもたちと教師の人生だった。学校において人生と人生が出会う場の一つがカリキュラム・メイキング（curriculum making）である。第１章で触れたように、カリキュラム・メイキングについてのわたしたちの見方は、クランディニンとコネリーの研究に基づいている。そこでは、カリキュラムを「教師と子どもたちが学校と教室で共にする人生の記録と見ることができるのではないか」と書いている（1992: 392）。彼らの見方は、カリキュラムを共に模索する際に中心となるのは人生であることを示していた。わたしたちも同様に「人生のコースというカリキュラムの見方」（1992: 393）、あるいは、人生のカリキュラムという見方をとっている。人生のカリキュラムは、子どもたちと教師の多様な人生が、学校や、教室の内外で出会ったときにつくられる。子どもたちと教師の支えとするストーリーが、学校についてのストーリーや、学校のストーリーと衝突することによっても、人生のカリキュラムは方向づけられる。この章では、異なる教室の３つの場面に焦点を当てる。１つは、シティ・ハイツ校の事例であり、あとの２つは、ラビーン小学校での事例だ。これらの学校では、学校のストーリーと、学校についてのス

トーリーが、子どもたちと教師がつくり続けていた人生のカリキュラムに影響を及ぼしていた。

　最初に検討するのは、シティ・ハイツ校の3・4年学級でのフィールド・ノートである。人生のカリキュラムが共に模索されている可能性があるという印象をわたしたちがもったのは、そこでのカリキュラム・メイキングの一場面だった。その模索の中においてわたしたちと子どもたちは何者なのか。それを理解しようとしたわたしたちは、子どもたちの多様な人生に着目したカリキュラム・メイキングの難しさをめぐって存在する緊張関係を確認することになった。後半では、それに続けてラビーン小学校で行った探究に焦点を当てた。そこでは、2つの教室での、より意図的に設定された場面を検討し、人生のカリキュラムを共に模索するとき、それが、子ども、教師、そしてわたしたち自身の支えとするストーリーにおいてどのような意味をもったのかを探った。ラビーン小学校でのこれら2つの場面のうちの1つ目は、通知表についての発見詩（found poetry）を書くことに児童に取り組ませたカリキュラム・メイキングの場面で行った調査に焦点を当てて検討した。そこでは、子どもたちが自分の支えとするストーリーを語り、語り直すことが、新しく可能となるアイデンティティの脈絡を検討するきっかけとなった。ラビーン小学校での2つ目の探究は、子どもたちの1グループが写真を撮り、彼らの支えとするストーリーにおいてコミュニティがどのような意味をもつのかについて視覚的なナラティブを綴ることに取り組んだカリキュラム・メイキングの場面を検討することを中心にした。

シティ・ハイツ校におけるカリキュラム・メイキングの場面

　シティ・ハイツ校が地域の砦（とりで）博物館見学をしたときのフィールド・ノートを見ることから始めよう。わたしたちは、教室で人生のカリキュラムを共に模索する試みについて語り始めたものの、まだそのストーリーを実行するのは難しいと判断した。考えあぐねた結果、専門知の風景、および、その風景を方向づけているストーリー群へと注意を向け直すことにした。それは、質の高い学習をする生産的な日々、テストの得点で計測されたものとしての

第8章 ● 緊張関係を生きる

学力、学力で互いにランクを競わされているものとしての学校、学力テストの得点で計測される結果を出すことが強制されているものとしてのカリキュラムといった筋を伴うストーリー群であった。

わたしたちは、年度を通して3・4年学級で研究を行った。1年が終わる頃には、何ページにもわたるフィールド・ノートや会話の記録、児童の作品、計画文書や学校文書といった膨大なフィールド・テキストが得られた。フィールド・テキストを分析して、教室でのカリキュラム・メイキングの理解に取り組むにあたっては、複数の研究方法をとった。教師や子どもたちの支えとするストーリーを理解できるように様々な脈絡を引き出そうとしたのである。この研究を始めたとき、わたしたちは、人生のカリキュラムがつくられる可能性のある場面を探していた。以下のような場面を選んだのは、その場面を生きることと、このフィールド・テキストを解釈することの両方が緊張関係に満ちていたからだ。その場面によって、人生のカリキュラムを共に模索することが、現在の専門知の風景においては複雑で難しい作業となってしまっていることの問題性を明らかにすることができた。

以下のフィールド・ノートでは、社会科の内容にかかわるある主題が、教室の中と外、両方の文脈において実体験されようとしていた。

> わたしたちが学校に着いたのは、朝8:30頃だった…。それまでには子どもたちも到着していて、とてもワクワクしていた。バスは9:30に砦博物館に向けて出発することになっていた…。砦にやってきて、最初にわたしたちと子どもたちが見たのは、木でできた砦の壁のすぐ外側にある一群のティピー（*tepee：柱に毛皮や樹皮を張った円すい形のテント）だった。子どもたちは、喜び、何人かは、家族のティピーで暮らしていたというストーリーを話した。他の子どもたちは、ティピーはどうやってつくったのかと質問した。装飾やレースに気づいた子たちもいた。子どもたちが中に入れるかと聞いてきたので、午前中のどこかで立ち寄る時間を取れるはずだと伝えた。
>
> 砦の中でバスを降りると、ジューンとジョージがいた。彼らは、わたしたちと、ゲーム、ビーズ細工、バノック（*オートミールや大麦から作った丸く平たいパン。）づくりという3つのアクティビティをすることになっていた。ジョー

225

ジが最初に、2つのたき火が燃えている広い部屋で話した。子どもが話すときは手を挙げ、1人ずつ話すべきことや、彼がリーダーであり、子どもたちは従うべきことを説明した。ジョージは、初めに毛皮交易について話すつもりだった。それについて何か知っていることがあるかを子どもたちにたずねた。教師が、子どもたちはちょうど毛皮交易の勉強に取り掛かったところだと説明した。これまでは、森林クリー族と平原クリー族の生活様式について調べてきたと彼女は話した。

ジョージは、子どもたちを一列に並ばせ、取引をする部屋（とても寒い）の毛皮の見学に入った。ジョージが（毛皮交易の手続きを）説明し、子どもたちが交易の過程についていくつかの質問をした。彼は、ダミアンとダスティンを使って少しロールプレーをした。2人が毛皮を交易に持ってくる先住民という役どころだ。サムは、彼らと長いこと取引してきた常連の貿易商ということになった。ジーンは、ブリトニー、コリーナ、バンが寒くならないように、子どもたちの体に腕を回して説明を聞いていたが、この子たちの祖先の多くが、ジョージが今話している「土着民（Natives）」（*Native という言葉には、差別的な響きがある。）だったであろうことを実感した。彼は、毛皮交易は、進歩につながる開拓だという感覚でいるようだった。彼は、子どもたちにその意味をどのように理解したかはたずねなかった…。部屋の中はとても寒かったので、子どもたちはしきりに動き回った。ジョージには、それが少々気に入らなかった…。それから、暖房が入っている仲買人の家に行った。ジョージは、この広い家に何人が住んでいたかを当てさせた。5人ということだった。子どもたちは壁にかかっている物などについていくつか質問を始めた。その家については他にもとても興味をもち、もっとたくさんの質問があったのだが、ジョージは、子どもたちをグループで座らせた最初の部屋にわたしたちを戻した。

料理をする建物に行くとグループに分けられた。ジーンは、ダブルボール（*2つのボールをひもでつないだ用具を使って行う先住民の競技。）をするために1つのグループと外に出た。教師は、バノックづくりのグループと一緒に行き、ジャニスは、ビーズ細工のグループに同伴した…。ジーンのグループがバノックづくりのアクティビティを始める段になり、ジョージは、バノック生地を棒につける方法を説明した。彼は子どもたちにバノックのことをたずねな

かったが、何人もの子どもたちが、おばあちゃんと一緒にバノックをつくったことがあるから、つくり方は知っているよとジーンに言ってきた。ダーウィンの母親のシャウナは、先程は、バノックのつくり方を知らないと言っていた。料理をするのが好きではなかったからだが、でも、母親はバノックをつくり、彼女はそれが大好きだった…。ジョージはそうしたことにもまるで気づかなかった。ジョージが棒に生地をべっとりと塗っていると、ルイが手を洗ってもいいかと聞いた。ジョージは「だめだ」と答えた。子どもたちが生地を塗るのをシャウナとジーンが手伝い、次に火で焼き始めると…。問題が生じた。棒に火がつき、生地も焦げてしまい…。こんな場面もあった。ルイがジョージに質問をするときに、彼をクレイグと呼んだのだ。ジョージは、彼を制して言った。「ぼくをクレイグと呼んだのは3度目だぞ。ぼくの名前がジョージだって覚えろよ」。とげとげしい叱り方にルイがびっくりしたので、ジーンが間に入って話した。ルイは今の学校に来たばかりで、たくさんの名前を覚えている最中なのだと…。

　午後1：00過ぎに学校に戻ってきた。ジャニスとジーンは、子どもたちのために昼食を取りに行った。事務室に行くとシャウナがいた。事務長が楽しかったかと聞くので校外学習の話になった。ジョージとジューンのやり方はよろしくなかったというのがわたしたちみんなの意見だった。ジーンは、先住民（Aboriginal）であるシャウナが、毛皮交易の説明についてどう思ったのか知りたかった。わたしだって気に入らなかったよとシャウナは言った。

（フィールド・ノート　1999年11月19日）

　わたしたちが、このカリキュラム・メイキングの場面から始めたのは、子どもたちと教師がどのようにして多様な人生についてのカリキュラムを共に模索し合うのかという問いがそこからわき上がってきたからだ。先のフィールド・ノートでは、このカリキュラムが、関係し合っている特定の人びとによる特定の場において徐々に展開していくのが見て取れた。3・4年生の子どもたちの人生、担任教師の人生、2人の研究者の人生、1人の母親の人生、そして2人の指導員の人生が、地域の砦博物館で出会うのをわたしたちは見た。この場面では、これらの人生は、まず学校で出会い、次に博物館で出会

い、学校に戻ってから再び出会った。カリキュラムは、出会いの中心に存在した（Connelly and Clandinin 1988）。

　この場面を探究するにあたり、わたしたちは、人生のカリキュラムをつくることにおける緊張関係と不確実性に着目した。博物館指導員たちが明示的に提示した題材は、ちょうどそのときに3・4年学級で教えられていた、先住民の人びとの初期の歴史に課題の重点を置いた制度的に義務づけられたカリキュラムと接続したものであった。子どもたちが砦に着いたのは、この重点課題の単元を学んでいる最中だった。砦でわたしたちがそのカリキュラムを体験したとき、教室で教えていた制度的な単元と、砦の指導員の制度的カリキュラムの解釈との間には、主題の連続性があった。ジョージは、この点を担任に確認し、担任教師は、制度的なカリキュラムで言えばクラスが学んでいるのはどこに当たるのかを説明していた。わたしたちが視察した、砦でのその単元の教え方は、年度の州の標準学力テストが計測することになっている目標としてわたしたちが知っているものと密接に結びついていた。それに対して教室では、わたしたちの見たところ、その単元は、探究的なアプローチを通して教えられていた。すなわち、子どもたちは、質問をしたり、自分たちの経験を伝え合ったりすることを通してカリキュラムに参加し、方向づける機会が与えられていた。

　その場面を生きるのも、語るのもわたしたちにとっては、緊張関係を感じることだった。最初の緊張関係は、指導員が「土着民（Native）」という言葉を使ったことをめぐって浮かび上った。ジョージは、自分が土着民の生活の風変わりな面とみなしていたことについて、子どもたちが何も知らないと思い込んでいるようだった。このとき、ジーンは、指導員が話しているのが、多くの子どもたちの祖先についてであることをはっきり認識していた。彼女は緊張関係の存在を感じたが言葉にはしなかった。ジーンは、また、指導員が説明している主題の筋が、進歩と入植の描き方においてヨーロッパ中心主義的であることに気づいた。彼女は、その筋における子どもたちの位置づけ方にも緊張関係を感じたが、それについても語らず、疑問を呈することもしなかった。

　もう一つの緊張関係は、子どもたちが示した好奇心をめぐって生じた。好

第8章 ● 緊張関係を生きる

奇心を表現することは、探究と結びついたことであり、教室でのカリキュラム・メイキングの一環でもあった。子どもたちは、ティピーに関心を示し、その装飾やつくり方に興味をもった。仲買人の家に好奇心をそそられ、たくさん質問をした。しかし、指導員であるジョージは、子どもたちの知識をテストする質問を用意していて、子どもたちの方から質問してくることをよく思わなかった。さらにもう一つの緊張関係は、ジョージが、バノックづくりについて子どもたちがもっている知識を活用させる配慮に欠けていたことから生じた。子どもたちの知識や問いは、教室におけるカリキュラム・メイキングの取り組みでは尊重されていた。しかし、ダーウィンの母親のシャウナとジーンがバノックづくりをするために子どもたちと移動したとき、シャウナとジーンは、シャウナがバノックづくりについて知識をもっているという会話を始めようと試みることで、彼女たちが感じていた緊張関係をはっきりと表明した。シャウナは、つくられつつあるカリキュラムに自分の人生を入れ込もうとして、バノックが好きだったことや母親がつくってくれたことを話した。シャウナは、ジョージがバノックづくりについて語っているストーリーに割って入ろうと、ジーンの横で努力していた。バノックづくりの場面で、ジーンとシャウナの2人は、子どもたちのうちの何人かの人生が、バノックについての記憶を伝えていることも知った。彼女たちは、この知をアクティビティの出発点にしたかった。シャウナとジーンがこの場面で試みたのは、砦でつくられようとしていたカリキュラムを、もっと、教室でのカリキュラム・メイキングにおける探究や人生の重要課題と統一のとれたカリキュラムへと変えることであった。子どもたちは、家庭での生活の文脈におけるバノックづくりについて知っていることをストーリー化し、カリキュラムを変える試みに加わった。しかし、ジョージは耳を傾けているようには見えなかった。ジーンは、ジョージが彼の生きているカリキュラムをつくり変えようとする試みを無視したとき、緊張関係の存在を感じた。

　もう一つの緊張関係があったのは、ルイが、食べ物を扱う前に手を洗うという家庭でのストーリーを実行させてもらえるように頼んだが、それはできないと言われたときだ。さらにルイがジョージを間違った名前で呼んだときにも別の緊張が生じた。ジーンはこの点では仲裁に入り、ルイのストーリー

をある程度は伝えた。ルイがこの場面でなぜこんな混乱をしたのかをジョージが理解するためには、ルイの中に生きているたくさんの経験のナラティブのいくらかでも知る必要があるとジーンは判断したのだ。しかし、ジョージは無反応だった。

　学校に戻り、シャウナと話す中で、ジーンは、校外学習の内容ばかりでなく、ジョージが子どもたちに見せた、敬意に欠けた態度に対する懸念を口にした。ジーンとジャニスは同じ思いをもっていた。だが、その日、後でわかったことだが、わたしたちやシャウナが校外学習に対して冷めていたことがクラス担任のエミリーに緊張関係をもたらした。事務室の誰かに、校外学習について、「何にも良いことはなかったのか」と聞かれて困ってしまったのだ（フィールド・ノート　1999年11月19日）。

　この校外学習の場面を検討してわかったのは、子どもたちやわたしたちの人生と、ジョージの実践に表現されていた制度的カリキュラムとが出会ったときの、連続と断絶、そして沈黙だった。連続性は、制度的カリキュラムと、砦のカリキュラム、疑われることのない文化的ナラティブ、専門家としての指導員のストーリー、子どもたちは受身の知り手であるというストーリーとの間に見られた。同時に、わたしたちが支えとするストーリーにおける断絶は、わたしたちが人生のカリキュラムを生きようとするときに感じはしたが表現しなかった緊張関係に表れていた。フィールド・テキストにおける沈黙は、文化的ナラティブについての沈黙から、子どもたちは文化的ナラティブとの関係において何者なのかということについての沈黙、そして、子どもたちとシャウナの知に対する敬意が指導員に欠けていて、子どもたちの探究に対する敬意もなかったことについての沈黙まで、広範囲にわたっていた。

　学校に戻ったとき、わたしたちは、事のてん末に対する疑問でいっぱいであり、事態がそのように展開する可能性にこれほどまでに満ちていたことに当惑していた。砦の壁のすぐ外にティピーがあって、わたしたちと子どもたちは行きたいと思っていたのだが、それは許されなかった。このことに表れているように、砦に行った校外学習では、わたしたちの人生も、子どもたちの人生も、そこで生起したカリキュラムの外に置き去りにされていたと感じた。当惑を乗り越え、わたしたちが考えたのは、どうすれば、この校外学習を、

もっと子どもたちや、教師としてのわたしたち自身の人生、そして教えられていた主題に気を配ったものとして再考できるのだろうかということだった。

人生のカリキュラムのストーリー化と再ストーリー化

　次年度を通してのラビーン小学校でのナラティブ的探究では、子どもたちの人生に注目した人生のカリキュラムの模索がより意識的に行われた。これを行うにあたっては、研究者が教師と共に研究するという方法をとり、人生のカリキュラムをどのようにつくることができるのかについての検討を始めた。自分たちが共に研究をしている教師との会話の中で、ショーンとベラは、教師と子どもたちが互いの関係を通してどのようにカリキュラムをつくり上げているのかを検討したいと思った。この章の次の節では、2つの学級におけるこの模索を記録したフィールド・テキストを用いる。1つは、5・6年学級の1年間であり、もう1つは、2・3年の学習支援学級の1年についてのものである。

人生のカリキュラムを共に模索する方法：発見詩
　まず、ショーンがリアンと子どもたちと共に作成に参加した中間リサーチ・テキストと、彼らが子どもたちの通知表を使うことを通して教室内で共に模索した人生のカリキュラムから始めよう。

　　11月の第1週になり、ショーンは、リアンがますます長い時間、机に向かってその月に提出する通知表を書いている姿を見かけるようになった。リアンは、ショーンに通知表を書くのにどんなに時間をかけているか、また、通知表を書くことで感じている緊張関係について語った。リアンが緊張関係の存在について説明しているのを聞きながら、ショーンは、それが2つの要素からなっていることに気づいた。一つには、リアンは、緊張関係を時間と関係させて語っていた。例えば、リアンは、ある日の昼休みに通知表に取り掛かろうとしたのに、昼食時間の間、ひっきりなしに子どもたちが彼女の部屋に連れて来られる

231

ので、仕事を中断せざるを得なかった様子を語った。2つ目に、通知表は学校で書かねばならないという問題があった。通知表は、学校のコンピューターシステムのサーバーをベースにした通知表のテンプレートによってつくられることになっており、家からアクセスすることはできなかったのである。

　ショーンは、子どもたちについてのリアンの情報源の1つが、10月末にすべての子どもたちが完成させていた「学校で成功するためのスキル」というシートだと知った。そのシートの一番上には、「あなたが何を言うかが大事!!!」という言葉が書いてあった。リアンがこのメッセージをシートの冒頭に書き添えているのは、子どもたちが自分自身についてどのように書いているのかを通知表をつくるときに入れ込むつもりだからだとショーンは聞かされた。リアンにこうしたシートを見せてもらっているときにショーンの興味をひいたのはケリーのシートだった。ケリーは、6年生の男子で、自分のことを「学ぶひと、(そしてまた)おもしろいひと」と表現していた。シートに、ケリーは次のように書いていた。「ぼくはほとんどの時間、勉強しています。とても気が散りやすいので、時々、集中できます」。学校で成功するスキルのシートにある「ひとりでちゃんと勉強できますか？（誰かが見守っていなくてもちゃんと勉強できますか？）」という質問に応えてケリーは次のように書いていた。「ぼくはひとりで勉強するほうが好きです。どうしてかというと、時々ひとりごとを言うことがあって、「こまったなあ、だれかがぼくを見ているから、いっしょけんめい勉強しなくちゃ」と言ってしまうからです」と書いていた。この記述は、ケリーが誰かから見張られ、評価を下されているという感覚をもっていることをはっきりと示していた。彼は、自分が見られることが、学校というものの性質の一部であることを承知しつつ、それが嫌だという自分の気持ちに意識を向けていた。その後、リアンは、通知表の、これも「学校で成功するためのスキル」という標題の欄にケリーの学校での学習状況を書く際、彼の言葉を使った。リアンがようやく通知表をすべて仕上げたとき、彼女は疲れ切っていた。通知表は11月後半の、5・6年生の教師皆が決めた日に家庭に渡された。

　通知表が家庭に渡された後、ショーンは、リアンに「通知表と関連づけて子どもたちが自分のことをどのように考えているのかを調べると面白いだろう」と提案した。この機会を具体化するために、リアンとショーンは、通知表を基

第8章 ● 緊張関係を生きる

にした発見詩を書くよう子どもたちに言った。リアンとショーンは、授業を行い、そこでお話の本に基づく発見詩を1つつくって見せた。ショーンは、最初、『ソロモン・シンガーの天使』(Rylant 1992)という本を使ってみたが、成功しなかった。そして児童は、民話から発見詩をつくることに挑戦したが、そのあと、とてもいらいらしてしまった。ショーンとリアンは、この授業を終わりにした。次の日、リアンは、『クリスマス・タペストリー』(Polacco 2002)という本を使って発見詩を1つ書いた。面白いことに、この本は、高学年集会で、責任についてと、学校において高学年はリーダーであり、小さい子どもたちに手本を示すことがいかに期待されているかについて語り合うために使われたものだった。それからリアンは、子どもたちにもう一度民話を提示してそれを基にした発見詩をつくらせた。今度は、子どもたちは、いらいらすることもなく発見詩を綴ることができた。

次の日、リアンとショーンは、子どもたちに、発見詩をつくるのに自分たちの通知表を使ってほしいと言った。このときまでに、通知表は子どもたちが家庭に持ち帰り、また学校に戻されていた。そして、子どもたちは、発見詩について手掛かりとなる経験的技術も獲得していた。ショーンとリアンが通知表のコピーをつくっておいたので、子どもたちは、それに書き込みをし、興味を感じたフレーズや言葉をマーカーで塗ることができた。ケリーは、黄色い蛍光ペンを使って、通知表のすべての教科とカテゴリーにわたるフレーズと言葉にしるしをつけていた。他の何人かの子どもたちとは対照的に、ケリーは、自分がとった得点には注意を払わず、リアンの書いたコメントにより多くの関心を向けていた。

（2002年11月から12月のフィールド・ノートに基づく中間リサーチ・テキスト）

ケリー
アイデア、観察記録、記憶していること、反省点をすばやくメモすることができる。
気が散りやすい。

実験結果と理論的結果の比較。

気が散りやすい。

学習中にアイデアを伝え、協力する。
気が散りやすい。

記録を効果的に集める。
気が散りやすい。

協力ゲームやバレーボールの単元を楽しむ。
気が散りやすい。

考察、そして分析、そして抽象的な美術作品の作成。

(児童の作品 2002年12月)

年度後半の春、リアンとショーンは、3月の通知表に基づいて、発見詩を作成する過程をもう一度繰り返した。ケリーの詩には、自分自身をどのように描写しているのかという点で意義深い変化が見られた。

ケリー
学級の楽しいメンバーであり、自分の選択に責任がもてる。
読書を楽しむ。

複合的なものや諸要素を見つけ、さらに問題解決に取り組んでいる。
読書を楽しむ。

観察結果を細部まで正確に記録することができる。
読書を楽しむ。

教室には、芸術家が1人いて、自分のプロジェクトにとても努力している。
読書を楽しむ。

第8章 ● 緊張関係を生きる

ダンスに参加し、バスケットボールが上手だ。
読書を楽しむ。

(児童の作品 2003年4月)

　こうした場面が5・6年生の教室で展開していく中、ケリーという子どもの人生が、担任であるリアン、そしてラビーン小学校の教室に学年を通して入っていた研究者であるショーンの人生と触れ合うのをわたしたちは見た。上記のカリキュラム・メイキングの場面、場面で、彼らの人生は、通知表についての支配的な学校のストーリーと衝突した。

　ショーンとリアンが共に研究をし、5・6年生の子どもたちと一緒に過ごしていた秋、通知表についての学校のストーリーがリアンの支えとするストーリーと衝突すると、彼女は自分が感じた緊張関係の一部をショーンに話し始めた。彼女は、こうした緊張関係を時間的なリズム、関係、生活空間に対する妨害として表現した。自分の経験をショーンに説明する中で、リアンは、その日、学校で通知表に取り掛かれる空間を見つけようと努力したことについて話した。彼女に緊張関係が感じられてきたのは、画一的な書式で標準化された通知表によって自分の教育実践が方向づけられ、教師として支えとするストーリーが妨害されたと感じたことに対してだと思われた。中間リサーチ・テキストには、リアンが通知表に取り組みながら、教師として支えとするストーリーから外れ出るよう求められる感覚と格闘している様子が感じられた。すなわち、子どもたちに対して応答的な教師として生き続けるというストーリーから、通知表作成者として筋書きが決められたストーリー、子どもたちを評定しなければならない位置に彼女を置くストーリーへの変換である。リアンがこうした緊張関係を切り抜ける一つの方法は、あくまで教師として支えとする自分のストーリーにこだわり、「学校で成功するためのスキル」のシートに記入される自分について、子どもたち自身で書くよう促すことだった。リアンは、自分が感じた緊張関係をさっさと片付けたいからといって、学校についてのストーリーを自分が支えとするストーリーに優先させて終わりにするようなことはしなかった。むしろ、この緊張関係にとど

まり、自分たちが共に模索しているカリキュラム、すなわち、子どもたちの多様な人生を中心に据えたカリキュラムを用いて、子どもたちと自分がナラティブ的一貫性(Carr 1986)を維持できる余地をつくろうとしたのである。

　子どもたちとリアンのためにナラティブ的一貫性がつくられていたことをわたしたちが理解したのは、一つには、子どもたちが「学校で成功するためのスキル」のシートに基づいて自分のことをストーリー化し、リアンが、そのストーリーや、彼女がそのストーリーと関係し合うための余地を公的な通知表の上につくったときに生じた模索を通してであった。例えば、ケリーは、「あなたは、クラスメイトや先生を尊重していますか？」「他の人に親切で礼儀正しくしていますか？」という質問に応えて次のように書いていた。「はい、しています。どうしてかというと、一緒に遊んで、お互いに楽しいからです」。ケリーの通知表の「学校で成功するためのスキル」の欄に、リアンは「ケリーは、クラスメイトと教師に敬意を表している」と書いた。リアンがそれほどまでに子どもたちの声を尊重するストーリーを貫いていることがわたしたちには印象的だった。「学校で成功するためのスキル」のシートにある「昼食や休み時間に信頼される態度をとっていますか」という質問に対するケリーの答えは、「はい、とっています。どうしてかというと、ぼくはキックボール（＊キックベースとよく似た遊び。）をして、みんなが楽しんでいるからです」というものだった。ケリーの通知表の体育の欄にリアンは次のように書いた。「ケリーは、協力ゲームとバレーボールの単元に興味をもち、楽しんでいることがうかがえる。活動に参加しているときには、優れた技能を見せ、積極的な態度を示した」。これら、どちらの場合も、リアンは、ケリーが学校のコミュニティの協力的な仲間の一員であるというストーリーを彼に返してやっていた。

　その後、子どもたちが通知表で発見詩を書く取り組みをしていたとき、ケリーは、リアンが彼のことを語るために使っていた言葉の中に自分自身を認識したらしく、自分の詩にそれらの言葉を次のように入れ込んだ。「アイデアを伝え合い、勉強するときは協力し合う…。協力ゲームとバレーボールの単元を楽しむ」。発見詩をつくっているとき、子どもたちは、上述したケリーの作品と同じように、自分たちが支えとするストーリーとリアンが自分たち

について語っていることとを織り交ぜた。

　ケリーが12月に描いた発見詩では、ケリーは、自分が何者なのかということと、自分は何を知っているのかということの両方に注意を向けていたので、学習主題の脈絡と学習者としての自分の脈絡とを並べていた。ケリー自身についての「気が散りやすい」というストーリーは、いつも学習主題で成功したことについての他の一文と関連させられていた。彼は、また、担任が深く語っていることと関連して、自分が何者で、何者になるかもしれないかについて知っているようにも思われた。

　ケリーが自分について書いた発見詩に12月と4月の間で生じた変化をみて、このことを最も深く理解することができた。上述したように、12月に、ケリーは、学習者としての自分を学習主題と並べていたようだった。4月には、学習者としての自分、教師としてのリアン、学習主題、そして教室の環境を絡み合わせて5・6年生学級で過ごしている自分についてのストーリーを語った。例えば、ケリーは、彼についてのリアンのストーリーを「楽しい」「信頼できる」として引き取り、自分のことを「教室の楽しいメンバーであり、自分の選択に責任がもてる」と語り直した。ケリー、リアン、そしてショーンが発見詩による人生のカリキュラムを共に模索している中で、ケリーには、教室の中の芸術家として生きる道が見えてきたように思われた。ヴァン・ゴッホとリトルチャイルド（＊先住民の美術をモチーフにした創作を行っているエドモントン生まれの画家。子ども向けの本、美術教育にも力を入れている。）の作品の紹介があってから、ケリーは、自分のことも芸術家としてストーリー化し始めた。これはリアンが気づき、ケリーの通知表に書きこんだ脈絡である。ケリーが自分の人生をどう見るか。リアンはその見方の一つを彼に示したのだ。ケリーは明らかにこの脈絡の重要性に気づいて拾い上げ、自分の発見詩の中に取り入れた。彼は次のように書いている。「教室には芸術家が1人いる」（児童の作品2003年4月）。リアンがショーンと共に見出したこの関係的な支援は、通知表に関して、競合するストーリーをイメージする余地を与えてくれていないだろうか。リアン、ショーン、そして子どもたちの間で展開しているこの過程にわたしたちが魅力を感じるのは、通知表が、親、政府、納税者、教育委員会の政策といったものに対する教師の説明

責任を測る方法の一つだとみなされている、学校についてのより支配的なストーリーに、この模索が対置された点であった。標準化された通知表を用いつつ人生のカリキュラムを共に模索し続けようとすることによって、リアン、ショーン、そして子どもたちは、通知表によって説明責任を果たすという支配的な学校のストーリーに対して競合するストーリーを綴った。これは、人生のカリキュラムを共に模索し続ける一つの方法であり、それによって子どもたちも教師も、通知表についての支配的なストーリーに対する競合するストーリーを実現できるだろう。それは、教室の共同的（communal）な場で人生のカリキュラムをつくる方法でもある。

　弱さ（vulnerability）が、展開するこの過程全体に織り込まれている脈絡であった。人生を共に模索する中で、子どもたちと教師たちの人生は、変化すること、再ストーリー化されることに対して開かれたものになる。

人生のカリキュラムを共に模索する方法：視覚的なナラティブ的探究
　第2章で、ベラ・ケインと、彼女が教師のクリスティおよび2・3年学習支援学級の14人の男児たちと共に行っていた研究について紹介した。ベラが、2・3年学習支援学級に入ったとき、クリスティは、コミュニティに関する規定された社会科カリキュラムの単元に取り組んでいる最中だった。第2章で書いたように、結局、ベラは、子どもたちにカメラを与え、家に持って帰って、生活の中でのコミュニティの写真を撮ってくるように頼んだ。子どもたちがカメラとフィルムを持って学校に戻ってくると、ベラは、フィルムを現像に出した。

　　ジーンは、ベラや子どもたちの視覚的なナラティブ的探究の作品に格別の興味をひかれ、学校に来ていたときは、よくクリスティ、ベラ、あるいは教室の子どもたちと話をしにきた。子どもたちの写真が現像から戻ってきたと知るとすぐに、ジーンは、クリスティと話をし、子どもたちの写真を見せてくれるよう頼むために立ち寄った。ジーンは、ジョシュの写真を見せてほしいと言った。写真を探していたとき、クリスティは、「ジョシュは、課題を理解していなかったのよ。最初に目に映ったものをただ写してきたに違いないわ」と感想を述べ

た。ジョシュが課題の意味を誤解してしまったというクリスティのコメントは、コミュニティの写真を撮らなければならないことをジョシュが理解していなかったという意味で言っているのだとジーンは理解した。クリスティは、コミュニティというものをカリキュラムの解説書に略述されているように、すなわち、商品、サービス、資源、依存や相互依存のように理解していた。クリスティが写真をはじめから終わりまでめくっていっている間、彼女とジーンが目にしたのは、学校、教会、スーパーマーケット、ガソリンスタンド、病院といったものの写真だった。クリスティはそうした写真を撮った子どもたちについては、写真の課題も、コミュニティの概念についてもよく理解していると言った。でも、ジョシュは理解していない、と彼女は考えたのだ。クリスティがジョシュの撮った写真を抜き出したので、ジーンとクリスティは一緒に見てみた。2人でジョシュの写真をめくっているうちに、ジーンは特に2つのことに気づいた。1枚は、先住民系の3人の幼い子どもたちがソファに笑顔で座っているところを撮ったものだった。2歳ともっと小さい子どもたちのようだったが、横並びになって明らかに写真用のポーズをとっていた。ジーンが目を留めた2枚目は、同じソファの上に注意深く立てかけてある3台のギターの写真だった。その写真は、丁寧に構成されたものだった。2枚ともジーンには特筆すべき写真の例のように思われた。それぞれの写真に美的な構成のセンスと気配りが込められていると感じたのである。後に、ベラが男の子たちのそれぞれと話をした後、ジーンは、2枚の写真についてジョシュがどんなことを言っていたかをベラにたずねた。ベラがジョシュに聞いたところ、ソファに座っていた3人の子どもたちは、彼の妹と2人のいとこだということだった。時々、彼の母親の妹が訪ねてきて、3人の子どもたちは一緒に遊ぶのだという。3台のギターはコミュニティについての写真だと彼は説明した。なぜなら「1台はぼくのお父さんのもので、1台はおじさんので、1台はぼくので、時々、3人で演奏するから」だという。

(フィールド・ノートに基づく中間リサーチ・テキスト 2002年11月)

この中間リサーチ・テキストは、1人の子どもが相互作用をした場面を如実に表している。それは、学習者と教師との相互作用であり、また、学習者

と、コミュニティという学習主題との相互作用であった。コミュニティという学習主題は、社会科の単元であり、そこでは、すべてが教室、学校、文化、そして社会のナラティブが入り混じった環境の中にある。ジョシュの撮った写真を見ると、コミュニティについての彼の支えとするストーリーが、親族、拡大家族、そして彼自身とすべての人々が縁続きであるという筋にしっかりと結びついて感じられていることがわかった。コミュニティについての子どもたちのストーリーを聞く場で一緒に研究することをベラに頼まれたとき、ジョシュは、心からその場に入れ込んだので、既定のカリキュラムで教えられていたことを脇に置いて、代わりに彼の人生のストーリー、父親のストーリー、おじ、いとこ、妹、おば、自分の家庭のストーリーでこの場を満たした。すべて、コミュニティについて彼がもっている知識を表現していた。ジョシュは、この場の中では、コミュニティについての競合するストーリー、すなわち彼が支えとするストーリーを目に見えるかたちに表しても安心できると感じたのだ。

ジョシュのストーリーは、担任のストーリーや規定されたカリキュラムと衝突し、担任が、彼の作品を、課題の意味も地域の概念も理解していないことの表れだと見たとき、緊張関係をつくり出すことになった。ベラは、しかし、子どもたちと共に研究をしていたので、視覚的なナラティブ的探究を、人生のカリキュラムを共に模索する方法として使い続けた。そして写真を貼り、その写真を基にして子どもたちが自分のストーリーを語る本をつくるよう後押しした。ジーンは、何枚かの写真を見て、ジョシュが「課題の意味を誤解してしまった」（2002年11月のフィールド・ノートに基づく中間リサーチ・テキスト）とクリスティが心配しているのを聞いた後に、ジャネットと話をした。ジーンは、ジャネットに、ジョシュの写真は地域についての彼のストーリーを表現しており、学級のストーリーに位置づく場が与えられてしかるべきものだと自分は見ていると伝えた。ジャネットは、校長だが、学習主題だけをカリキュラムとすることや、学習支援学級の男の子たちは書くことで自分を表現するのが難しいといった学校についてのストーリーにくさびを打ち込もうとするベラを支援した。こうした支援がなければ、ジョシュが支えとするストーリー、すなわち規定されたカリキュラムと競合するストー

リーが表現されることはなかったのではないだろうか。また、こうした支援がなければ、彼のストーリーは対立したストーリーに陥り、ストップしてしまったのではないだろうか。

数週間後、子どもや親や訪問者のための学校公開日に、クリスティは、子どもたちがつくった地域についての視覚的なナラティブの本を展示した。それは、小銭で遊べるカーニバルの出店、入札競売、手づくりお菓子のバザーといったものの中で、わずかしかなかった学習作品の展示の1つになった。作品は、学習支援学級の男児たちの作品として立派に展示された。ジーンがカーニバルの間を歩きながら、教師や親や研究グループのメンバーたちとおしゃべりをしていると、他の3人のスタッフが別々にやってきては、学習支援学級の男の子たちがつくった視覚的なナラティブ的探究の本が素晴らしいからぜひ見に行くようにと言うのだった。そのときにジーンは実感した。この学校の文脈においてその男の子たちは何者なのかというこれまでのストーリーにくさびが打ち込まれたのだ。少なくともその期間は。

人生のカリキュラムを共に模索することについて思いをめぐらす

第1、第2、第3のストーリーをこの章で間近に並べてみて特に明らかになったことは、人生のカリキュラムを共に模索するには、緊張関係について話す場が大切だということだ。シティ・ハイツでの最初のストーリーで、ジーンは子どもたちの人生と規定されたカリキュラムとの間の様々な不連続性が緊張関係をもたらしていることを知った。しかし、彼女は話さなかった。ラビーン小学校での2つ目のストーリーでは、リアンは、規定された通知表を書くことに感じている緊張関係をはっきりと語る一方、同時に、子どもたちの多様な人生に気を配るカリキュラムのつくり手という自分のストーリーを全うしようとした。3つ目のストーリーでは、クリスティ、ベラ、ジョシュと共に研究しながら、ジーンは、緊張関係を認識して言葉にし、ジョシュが人生のカリキュラムを共に模索する余地を開いておこうとするベラを支援するようジャネットを促した。3つ目のストーリーで、ジャネットは、人生のカリキュラムを共に模索するのを支援し、また、緊張関係や、その緊張関係

が、規定されたカリキュラムや、学習支援学級の男児たちに関する学校についてのストーリーを中断させる様子に注目して満足した。

　この章の教科課程の場面から、わたしたちは、人生のカリキュラムを学校で共に模索することが何を意味し、意味するかもしれないかを見ることができた。多様な人生を背負った子どもたちが学校に来て、自分が支えとするストーリーを生きているとき、わたしたちが学校と呼んでいる教育的あるいは非教育的な場においてわたしたちが行っていることに対してどのように気を配るべきなのか、そのすべてを教えてくれるのは、こうした場面である。不思議なのだが、学校というものは、子どもたちや教師たちの支えとするストーリーの邪魔をしているのか？　彼らの支えとするストーリーは、教育的あるいは非教育的な理由のために中断させられているのか？　おそらく、こうした教科課程の場面を理解しようとすることが、理解の糸口になるのではないだろうか。4つのカリキュラムの共通根拠は交差するので、それらが相互作用する場面としてこうした教科課程の場面に着目することにより、子どもたち、教師、管理職、そして家族にとって、人生のカリキュラムを共に模索することにどういう意味があるのかがわかってくるかもしれない。

　　　ナラティブ的な視野によって、わたしたちは、文化的、歴史的ナラティブの中に埋め込まれた、子どもと教師の支配的ナラティブの観点から子どもの教育を理解する。子どもの教育は、例えば、彼／彼女の個人的なナラティブの観点と、彼／彼女の特定の学級での学習経験を伝える意味の観点から理解される。子どもの教育は、時間的に言えば、過去、現在、未来の観点から理解される。
　　　　　　　　　　　　　　　　　（Connelly and Clandinin 1988: 111）

　こうした教科課程の場面において綴られた人生に関心を向けることで、コネリーとクランディニン（1988）が書いていたことについて理解することができたし、教師、子どもたち、家族、管理職の人生が学校で出会ったとき、そのすべてに注意を払った人生のカリキュラムをどのように共に模索すればいいのかを想像し始めることもできた。

第9章

支えとするストーリーを紡ぐ

学校についてのストーリーを中断させる

　2月のある日、リアンとショーンが教室で話をしていると、ディランが、たった1人で音楽の授業から戻ってきた。リアンが、どうしたのと聞くと、音楽でカーソンとケンカにならないように事務室に行ったのだと言った。カーソンはクラスメイトで、前の時間に体育館で彼と口論をしていた。ディランによると、校長のスチュアート先生に、事務室で座っている間に何かするものが必要だと言われたという。それで絵を描く紙を教室に取りに来たのだ。ディランが事務室に戻ると、ショーンはリアンに言った。学校についてのディランのストーリーのことでディランと話がしたいと。　　（フィールド・ノート 2003年2月3日）

　ショーンの5・6年学級での調査は、児童が学校についてもっている知と、児童の知を方向づけている経験に、一つの焦点を置いていた。彼がディランと出会ったのは、そうしたときだった。ディランは、先住民の少年で、5年生に在籍していたが、年齢的には7年生だった。ディランは、ショーンの研究の焦点となりはじめた最初の5人の児童には入っていなかった（Murphy 2004）。だが、上記のフィールド・ノートに書かれているような場面を通じて、ショーンは、ディランが学校において自分が支えとするストーリーを表現する仕方に関心をもつようになった。

わたしたちが集まる定例の研究会議で、ショーンは、教室やより広く学校の中でのディランの人とのかかわりをめぐるストーリーをたびたび報告した。マーニ、アン、そして、ジーンが、ディラン本人から聞いたストーリーや、学校の他の人からディランについて聞いたストーリーを付け加えることも多かった。ディランは、ラビーン小学校の学校についてのストーリーと学校のストーリーの中で主役級の児童であることがわかった。

　初期のフィールド・ノートに、ショーンは、ディランの支えとするストーリーが学校のストーリーと衝突したと思われる場面を描いていた。ここで語られたストーリーで、ショーンは、ディランが、他の子たちともめ事を起こしそうだと思ったら、自分でクラスから退出して事務室に行くのを許可されていることを知った。自分が必要だと感じたら、授業を中途退席してもよいとされていたのだ。子どもたち、教師、校長、家族が学校で出会ったときに人生と人生がどのように交わるかについて、ディランの中途退席についてのストーリーから理解を進展させる手掛かりは得られるだろうか。学校やクラスへの出席は、学校で子どもたちが支えとするストーリーにどのように作用するのだろうか。学校に登校することについての支配的なストーリーは、どのように多様な子どもたちの支えとするストーリーを方向づけ、また、方向づけられるのだろうか。

学校に登校することについてのディランのストーリーに耳を傾ける

　ショーンがディランに出会ったのは、ディランがラビーン小学校に登校するようになった年度の初めだった。そのとき、ディランは、すでに12歳だったが、リアンの5・6年学級の5年生に入れられた。ショーンは後で知ったのだが、その決定をしたのはジャネットだった。ディランが前年には学校に行っていなかったからである。ディランの母親やディラン自身は、この配属決定に何も言いたいことはなかったのか。確証はないものの、わたしたちは、ずっと疑問に思っていた。また、リアンやジャネットの声で、ディランの5年生への配属が決まったのか、あるいは、長期欠席や出席に関する教育委員会の方針によってディランの人生をめぐるこの決定がなされたのかも

第9章 ● 支えとするストーリーを紡ぐ

知らなかった。

　ショーンが第１段階のフィールド・ノートを書いたのは、その後の２月のある日、彼とディランが事務室で話したときのことであった。５月にディランがラビーン小学校を去ってしまうまで、ショーンは、彼と話をする機会をさらにいく度かもった。会話は、しばしば、ディランの登校についても触れることになった。ディランは、たくさんの学校に在籍したことについて話した。学校生活を開始したのは、ラビーン小学校がある市に近い保留地にある先住民族バンド学校（First Nations Band school）だった。バンド学校から、ディランは、母親、兄、妹と共にバンクーバー島に移り、小さな町の公立学校に入った。家族が次に移住したのは、西海岸の大都市で、ディランは市の中心部の近くにある学校に通った。ディランと家族は、それから保留地に戻り、退学を決めるまでの短期間、バンド学校に行っていた。しかし、このときの学業の中断は一時的なものだった。家族は再び移住したからである。ディランがラビーン小学校に来ることになったのは、この移住によってだった。ラビーン小学校に来る前にどの程度学校を休んでいたかについてディランが話したとき、彼の学年がどの水準かは、はっきりしなかった。ショーンは、ディランが学校を辞めたのは５年生のときだと考えた。しかし、別の会話では、６年生にいて、今は５年生に戻ったと言った。

　様々な学校にいる間にどの学年に籍を置いていたかについてのディランの話には、つじつまの合わないところがあった。転校を機会に学校に行かなくなったことばかりでなく、１つの学校に行っていて登校しなくなったことも何度かあったようだ。出席したり、しなかったり、学校から学校へと転じ、休学し、再入学したりといった何度にもわたる中断を経験することで、ディランが支えとして生きるストーリーにはどんなことが生じているのか、研究者であるわたしたちは知りたいと思うようになった。

　あるときの会話の中で、ディランは、ある「親切な」（個人的会話の記録2003年２月３日）校長が、彼がほしいだけの点数をくれたから、６年生に進級したという話をした。ところが、ショーンには後でわかったのだが、その「親切な」校長というのは、ディランが４年生のときに通っていた学校の校長だった。おそらくディランが混乱したのは、あるときに６年生まで進級

245

していたのに、ラビーン小学校に通い始めると5年生に配属されたからだろう。また、別の機会にもう一度研究懇談をしたとき、ディランはショーンに、品行が悪かったので2度落第したとも語った。ディランが経験した学校というものは、学年から学年へと順調に進んでいくところではなく、学校も学級も学年も見通しがもてないままに続いていくものだった。ディランは、学校で成功するためには、出席することが欠かせないことを理解している一方で、校長の処置や彼／彼女が支えとするストーリーにも左右されうることに気づいているように感じられた。ディランは、教師についても同じようなストーリーをもっていたのではないか。すなわち、担任が支えとするストーリーも彼が学校で成功できるかどうかを方向づけうるということである。学校での学年や成功は、「親切」な人や、自分の要求を尊重する人びとが与えてくれるかもしれないものであった。ディランから見れば、自分がいる学校のストーリーについて権限をもっているのは自分以外の人びとだった。しかし、学校に出席するかどうかを決める権限は自分にあるとディランが思っていることがわかった。

　オイラー（1996）は、権限というものが経験されうる多種多様なあり方について考えさせてくれた。権限は、わたしたちの中にも、外にもあるという理解に誘ってくれたのである。ディランは、権限についてその2つの経験をしていた。一般的に学校では、行われている多くのことについての権限は、規定された正式に認められたあり方へと児童や教師の人生を方向づけるために、学校外の送り手たちによって注ぎこまれる（Clandinin and Connelly 1995）。ディランが自分の人生の中で、この権限を知ったのは、学校で、ある学年から次の学年に進むことに成功したり、失敗したりした経験によってだった。ディランは、失敗も成功も、個々の校長や教師の処置を通して彼に与えられるものだと信じていた。しかし、オイラーは、学校で自分の人生を綴る子どもたち自身の権限を尊重するようわたしたちに呼びかけた。自分の態度が、音楽の授業に出席するという学校のストーリーと折り合わないだろうとディランが気づいたときには音楽の授業を中座してもいいと許すことで、ジャネットは、ディランが生きている複合的なストーリーに対して責任を負えるようにした。ディランは、出席についての権限をもっているという彼自

第9章 ● 支えとするストーリーを紡ぐ

身のストーリーに責任を負えるようになり、ケンカをせずに音楽の授業に参加するという学校のストーリーにも責任が負えるようになった。

　ラビーン小学校に来るようになる前の1年間、学校を休学していたことを話したとき、ディランは、自分をめった打ちにして衣服を脱がせた子どもたちのことも語った。また、ずっと幼い頃に衣服について同じような出来事があったことも語った。ディランは、ショーンに、別の様々な出来事についても打ち明けた。それは、転校したこと、彼が悪かったこと、彼が先生方をたたいたこと、めった打ちにされたこと、落第したことであった。会話をしていたあるとき、ディランは、ラビーン小学校でのその年度の残りの期間内であと5日以上休むわけにはいかないと言った。さもないと、翌年、中学校に行けないだろうという。ショーンは、リアンと、それはどういう意味なのだろうと考えた。少なくともリアンによれば、ディランが翌年中学校に行くという計画はあっても、そのような取引がされたという話はなかった。しかし、ディランは、中学校に行って「子ども時代」(個人的会話の記録 2003年2月3日) を終えるという心構えができていないので、5年生か6年生でいるのが幸せだというストーリーを語っていた。わたしたちがかなりたくさんの会話をディランと重ねるうちに、ディランは、自分の学校生活について、転居、休学、停学、欠席といった日々によって中断された人生だったと述べた。こうした中断によって、学校での経験についてのディランのストーリーは、どのように方向づけられたのだろうか。

緊張関係をディランはどのように切り抜けたか

　ディランとショーンがディランの出席にかかわるストーリーを最初に話し始めたのは、2月、ディランが音楽の授業に出席しないでいる間だった。ディランが他の児童とケンカになるよりは、音楽の授業から退席して事務室に行くことを選んだとき、ショーンは興味を抱いた。学校の規律についての通常の筋では、教師が子どもたちを事務室に送るのは、不適切な態度をとったときだ。しかし、ディランは、クラスメイトの1人とケンカを始める前に自分から立ち去ってストーリーを変えた。もしディランが残ることを選んだら、

一触即発だったのだろう。

　ショーンがディランのストーリーに耳を傾け、わたしたちがディランについてのストーリーを聞くうちに、ディランには、事務室に行って絵を描くというストーリーが多いことがわかった。実際、ジャネットのオフィスの壁にはディランが描いた絵が何枚か飾られていた。ジャネットによると、ディランはよく自分でオフィスの壁に絵を貼りにくるという。これは、ディランが、ジャネットとの関係に癒しを感じていることの表れのようにわたしたちには思われた。冒頭のフィールド・ノートに記録した2月のある日にショーンがディランと事務室で会ったとき、ディランは落ち着いているようだった。話の中で、ショーンは、なぜ絵を描くのが好きなのかとディランに聞いた。ディランが言うには、

　　　絵を描くと、気持ちがコントロールしやすくなって、すっきりするし…。ぼくは絵を描くのがすごく好きだよ。もやもやした心がすっきりする。どうやって描けばいいかだけ考えるから…。兄ちゃんもそうだよ。たぶん、うちの家族にはそういう才能があるんだ。母さんは、芸術家だったし…、そして、ああ、それで母さんは、兄ちゃんに描き方を教えていたよ。兄ちゃんは、その、すごく絵がうまくて…13歳なんだ。ちょうど昨日、13歳になった…。そしてぼくは12歳で、ぼくたちは、えーと、ジェイがね、絵を描き始めたからぼくは言ったんだ。「何してるの？」って。そしたらジェイがちょうどこんなふうに言った。「一人にしといてくれ。おれの部屋から出ていけ。ここで考えようとしているんだから」。だから、ぼくは言ったよ。「それじゃあ、ぼくに教えてくれる？」。そしたらジェイは、ジェイはこんなふうに言った。「ああ、いつかな」。そして、次の日、描き方を教えてくれた。そのときにジェイは言ったんだ。「おい、描くときは心をすっきりさせるんだぞ。心からすべてを取り払え。ただ描くんだ。こんな感じで…」

　　　　　　　　　　　　　　　　　（個人的会話の記録　2003年2月3日）

　絵を描くというストーリーを生きたディランのストーリーを聞きながら、ショーンは、一家は絵が得意で、母親は芸術家で、兄は絵がうまいという家族のストーリーを知った。さらに、絵の描き方をディランは兄から学び、絵

を描くには集中することと「すっきり」した気持ちが必要だとアドバイスしたのもその兄だった。ディランは、絵を描くことと考えることにはつながりがあるのだと知った。ディランは、絵が描ける人間として自分のストーリーを語ることを学んだようだが、それだけではなく、絵を描くこととすっきりした心とを、学校で経験した緊張関係をやり過ごす手段として使えるようになったらしい。描くために心をすっきりさせることで、ディランは、実際に生き、自分を語るために選んでいるストーリーをコントロールする感覚をつかんだように思われた。わたしたちは、それを、ディランが音楽室から退出するというかたちで見たわけだ。その場にいて、クラスメイトとケンカになる可能性に身を置くよりも、ディランは、心をすっきりさせ、集中し、絵を描くことを選んだのだった。

　ディランが、音楽室での時間を中断することに十分満足し、絵を描くのに十分満足し、また、自分の絵をジャネットのオフィスの壁に飾ることに十分満足していることを知るにつれ、ディランについてわたしたちが語るストーリーは、ラビーン小学校で自分が何者でいるかを自分自身がコントロールしており、そうする権限をもった少年というものになっていった。自分に生じている事態についてのコントロールや権限を失いそうになったとき、ディランは、自分が体験していた時々刻々生じている個々の学校内の経験を中断するわけだが、どのような決断を完全に意識的だと感じるかについての彼の理解がわたしたちには印象的だった。ディランが自分で選択した中断について、わたしたちは、時間と場所との関係で検討し、また、彼の学校と教室についての時間的経験をこのように中断することが、学校の中と外で、どのように彼のアイデンティティ、支えとするストーリーを方向づけ、方向づけ直すのかについて考察した。

　ディランの教室や学校への出席がこのように中断されることについてもっと深く理解しようとした際に、わたしたちが手掛かりとしたのは、人びとが綴った人生におけるナラティブ的統一性（narrative unities）についての理解だった。それによって、ディランが学校で支えとするストーリーを模索することについて検討する方法を見出せるかもしれない。コネリーとクランディニン（1988: 74）は、ナラティブ的統一性を「ある人物の経験の中の連

続体…（それは）、経験がその人につくり出す統一性を通して、人生経験を意味あるものにする」と説明した。彼らは次のように書いている。

> わたしたちの言う（ナラティブ的）統一性とは、わたしたちを形成した過去と伝統（歴史と文化）においてわたしたちが存在し、経験してきたすべてのうち、特定の場所と時間におけるわたしたちそれぞれの中の結合体のことである。それは、わたしたちの歴史について、意味を与える説明であり、解釈であり、そのようなものとして、わたしたちの経験的知識を理解する方法を与えてくれるものだ。わたしたち一人ひとりの中には、たくさんのナラティブ的統一性がある。進行中の人生経験がナラティブ的統一性をつくり、実践的状況によって必要になった場合には、そこから、イメージが明確にされ、かたちづくられる…、というのは、ナラティブ的統一性は、わたしたちの過去から現れ、現在に実践をもたらし、わたしたちを未来の実践へと導くものだからだ。　　（1988: 74-5）

コネリーとクランディニン（1988）がナラティブ的統一性についてこう書いたときには、教師が身体化した知を理解しようとしていたのだが、わたしたちは、子どもたち、実際には、すべての人びとが、個々の状況の中で人生が展開するとき、ナラティブ的統一性を自分の中で経験していると考えられることに気づいた。わたしたちは、ディランの人生におけるナラティブ的統一性について関心をもった。彼の学業が転居によって中断されたとき、あるいは、ラビーン小学校の授業で自分から退席して学習時間を中断することを選んだとき、彼が何者になろうとしていたのかについて考えたからである。

　ディランが矛盾する複数の筋を生きていたのは間違いないだろう。すなわち、彼には時によって権限があったりなかったりした。生きることの緊張関係をこのように考えることによって、わたしたちは、わたしたちそれぞれの中の対立するストーリーと競合するストーリーとをナラティブ的統一性がどのように織り合わせることができるのかを思い起こした。異なる状況は、異なる応答を引き出した。ディランに関して言えば、彼が置かれた風景によって、対立するストーリーと競合するストーリーが目に見えるものになったり、隠れたりしていたようだ。ディランが対立するストーリーを経験したのは、

彼が何者であり、何者になろうとしているのかに関して学校の風景が権限をもち、彼のストーリーを方向づけたときだ。しかし、ラビーン小学校における学校の風景では、自分が何者であり、何者になろうとしているのかについてのストーリーを彼が調整し、書くことができたから、対立するストーリーは薄れたように思われ、競合するストーリーがよりはっきりと現れた。

わたしたちが研究している、5・6年学級での、そしてラビーン小学校の教室内と教室外の場でのディランの人生の展開中のストーリーに、ナラティブ的統一性についての理解を適用してみてわかったのは、一方では、学業が時間的に中断したことで、ディランは出席についての一貫したストーリーを語るのが難しくなった、すなわち、肉体的にその場に毎日、毎年、12年間出席しているという意味での一貫性が理解されるような出席のストーリーを語るのは難しくなったが、しかし、もう一つの、はるかに深い意味での一貫性が、ディランが生き、語った出席についての展開中のストーリーの中に作用しているということだ。多くの子どもたちは、学校で12年生を修了するまで、1つの学年の後には次の学年が来るという場としての学校でのストーリーを生きている。実際、これがラビーン小学校でのディランのクラスメイトたちの多くが生きている筋書きだった。多くの子どもたちは、今までラビーン小学校にしか通ったことがなかった。他の子たちも、7年間（幼稚園から6年生まで）の小学校生活の間で転校したのはおそらく1度か2度だった。しかし、こうした学校についてのストーリーを生きることはディランにとっては不可能だった。ディランは、たくさんの学校に通ったことがあるというだけでなく、時には、学校から離れて人生を生きてきた。

それ以上に、多くの子どもたちにとって、学校内の出席についての筋の通ったストーリーとは、教室にいるという意味であって、事務室にいることではなかった。個々の子どもの過去から現れたナラティブ的統一性は、現在において成立し、未来におけるしっかりした実践（あるいは生き方）に向けた手引きとなった。小学校に習慣的に出席することに基づいて筋が通されているナラティブ的統一性は、多くの子どもたちにとっては自明のものであり、生きられ、語られているストーリーにナラティブ的統一性をもたらす、自分たち自身についての一種のリズミカルな知だった。しかし、わたしたちは、ディ

ランには何か違うものを感じた。

　ディランは、学校で支えとするストーリーを模索する中で絵を描いていたわけだが、絵を描く場をめぐるディランのストーリーに着目してわかったのは、描くことは、ディランにとって、家族、家庭、そして学校での経験にわたる統一性の感覚を形成しているらしいことだ。ディランが音楽室を立ち去り、代わりに絵を描きに事務室に行ったことによって、この2月の日、そしてその前後の数日、ディランは、そうした時と場所で、過去の経験、伝統、歴史、文化と結びついている感覚をもったのだろう。このようにして、ディランは、自分の支えとするストーリーを書き続けるためのコントロールと権限が利かない部分があると感じた緊張関係の場を方向づけ直すことができた。

　学校でのディランのストーリーの首尾一貫性は、彼の出席が時間的に中断されたことで破られたが、ディランは、学校は重要だというストーリーを持ち続けていたようだった。彼は、学校をやめた13歳の兄のこと、そして、学校をやめたことが兄の人生においていかに悪い選択だったと思っているかについてたびたび話した。ディランは、自分は学校をやめるという選択をするつもりはまるでないとよく語っていた。兄は彼にとって大切な存在だった。兄はかつてディランを守ってくれたし、絵の描き方も教えてくれた。ショーンとディランの会話のほとんどに兄の名前が登場した。こうした会話の1つで、ディランは、ショーンに、兄はどこかの時点で学校に戻るつもりだと話した。しかし、ディランと研究上の関係をもっていた期間中に兄が学校に戻ることはなかった。

　その年度を通して明らかになったのは、ディランが、学校についてのストーリーの筋に収まるように、支えとするストーリーを維持する試みを意識的に選択していたということだ。彼は、別の子どもとケンカにならないように、クラス内での経験をいつ中断するか決めた。ケンカをすれば、停学という、彼が制御できない中断に陥るかもしれないことを知っていた。また、絵を描くことや、リアンやジャネットとの関係を確立することが、ラビーン小学校のストーリーが受け入れ可能な筋の範囲内で生きる方法であることもわかっていた。

　ディランが学校で支えにするストーリーを、学校の出席に関する支配的な

ストーリーとの関係で理解しようとしてきたことによって、ディランの複数のストーリーの中、間、また、それらを横断して折り合わされている、多様なナラティブ的統一性や、多様なテーマや筋についてのわたしたちの問いはより深くなった。研究者として、わたしたちは、学校で児童としてのストーリーを生きることは、ディランが支えとしている複数のストーリーの中の筋の一つにすぎないことを理解した。わたしたちが疑問に思ったのは、この筋が彼にとってはどの程度の意義をもつものだったかということだ。他にどのような筋が彼の学校の外でのストーリーを方向づけていたのだろうか？ディランがラビーン小学校の児童だった間、ショーンに徐々に打ち明けられ始めたストーリー、ディランや学校側から語られたストーリーは、出席の問題をどう理解するかということによってある程度方向づけられていた。ディランの人生について考えたことで、子どもたち、教師、校長、家族の人生が学校で出会ったときに経験されるアイデンティティの交渉を理解する方法として、ナラティブ的統一性についての関心がますます高まってきた。

子どもたち、教師、校長のナラティブ的統一性の出会いを探究する

　ディランが学校での経験における緊張関係を切り抜けるためにとった方法について、わたしたちが理解を深めるようになったのは、ディランとの関係でリアンとジャネットが経験したことに、より綿密な注意を向けることを通してだった。そこで気づいたのは、ジャネットとリアンが、わたしたちには学校の支配的ストーリーにおける変更とも感じられることを行って、ディランが学校で支えとするストーリーを支援したことの重要性である。ディランが音楽室を離れたときのように、一定の時間教室を離れることができるというやり方も、こうした変更の例だった。ナラティブ的統一性という概念に戻り、わたしたちは、ジャネットが彼女の学校でそれぞれの子どもを個人として尊重し、配慮することをめぐって発展させたナラティブ的統一性に基づき、どのように行動したのかを検討した。第6章でロビーのストーリーをめぐるワード・イメージに表れていたように、ジャネットは、息子のロビーが生まれてから、「子どもたちの認識」により気を配るようになった。彼女が気づ

いたのは、しばしば、「わたしたち教師に本当に大切なものは、彼にとっては全く重要ではない」ということだ（個人的会話の記録 2003 年 1 月 31 日）。ジャネットは、それぞれの児童を同じように扱う必要はないのだと気づき、むしろ、その子が彼／彼女なりに成長し、学ぶ上で最も助けになるように、それぞれの児童に働きかけようとした。この筋は、学校での彼女と児童たちとの毎日の関係に行きわたっていた。必要なときには、自分のオフィスに来て絵を描くようディランに勧めることで、ジャネットは、自分が支えとするストーリーを貫くナラティブ的統一性を引き出していた。

ジャネットとの関係でナラティブ的統一性を考えるきっかけとなった出来事がもう一つあった。この場合も、ジャネットは、ディランが自分が何者であるのかについてのストーリーを生き続けられるように、彼がストーリーを作り変える余地をつくったように思われた。ディランがラビーン小学校にいた年の、ある冬の日、彼は、事務室の職員たちに、入っていいかと確認することもせずに、ジャネットのいるオフィスにやってきた。一言かけるのが事務室の通常の慣習だった。このとき、ディランは、他の教師から毛糸の帽子（toque）を取るように言われていた。また、この日は、リアンが出かけていて、臨時教員が教室に入っていた。ディランが、帽子をかぶったままではだめだろうかと臨時教員に頼んだが、彼女は、ジャネットから許可をもらってくる必要があると言ったのだった。許可を求めたということは、かぶりものを禁止している学校についてのストーリーをディランが知っていることを示していた。しかし、ディランにとって、校長のジャネットと話してくるように言われたことも、彼が何者かというストーリーを脅かすような出来事ではなかった。ジャネットが事態を確認してみると、彼に帽子を取るように言ったのは、教育実習生であることがわかった。リアンに付いている教育実習生と臨時教員は、どうすべきかわからないので、校長のジャネットのところにディランが話しに行った方がいいと言ったのだった。ジャネットがこれについて語ったとき、ディランに自分が何者であるかのストーリーを保持する余地を許したのは、彼との間に人間関係があったからこそだとジャネットは説明した。

ジャネットばかりでなく、担任のリアンも、ディランが自分のストーリー

を生き続けられる余地をつくっていた。ディランは、だぶだぶの服を好み、たいていは、大きなシャツに、だぶだぶのジーンズというスタイルだった。いつも頭には細いバンドを重ねたバンダナをつけていた。年度当初は、リアンとショーンも、なぜディランがバンダナをつけているのかを不思議に思ったが、だぶだぶの服を着ることによって育てているアイデンティティの一部なのだろうと推測した。ディランのバンダナは、リアンにとって問題ではなかった。リアンは、どうしてそれを身につけているのか聞いたことがなかった。しかし、教室の他の子は誰も毛糸の帽子や野球帽のようなかぶりものをつけることを許されていないのを知って、ショーンは、リアンに、どうしてディランがバンダナをしていることについて問いただしたり、やめさせようとしたりしないのかとたずねた。リアンには、はっきりした理由がなかったため、こう言った。「わからない。『鉢巻きをしているこの子は誰かな』とは思ったけれど、幸い、初日にこのことで彼に注意したりはしなかったわ」。彼女とショーンがさらに話しているうちに、彼女は言った。室内で帽子をかぶることに関する学校の規則はあるけれど、「わたしの心の一部がこんなふうに言ったのよ。『この子はそのままにしておこう…。この子は、しばらくの間、ただここにいるだけでいい』」（個人的会話の記録 2003年3月12日）。

　リアンが教職を開始したのは、ラビーン小学校だった。リアンが一緒に働いたことのある校長はジャネットだけだった。校長として、ジャネットは、長い時間、リアンと語り合ってきた。互いが支えとするストーリーについて、共にわかり合ってきた。ジャネットにとって、新しい教師たちと時間を過ごすことは、教育者としての仕事を続けるための一つの方法だった。第6章での彼女のワード・イメージから次の言葉が思い起こされる。「教師たちと働くこと…教師と教育実践とを考え続けること…それによってわたしは子どもたちに影響を与えることができる」。リアンも、ジャネットと同様、学級の子ども一人ひとりがそれぞれ独自の力とストーリーをもって自分自身の支えとするストーリーをつくり上げられるように支援したいと願っており、その願いをもち続けることをめぐって育ってきたナラティブ的統一性をもっているようだった。第8章では、自分は何者なのかについてケリーがストーリーを綴る余地を、ケリーの発見詩に見られる進歩を即興的に報告することでつ

くったリアンのやり方を振り返っておいた。はたして、ディランがクラスで鉢巻きをし続けることを、リアンは、自分でもはっきりと表現できない理由で許したが、それは、学級の多様な児童たちを迎え入れ、自信を与える教師であろうとする彼女が支えとするストーリーのナラティブ的統一性に合致するものだと思われた。

　別の日、ディランは、特に促されたわけでもなく、リアンに、なぜ自分がバンダナを頭に巻いているのか知りたいかと聞いてきた。リアンは、もしディランが話したいなら、知りたいと答えた。ディランは、そのストーリーを放課後に話すということにした。しかし、彼は忘れてしまったので、リアンは次の日まで待つことになった。翌日の放課後、ディランとリアンは、教室の集合スペースにあるソファに座った。ディランが打ち明けたのは、頭に傷があるということだった。耳の上の部分だった。幼かった頃には、その傷のせいで、学校でどんなにいじめられたかをリアンは話した。それで傷を隠すためにバンダナを巻いていたのだ。リアンは、この話をショーンにしながら、ディランが頭を覆っている問題を追及せずに、かぶらせておいて本当によかったと言った。教室でのこの場面で、ディランは、何をいつ彼らに告げるのかを決めることによって、自分のストーリーの書き手であり続けた。わたしたちは、彼が学校についてのストーリーの筋の中で生きる道を切り開くのを再び見ることになったのだ。リアンが学校の規則を押しつけていたらどうなっていたかわからなかった。彼女は、ディランの生きたストーリーに十分な配慮をしていたので、ディランに合わせて場面を展開させていたのをわたしたちはよく知っていた。彼女はディランのストーリーの邪魔をしなかった。このことで、ディランはリアンについての知識をお互いの関係を通して形成することができたし、逆に、学校で自分が支えとするストーリーをラビーン小学校で形成することができた。

　バンダナと毛糸の帽子のストーリーによって、リアンとジャネットと、ディランとの関係について考える上でのさらに先の文脈が設定されることになった。ディランは、自分でいくつかの中断を行ったことを通して、展開しつつある自分のストーリーに対する権限は自分にあるという感覚をもつことができたが、彼を尊重し、ケアすることをめぐる彼女たちのナラティブ的統一性

の文脈がなければ、それも可能にならなかったかもしれない。出席と服装規制に関する支配的ストーリーの中でも、ディランが支えとするストーリーを持続し、表現する道を何とか見出す余地が得られたのは、担任や校長と彼の関係を通してだった。

　ディランのナラティブ的統一性は、彼が支えとするストーリーを通っている脈絡、すなわち、自分のことを、学校に居場所があり、学校で自分の人生をどのように生きるかの権限をもっている人物とみなす脈絡であったが、リアンとジャネットがディランと共に生き、力を尽くしていたときのナラティブ的統一性を考えることによって、彼女たちの統一性が、このディランの脈絡を形成する上でどれほど助けとなったのかにわたしたちは関心をもった。ジャネットは、ディランがオフィスに絵を描きに来て、静かな時間を過ごしたときに、そして、リアンは、クラスで彼がバンダナをつけるのを積極的に許したことによって、この脈絡を養い育てた。ディランは、支配的ストーリー、特に出席と服装にかかわる規則をめぐる支配的ストーリーに逆らう競合するストーリーを生きたが、そのときにディランを励ましたのはおそらくこの脈絡だった。

　通常、学校の出席については、競合するストーリーなど存在しない。年間を通して毎日学校にいるというストーリー以外は、どれも学校の出席に関する支配的ストーリーに対立するストーリーなのだ。ディランが生きていたストーリーは、かなり異なっていて、出席の中断に満ちたものだったが、それでも年度のほとんどの間、ラビーン小学校の一員であり続ける道を見つけることができた。たぶん、ディランは、リアンとジャネットの応答の仕方に支えられ、励まされることによって、自分は学校に所属しているという脈絡、自分は学校に出席している人間だとしてナラティブ的統一性を編んでいただろうし、その応答の仕方は、逆に彼女たち自身のナラティブ的統一性の影響を受けていた。何が学校についてのストーリーにおいて許容できる出席の仕方なのかの境界を広げることによって、彼女たちは、ディランに学校についてのストーリーを中断させることを許したのである。

　リアンとジャネットは、学校のストーリーを中断させることを他の子どもたちにまで許していたわけではなかったが、すべての子どもたち一人ひとり

のストーリーの価値こそが学校では重要なのだという、彼女たち自身のナラティブ的統一性に依拠しつつ、ディランを支え、競合するストーリーを対立するストーリーに転化させないようにした。何者でいるかについての余地をディランに与えなければ、容易に学校の風景から姿を消してしまいかねないと認識していたようだ。「1つのサイズで皆に合わせる」という、学校についてのストーリーでは、ディランのアイデンティティは、「学校の中にいる児童」という単一の脈絡に切り詰められてしまうだろう。リアンとジャネットは、そうした学校のストーリーに屈服せず、ディランの支えとするストーリーを、何本もの織り糸で編み込まれた複合的に展開するストーリーとして理解した。見ることのできる限りでディランの人生を詳しく描き、注意を向けることによって、彼女たちは、ラビーン小学校での学校のストーリーを、ディランがそこで生きられるようより広げることができた。たとえ、学校についての支配的ストーリーに照らして模範的な児童にはならなくても、ディランは、その年は、ほとんど毎日学校に通い続けることができ、学校の風景に自分の居場所を見つけることができた。

困難な局面──複雑さは続く

　リアンやジャネットと一緒だったときにも、ディランの支えとするストーリーに緊張関係がないわけではなかった。また、事務所にいるという選択をいつも自分でしていたわけでもなかった。ディランが支えとするストーリーが他の子どもたちについてのストーリーと衝突したとき、緊張が生じる場面も何度かあった。リアンが仲裁しようとして、時には、ディランとの関係が中断してしまうこともあった。例として、ショーンが思い起こすのは、リアンがカーソンの母親に、カーソンとディランの友だち付き合いについて話したときの出来事だ。カーソンの母親と話をしている間、リアンはディランのことを名指ししてはいなかった。しかし、リアンの話はディランのことを言っていると理解された。会話の中で、ディランはカーソンにとって最良の友達とは言えないとリアンが示唆したのは、彼らが一緒にいると問題を起こすからだった。カーソンの母親は、息子にその話をするとき、ディランの名前を

第9章 ● 支えとするストーリーを紡ぐ

出した。それを、今度は、カーソンが、リアンは、ディランが彼に悪い影響を与えるから、2人は一緒に遊ぶべきではないと考えているというふうにディランに告げた。ディランは、このことを知ってから、数日間、リアンと口をきかなくなってしまった。リアンは、このことについて話したとき、このように言った。「ディランにすべてを説明しようとしたわ。それには大変な時間がかかったけれど、今は、ディランは戻ってきてくれた。そう、わたしは、また気に入られて、万事が元通りうまくいくようになったのよ」（個人的会話の記録 2003年3月12日）。

　ラビーン小学校での彼の人間関係や出席には何度かの中断があったが、リアンとジャネットは、彼が何者になろうと試みているのかということに配慮し続けた。彼女たちは、ディランが以前いた学校から伝えられたディランについてのストーリーに影響されることはなかったが、それでも、そうした複合的な筋が学校経験についてのディランのストーリーをかたちづくってきたことは、ラビーン小学校の学校についてのストーリーに受け入れられるような支えとするストーリーを綴ろうと彼が取り組んでいるときにも現れてきた。ディランは、ときどき数日間欠席したが、3月に欠席したときだけは2週間以上にわたった。そして5月には永久的に学校を去ってしまった。学校側は、ディランと彼の妹がどこにいるのか見つけようとしたが、一家のルームメイトの話によれば、彼らは保留地に戻ってしまったということだった。

　ディランが学校を去る少し前の4月末、ディランの出席にはまた中断があった。このときにも、ディランは、自分で中断することを選んだ。5・6年学級は、地域のスポーツ・フィットネスセンターに1週間校外学習に出ることになっていた。子どもたちとディランは、毎朝バスでセンターに行き、下校に合わせて学校に戻ることになった。ディランは、「ぼくは、人のいるところに先生方と一緒にはいかない」（個人的会話の記録 2003年4月17日）と言って出席を断った。ディランが校外学習に行くことを拒否したことにわたしたちは最初驚いたが、安全な中断ができる学校という場と空間であっても自分のストーリーを維持するために彼がどんなに苦労をしているのかを考えると、そうした校外の場所はかなり危険なのかもしれないということも理解した。彼がコントロールできない中断が起こる可能性は、あまりに大きな

ものだった。

　自分のストーリーに対する権限を失いかねない状況から安全な距離をとることを、ディランは知っているようだった。彼は、コントロールを失う危機に陥ったとき、自分で音楽室から退出し、教師たちと公共の場に行くことを拒否した。ディランは、自分の中の対立するストーリーがこうした場所では顕在化するかもしれないと予期し、こうした中断を自分に生じさせない選択をしたように思われた。ディランが学校の外で行う校外学習への参加に抵抗したことには、第３章のジュリーのストーリーと共鳴する脈絡が含まれている。ジュリーは、アルファベットの書き取りをしようとしなかったり、教師と敷物の上でグループ・ストーリーをしている間はそこから外れてアンのところに来たりして、教室内の相互作用の中で安全な距離を保っていた。ジュリーは、自分は何者なのかということについての強いストーリーをもって学校に来ていたように思われた。だが、非常に短時間のうちに、「お腹が痛くなったときには、いつも家に帰らなければならない」（フィールド・ノート　2002年９月４日）という自分の母親の判断はこの新しい場所では重視されないらしいことを学んだ。ジュリーも、ディランと同じように、学校のストーリーとの対立を避けようとしていたということなのだろうか？

　ジャネットとリアンとの関係において、ディランは、その年のほとんどの間、自分は何者であるかを維持することができた。それは一つに、リアンとジャネットの２人が支えとするストーリーを貫いている強い脈絡が織り合わせられたからだった。その脈絡とは、多様な人生を背負った多様な子どもたちを尊重するという脈絡であり、児童たちが自分自身の支えとするストーリーを生きることができる余地をつくってサポートするという意志の脈絡であった。教師、校長、そして児童が支えとするストーリーが織り合わされたものとしての性質をもっていることによって、ディランにとって非教育的な場が、教育的な場につくり変えられ、ディランは学校の出席と服装の規制についての競合的なストーリーを生きられるようになった。そのようにすることで、相互に結びついた諸々のナラティブ的統一性は、ディランのナラティブ的統一性がつくられるのを助けた。そのナラティブ的統一性がラビーン小学校の児童であるというストーリーを綴る力となった。

最終考察

　ディランのこと、そして彼がラビーン小学校の出席についてのストーリーや、服装規制をめぐる学校のストーリーを中断したにもかかわらず、支えとするストーリーをラビーン小学校で綴ることができたのはなぜかを省察した。それによって、リアンやジャネットのような教師や管理職にとって、子どもたちに自分が支えとするストーリーを綴らせることを継続的に可能にすることがいかに必要かがわかった。しかし、彼女たちが注意深く場を調整したにもかかわらず、ディランは彼の学年を修了しなかった。後にジャネットから聞いたところでは、彼と妹は、保留地と西カナダの別の大きな都市の街路の間でホームレスのように暮らしながら数か月を過ごしたという。それでも、わたしたちは、9か月の間、彼はラビーン小学校におり、学校の教育的な学習の場にいたことを知っている。

　ディランのおかげで、わたしたちは、ナラティブ的統一性を可能にする場が子どもたちにとっていかに必要かを理解することができた。子どもたちが過去の意義ある経験と、現在および想像される未来の個々の経験とを結びつけることを通してナラティブ的統一性を綴るのを手助けすることがどれほど大切かを理解した。ますます多くの15、16、17歳ほどの生徒たちが中退によって自分の学校教育を中断する選択をしている状況がある中（Smyth et al. 2004）、ディラン、リアン、ジャネットの支えとするストーリーが、ラビーン小学校のストーリーと交差したとき、彼らが注意を促してくれたたくさんのことをわたしたちは認識することができた。カナダの学校の風景は、ますます多様になっている。その中で、支えとするストーリーに着目することを、多くの学校の風景の複雑な現実をナラティブ的に探究し、理解する方法として考えてよいだろうか？　支えとするストーリーが中断される衝突の場に慎重に注意を向けることは、わたしたちの理解を深めるのに役立ち、それによって、わたしたちは、「主流」の筋をめぐって構築された学校についての支配的なストーリーからはじき出されている子どもたちのための場をつくる、より広い学校のストーリーをイメージし直せると考えてよいだろうか？

　お互いのストーリーを知ることは、この章で見たように、子ども、教師、

校長の支えとするストーリーが織り合わされて出席と服装規制をめぐる学校のストーリーを中断し、切り開くような関係性につながるかもしれない。そうすれば、ディランと呼ばれた少年と一緒に学校の風景においてより敬意に満ちた知り方や生き方ができるようになるかもしれない。ストーリー化された人生に関心の中心を向けることができてこそ、学校の風景において中断したり、現れたりしている競合するストーリーに織り込まれている知をはねつけるのではなく、理解し始められるようになる。

第10章

人生に心を配る
カウンター・ストーリー[1]

　マキシン・グリーンの『想像力を解放する』(1995)が、この共同研究にどのような説明を加えることができるのかを考えていたわたしたちの想像力をとらえた。それは、縮小して見ることと、拡大して見ることについての記述である。

　　物事や人びとを縮小して見るとは、客観的な観点から見ること、行動をシステム的な全体的視野から見ることを選ぶということであり、毎日の生活について、意図や具体性よりも、動向や傾向の方に関心をもつということだ。物事や人びとを拡大して見るには、他の人間を単なる対象やチェスの駒のように見ることに抵抗しなければならず、代わりに彼らを丸ごと、独自性に即して見なければならない。もし、人びとがつくった計画、彼らがとっているイニシアティブ、直面している不測の事態といったものの内情をとらえるつもりなら、起こっている出来事の只中にいる参加者の視点から見なければならない。
　　学校教育に応用する場合、物事を拡大して見ることは、統計、そして測定にも還元できない細部や独自性との密接なかかわりへとわたしたちを導く。
　　　　　　　　　　　　　　　　　　　　　　　　　　　　　　(1995: 10)

縮小して見るという場合、学校教育のような現象は、パターンや動向で見ることになり、グリーンが示唆したように、「システムというレンズ——権力や既成のイデオロギーといった有利で見晴らしのよい立場」(1995: 11) を通して見ることになる。こうしたシステムの観点は、第1に技術的な見方だといえる。例えば、研究者が、縮小した、システムの観点から見るという場合は、学校教育をその文脈に関することから見るということだ。例えば、学校離脱率、高校卒業率から傾向を読み取ることはできる。様々な教科領域における学力テストの得点パターンにしても、国内的、国際的、2か国以上にまたがるグループでの集計、さらに学校移動、長期欠席といった学力テストの得点にかかわる統計的に有意な要因の観点から集計することで傾向がつかめる。しかし、縮小する見方は、行動をシステムの観点から見ることを可能にするが、個性をもった丸ごとの人間として人をとらえることはできない。
　この本の大部分は、物事や人びとを拡大してとらえる見方を扱っている。しかし、縮小して見ることも排除したいわけではなかった。グリーンが要求しているのは、「行き来しながら学ぶこと、すなわち、個々の子どもたち、その状況だからこその試み、計測できないもの、ユニークなものに注意を払いつつ、政策や長期計画の領域のことも理解する」ことだ (1995: 11)。この最終章で、わたしたちも、システムの観点（縮小して見ること）と、ラビーン小学校の子どもたち、家族、管理職、そして教師たちの個々の人生を見ること（拡大して見ること）とを行き来することに挑戦しよう。
　縮小する見方によってわかるのは、一つには、この研究でわたしたちが取り組んでいる研究課題が位置している文脈や、その課題をどのようなものと理解すればよいのかということだ。しかし、縮小する見方から生み出される調査の範囲に限定して研究というものを理解していたのでは、わたしたちの研究課題は、そもそも立ち現れて来なかった。学力や長期欠席・中退率についてのパターンや傾向を見ることからわたしたちは研究を始めたわけではない。研究の出発点となったのは、むしろ、わたしたち自身の人生から見えてきた課題や、子どもたちや他の教師たちと共に研究する教師や研究者としての自分たちの経験について理解しようとすることから現れてきた課題だった。この研究に取り組む情熱が生まれてきたのも、個々の子ども、個々の教師、

第10章 ● 人生に心を配る
カウンター・ストーリー

個々の家族と密接に関係をもちながら生きることを経験したことで、子ども、教師、管理職そして家族の人生について知りたいという思いが募ったからだ。長年、学校で暮らし、子どもたちが中退するのを見てきたし、家族や子どもたちが、文化的に（時にはただ）失礼な対応と思われる扱いを受けているのも見た。そして、わたしたち自身も、同僚たちも、その状況を変化させる役割を果たすことはできないと感じていた。グリーン（1995）の言葉では、わたしたちの課題は、拡大して見ることから、すなわちわたしたちの言葉で言えば、子どもたち、家族、他の教師たちと共に生きた人生経験から生じたのである。教師であり、教師教育者であるわたしたちは、それぞれの子どもたち、それぞれの家族、それぞれの教師、それぞれの児童の独自性、ユニークさを理解したいと思いながら人生を生きているし、それぞれの子どもたち、それぞれの家族、それぞれの教師、それぞれの児童が、生き、語るストーリーを理解しようとしている。拡大して見ることと、縮小して見ることとの間を行き来し、両方の視点を用いるというグリーンの挑戦を引き継ごうと試みることによって、わたしたちの研究が、学校におけるカリキュラム・メイキングについての理解にどれだけ資するものなのか、もっと知りたいと思った。

学校教育を縮小して見る

　学校教育を縮小して見る調査を企てるたくさんの研究方法論の中に、わたしたちの研究の位置を定めることもできたであろう。だが、わたしたちは、主要な研究方法論として1つを選んだ。すなわち、学校中退率、流動性（transience）、長期欠席をめぐる探究である。わたしたちがこの研究に関心をもったのは、学校政策の立案者が学校流動性や長期欠席と学力テストの点数の低さとを結びつけていたからだ（Ehrenberg et al. 1991）。学校流動性と長期欠席は、しばしば、都会の学校教育において一つの危機を生じさせているものとして描かれ、こうしたパターンの流動性や長期欠席の状況を変えるための構想が取り組まれることも多い。しかし、流浪者や不登校児と分類されている子どもたちや家族が、この、彼らの人生における危機というレッテルで分類されているものをどのように見ているのか、わたしたちはほとん

ど知らない。

　わたしたちがラビーン小学校で研究をしていた前後、州の新しい統計で、地域の学区の1つが高校修了率が州で最も低いと指摘された。わたしたちは、最初、これに驚いたが、結果についての話し合いをさらに進めることで、わたしたちの調査における、拡大して見ることと、この統計的に意味のある結果における、縮小して見ることとの間を行き来できるようになった。ラビーン小学校での探究を通して知り合いになっていた子どもたちの未来を心配していたので関心をかきたてられたのだ。

　わたしたちが触発されたのは、生徒たちの学校教育修了をめぐるオーストラリアのパターンと動向に関するスミスたちの研究（2004）だった。彼らは、高校を修了する生徒数が減少していることについて調査する研究に取り掛かった。そして、最初は、パターンと動向を見ていたのだが、その後、209人の若年者（147人が退学者で62人が在学者）に彼らのストーリーを聞かせてくれるよう依頼した。その本のタイトルが示しているように、中退したり、脱落したり、退学させられた若年者たちのストーリーを聞いたのだ。

　グリーン（1995）が指摘したように、縮小して見る見方は、システムによって示唆された特定のイデオロギーに由来する。スミスたち（2004）が、そのイデオロギーに対する注意を促したのは、それが中退について言及をしていることよりも、早期学校離脱者（early school leavers）という用語を使っている点だった。この用語には、「すべての若年者は、義務教育後の学年を成功裏に終了するためには、学校に留まるよう奨励されるべきだという見解に対する肩入れ」が反映されている（2004: 15）。

　スミスたち（2004）もまた、「早期学校離脱者についてのステレオタイプをやめる」（p.15）必要について書くとき、縮小して見ることから拡大して見ることへとレンズを替えていることがわかる。そのステレオタイプの問題性は、学校を早期に離脱する人びとを「均質なものと扱っている」点（p.16）、そして、学校を早期に離脱することを「そういうものだから仕方がない」（p.16）として「自然なことのように説明する」点（p.16）、さらに「研究と政策の中を貫いている、学校に行くにふさわしい人間かどうかという道徳的な境界」（Fine as cited in Smith et al. 2004: 16）に寄りかかって、学校離脱

第10章 ● 人生に心を配る
カウンター・ストーリー

者が存在することを「合理化している」点（p.16）にあると説明している。

　オーストラリアの文脈で彼らが行った、縮小する見方に関する調査に興味をひかれ、わたしたちも、カナダの早期学校離脱者についての動向やパターンについての情報を探した。結局、わかったことは、早期学校離脱者の割合[2]は、1991年の18％から、1999年の12％に下がっていたことだ。1999年に抽出調査の対象となった20歳の人のうちの85％が卒業要件を満たしており、3％は高校卒業資格を完了するために勉強を続けていた。そして12％が早期学校離脱者と考えられたわけである。早期学校離脱者の割合には、男性（15％）と女性（9％）の間で違いがあった。

　2000–2002年の「移行期にある若年層調査」（*Youth in Transition Survey*）（Statistics Canada 2004）は、若者たちの人生において鍵となる移行について測定するようデザインされた調査であり、高校から中等教育後の教育への移行と、学校教育から労働市場への移行という2つの集団（cohort）の若者が対象となっていた。第1の集団は、15歳と17歳であり、第2の集団は、20歳から22歳だった。15歳の若者が17歳で再調査されると、3％が卒業資格を取らずに学校を離れ、14％が卒業し、83％が引き続き授業を取っていた。一見すると17歳までに3％の中退率というのは、低く思われるかもしれない。しかし、2つのことに注目すべきだ。第1に、3％というのは、カナダ全域でいえば9,000人の若者に相当する。第2に、15歳までにどれほどの子どもたちがすでに学校からいなくなっていたのか、すなわち、長期欠席や流動性によってすでに本質的には学校離脱者になっていたのかがわからない。こうした若者は、15歳調査に含まれてすらいなかったのだ。ファインの研究で「高校にたどりつかずに消えた8年生たち」（2004: 250）と書かれている若者たちだろう。

　17歳までに学校を離れた3％の人たちがその理由を問われた答えとして主に挙がっていたのは、学校関連の理由だった。学校に飽きた、学業や教師との関係で問題が起こった、退学させられたというものである。女子の場合は、やはり学校関連の理由が最も割合として多かったが、相対的に個人や家族にかかわる理由が多かった。健康問題、妊娠、自分の子どもの世話、家庭の問題といったことも挙げられていた。男子の場合は、本人が働きたい

267

か、働かなければならないかにかかわらず、仕事関連の理由も挙げられていた。こうした理由について、若者たちの人生の文脈における詳細はほとんど示されていなかった。わたしたちにできるのはこのように提示された理由の背景で生きられたストーリーについて問いをもつことだけだった。ファインとローゼンバーグがその研究の中で指摘しているように、「こうした青年男女の多くは、学校から押し出された。自ら選択して離れた者もいるが、全員が失敗者とみなされる」(1983: 257)。これは、17歳までに学校を去った3％の生徒に当てはまるだろう。早期学校離脱者と考えられている、カナダの20歳のうちの12％にも当てはまるだろう。

ラビーン小学校でかかわった多くの子どもたちは、先住民系だったので、わたしたちは、アルバータ州の先住民系の子どもたちについて詳しいデータを探し、『アルバータの学習』(2003)から情報を集めた。アルバータの先住民人口は、アルバータの非先住民人口の3倍の速さで増えている。先住民系の子どもたちは、学齢期人口(5-19歳)の8％を占める。先住民系のアルバータの若年層の76％は、保留地外に住んでいる。アルバータの学校で成功する先住民系の人びとは、非先住民系と比べてかなり少ない（高校教育を受ける割合の少なさは1.5倍のようだ）。さらに、先住民系の人びとの平均収入は、非先住民系より3割以上低かった。

こうした結果は、スミスたち(2004)の結果と実によく一致している。カナダの若年層もまた、示唆された割合で中退し、脱落し、退学させられており、ファインが主張したように、「若者たちのライフスタイルやその家族を『問題あり』として、彼らを分類したり烙印を押したりすることは、真の要因から目をそらし、見えなくする」(as cited in Smith et al. 2004: 9)。

さらに焦点を集中するレンズを使い、ラビーン小学校が設置されているアルバータ州の学校における高校修了率を見ると、2000-2001年に高校に入った若者の67.4％が2002-2003年に卒業しており（3年での卒業）、8.9％が2004-2005年に卒業するので（5年での卒業）、合計では76.3％が卒業することになる。これは、23.7％を卒業させないでいるということだ。もちろん、高校を修了するために5年より後に戻る生徒もいるだろう。そうした統計はまだない。おとなの学習者を対象とする学校の数がカナダのいくつかの地域

第10章 ● 人生に心を配るカウンター・ストーリー

で増えていることは、わたしたちもよく知っている。しかし、全体的にいって、こうした動向やパターンはわたしたちには心配だ。学校を修了することは、より高い、雇用の可能性、収入の見込みにつながるし、さらに生涯にわたる健康増進という成果が得られるという議論もある。例えば、マケインとマスタード（1999: 69）が言う、「健康の『社会的様式（social patterning）』と呼ばれてきたもの。社会的様式とは、ごく簡単に言えば、社会経済的階層においてより高い位置にいる人ほどより健康だということを意味する」という説にわたしたちは注目する。

学校教育を拡大して見る

もちろん、わたしたちは、高校生の年齢の若者と研究をしたわけではない。わたしたちが共に研究したのは、6歳から13歳までの年齢の少数の子どもたち、そして1つの都会の小学校の数人の教師たち、管理職、親たちであった。しかし、縮小と拡大の間でレンズを替えることで、子どもたちが支えとするストーリーの筋が、どのようにより鮮やかに浮かび上がるのかがわかってきた。

ディランは、学校についてのストーリーの中で意味のある人生を綴るのは難しいと知って、もう脱落してしまったのだろうか。彼が自分自身の出席にかかわるナラティブの権限（Olson 1993）を握れる余地をつくるようにジャネットとリアンは配慮したのだが、それでもディランは、ラビーン小学校で1年間耐えることができなかった。

そして、ジュリーとアーロンはどうだろう。彼らはすでに学校についてのストーリーの中で曖昧な役柄に置かれていた。おそらく、優秀な児童と呼ばれる役柄に見込まれている筋に自分たちが合わないことを感じていただろう。アーロンはすでに脱落しかかっており、担任と他の子どもたちが、彼は、学校についての教室のストーリーの中心的な登場人物だというストーリーを立ててくれていたから、ようやく学校についてのストーリーに生き続けていたにすぎなかった。母親は、学校教育は大切だから、アーロンを学校に入れておきたいというストーリーを語り続けた。この複雑なストーリーの織り合わ

せは、流動性と長期欠席へとやはり脱落してしまう前のアーロンをどれほどの期間支えただろうか？

先住民系の研究者であるバティスティは、「単に成果として、あるいは『希望的フィクション』としてだけでなく、わたしたち一人ひとりがこの研究と調査を検討し直すことに取り組む過程としての、新しい関係、思考と教育的過程の新しい枠組み」(2004: 1) が必要ではないかという疑問をわたしたちに提起した。より思慮深くディラン、ジュリー、アーロンの人生に注意を向けることを彼女は要求する。

ジュリーとサディがこの学校についてのストーリーにとっている位置は異なっていた。ジュリーは、担任が彼女のために書いていた学校についてのストーリーでの役柄とは対抗するストーリーを生きていることに自分で気づいていたので、学校についてのストーリーの中で競合する筋を自分自身で全うし生き抜こうとしていた。しかし、わたしたちは、サディとのときには、彼女が生きているストーリー化された文脈が、彼女が何者であり、何者になろうとしているのかということの中にどのようにジレンマをつくり出したかに注意を向けた。1つのストーリーがつくられていく過程で彼女に注目し、何者になりたいかという彼女の思いの中に、学校についてのストーリーがどれほど強い力として働いていたかを理解した。金髪で青い目のサディは、担任のゲイルだけでなく、マーニにも魅力を感じていた。彼女たちは2人とも、学校についてのストーリーの中で生き抜くための余地と筋をサディのために用意していた。サディとゲイル、そしてわたしたちの人生がその年を通して展開していくのに注意を払っているうちに、徐々にわかってきたのは、サディが、学校についてのストーリーで良い児童の役を生きることと、自分の家族のストーリーにおける子どもの役を生きることとのはざ間にとらわれていたということだ。わたしたちは皆、いろいろな意味で、学校についてのストーリーを綴り、生きることにかかわっており、サディに、わたしたちと同じように身なりを整え、わたしたちや担任と同じような経験を共有することを求めていた。しかし、サディが良い児童の役を生き始めたとき、家庭においては何者なのかというストーリーと衝突するようになった。お金も財産もないので着るものや食べるものにも困っていたし、良い児童のストーリーを生き

第10章 ● 人生に心を配る
カウンター・ストーリー

　る子どもたちに求められるような活動に取り組む余裕もなかった。こうした、競合し、時には対立する筋と筋の間をサディが調整しようとしていたのを1年にわたって見ていると、母親に知られないように、寄付された古着のスノーパンツを学校に置いておくような表向きのストーリーや、マーニにささやいたような秘密のストーリーを生きるのを見ることになった。時には、良い児童の役柄に移動し、良い児童と認められていたサラと協力関係をつくった。時には、良い児童の筋の外側に生きているもう1人の子どもであるシータとの既知の関係に気軽に移っていき、保育所の子どもについての自分のストーリーを生きた。彼女がどれほどの間、もちこたえられるのか、わたしたちはずっと心配していた。年度の終わりに、彼女の母親は、自分とサディが学校についてのストーリーの中であまりうまくいっていない登場人物だとみなされていると感じ、サディと兄たちを別の学校に転校させた。これはサディがいずれ学校から離れることになる流動性のパターンの始まりだったのだろうか？　わたしたちに何かできることがあったのだろうか？　学校についてのこのストーリーにおいてわたしたちは何者だったのだろうか？　シューアルは、教育者が知っている場は陸地の人生だが、子どもたちの方は、気づくと不安定な浮氷の上にいるという比喩で表現し、次のように書き留めた。「わたしは、欲求不満を抱えて生きている。不安定な浮氷の間に生きている多くの人びとに自分が教えているのが、陸地の生活であることを知っているからだ」（1996: 7）。わたしたちは、何を知っていて、自分たちをどのような位置に置いていたのだろうか。

　ラビーン小学校の他の子どもたちとも同じような緊張関係があった。カトリーナもまた、学校についてのストーリーと彼女自身が支えとするストーリーにおける競合する筋と筋の間にとらわれていた。彼女も、学校についてのストーリーの中での良い児童の役柄を生きることにしばしば抵抗し、代わりに自分が支えとするストーリーを続けることを好んだが、彼女が一方では学校についてのストーリーの一員になること、また、学校についてのストーリーに適応している人物としてストーリー化される子どもの1人になることに憧れていた点にわたしたちは注目した。彼女が支えとするストーリーを綴ろうとするのを見たとき、それで学校についてのストーリーに適応できるよ

うになるのか、わたしたちには疑問だった。彼女も、自分が学校についてのストーリーの中で何者であり、何者になろうとしているのかを模索する場を見出すことのあまりの難しさに気づき、脱落していってしまうのかどうかを考えていた。

　あるとき、わたしたちは、スミスたちの本（2004）の中の生徒たちについての描写を読み、その若者たちのストーリーと、ラビーン小学校で知り合いになった幼い子どもたちとのストーリーがどのように響き合うのかを調べ始めた。そして、スミスたちの研究にあった、かつて11年生のときに学校を離れたマークの経験と、ディランの経験の間に一種の響き合いの可能性を見出した。それは、次のマークの言葉を読んだときだった。

　　僕は音楽をやっていました。8年生と9年生の時、オルガンを弾いていたんです。でも、それは、カリキュラムの中にはなかったので、クラリネットを始めなければなりませんでした。でも、全然好きじゃなかったんでやめたんです。木切れに息を吹き込んだって、全然、たいした満足にはなりませんからね。オルガンは、僕の祖父がやっていたものです。　　　　（Smyth et al. 2004: 53）

　もしディランから絵を描くことが取り上げられていたら、もし、ジャネットとリアンが学校で描く自由と場を認めなかったら、さらに早くラビーン小学校を去ることになっていたのではないか？　もしシェルビーが、学校では責任をもてる児童としてのストーリー、家では責任をもてる子どもとしてストーリーを生きることの間にとらわれていたら、いつか、スミスたちの研究に出てくる学校離脱者の1人であるケリーのように感じたかもしれない。彼女は次のように述べていた。

　　だから、もし子どもが本当に失敗をしでかしたり、何かひどいことをしたなら、必要なことは、その子たちのところに行き、座らせて、こう言うことですよ。「ねえ、どうしたの？　そんなことをした理由は何なの？　何がしたいの？　例えば、人生で何を目指したい？」　だって、誰だって年がら年中もめていたくはないんですから。　　　　　　　　　　　　　　（2004: 63）

第10章 ● 人生に心を配る
カウンター・ストーリー

　もちろん、わたしたちは、ラビーン小学校で知った子どもたちの人生経験が未来に向けてどのようになっていくかを予測する方法がないことは認識していた。ヒューバーは、自分のアイデンティティ形成について書いたとき、次のように書き留めた。「関係の中でどのような位置を取るかということは複合的な性質をもつことであり、それは時間的展望によってつくられ、展開し続ける」(2000: 124)。学校の内と外の複合的な文脈、そして、この複合的な文脈の中での複合的な位置取りが、ラビーン小学校の只中における支えとするストーリーとして、わたしたちが知り合いになったそれぞれの子どもたちをどのように方向づけ続け、また子どもたちによってどのように方向づけられ続けていくのかを予想することはできない。スミスたちの本 (2004) にある若者たちの言葉を読んでいて、わたしたちの心は、こうした子どもたちが何者になっていくのかわからないという、おぼつかなくも避けがたい認識でいっぱいになった。「中退者たちを、どうにもならない迷惑者で、生活保護予備軍で、義務を果たさない不良だなどと説明することは、こうした若者たちが逃れ出ている教育制度から注意をそらすことになる」(Fine and Rosenberg 1983: 257) ということを認識する一方、多くの見通しに同時に注意を払う必要があることもわたしたちは認識していた。

　研究において、わたしたちが拡大した見方をしたかったのは、個々人の人生、進行中の人生、すなわち、サディ、アーロン、ジャネット、リアン、カレンのような人生に注意を向けたかったからだ。また、それらの人生の交わり、人生と人生が互いに衝突して緊張関係をつくり出している場に注目したかった。衝突の場面に綿密な注意を払う必要があることはわかっていたが、経験についてナラティブ的に考えるには、個々の衝突をつくり出す要素となっているそれぞれの人生にも注目する必要があった。わたしたちの拡大する見方においては、多面的視野のアプローチをとりたかった。

　アンがジュリーと共に過ごすようになったとき、昼食のために学校に残る子どもとして学校についてのストーリーの一員になりたいというジュリーの願いは、給食費を払うのは親の責任だという学校のストーリーにおいて役割を果たす教師の立場と衝突したわけだが、わたしたちは、その衝突の場面に注目した。ジュリーとローラ両方のストーリー、そして制度的ストーリー、

273

彼女たちのストーリーを方向づけた学校のストーリーに注意を払いたかったのである。子どもたちのストーリー、子どもたちについてのストーリー、教師のストーリー、教師についてのストーリー、学校のストーリー、学校についてのストーリー、家族のストーリー、家族についてのストーリーといったストーリー同士の、この複雑な相互関係は、1つのストーリーが誰かの知についての表現を呼び起こすと、続いて別の人の知の表現が呼び起こされるというように、常に動き、変化し、転換している。ジュリー、彼女の家族、そしてジュリーの支えとするストーリーが、昼食のために残ることについての学校のストーリーと相互作用するのを見たとき、わたしたちは、この流動的な相互関係を感じた。

　危険の1つは、わたしたちやこうしたストーリーの読者たちが、非難を始めるかもしれないことだ。わたしたちは、進行中の人生に対して、それを生きている場面でも、こうしたリサーチ・テキストを綴るためにフィールド・テキストを検討する場面でも注意を払っていたから、わたしたち皆が巻き込まれ、実際に生きた経験に対して複合的な視点で注目していれば、学校における人生に対して非難などはできないことを認識していた。責任の所在を明らかにしようとすることは、学校で生きられている人生の複雑さを探る点で一種の停止状態に陥っている表れのように思われる。非難することは、わたしたちが思うに、人びとの人生の複雑さから注意をそらし、それによって、人生が見えなくなるもう一つの原因となる。

縮小して見ることと、拡大して見ることとの間を移動する

　グリーン（1995: 16）は、次のように書いた。縮小して見ることと拡大して見ることとの間の転換とは、

> 物事を縮小して見ることの公平性に有用性を（認め）、同時に、物事に近寄り、拡大することへの情熱を受け入れ、その正当性を確認することだ。この情熱は、想像力への入口なので、すなわち、物事は、別のものになっていたかもしれないかのように見る可能性があり…。物事を拡大して見ることは、わたしたちを

第10章　人生に心を配るカウンター・ストーリー

改革へと進ませるものだ。

　物事や人々を縮小して見ることと、物事や人びとに接近し、拡大して見ることとの間を移動しようとするとき、わたしたちは、改革（reform）についての対話を始められることを期待しており、まず、第一に、どのような改革を想像するところから始められるだろうかと考える。わたしたちは、大きな改革の時代にいるように思われる。

　アメリカ合衆国では、学校改革は急ピッチで進んでいる。「落ちこぼれ防止」（*No Child Left Behind*）のような政策や、ハイステイクス・テスティング（＊州による学力テストの結果を学区や学校に対する制裁や報奨の規準として用いる管理制度。）をめぐる政策や実践が実行された。学力テストの得点の低さ、高い中退率、民族グループと社会経済的グループにまたがる学習到達度の格差がその理由である。こうした政策や実践は、適切で厳密な結果、強力な査察と検査の機構、そして結果が見合わなかったときの懲罰的な措置のもとに置かれるよう策定されている。そうした政策や実践の必要性を打ち立てたのは、「動向と傾向」（Greene 1995: 10）に関心をもっている、縮小する見方である。その政策と実践は、権力という見晴らしの利く地点と一体になったシステムというレンズを通して見ることによってつくられた。スミスたちの研究（2004: 16）は、「すべての人の手の届くところに」教育が置かれるように計画された政策、わたしたちが議論している「落ちこぼれ防止」のような政策によって、「適正とされる制度に対する検討が難しくなる部分」が生じると示唆する。彼らによると、そうした制度は「システムの責任を免れさせ、児童・生徒に責めを負わせる」類のものだ。「落ちこぼれ防止」政策の場合は、責めは、子どもたちばかりでなく、教師と管理職にも負わされようとしている。

　まだ、カナダでは、合衆国のようにシステムというレンズで縮小した見方で問題だと確定された事態をただすために、そのような査察や監視が実施されるところにまでは至っていない。しかし、「若者たちのライフスタイルやその家族を『問題あり』として、彼らを分類したり烙印を押したりする」（as cited in Smith et al. 2004: 9）のと類似のことをほのめかす政策や実践は、はっきりと存在する。出席状況は、技術的な手段を使って今まで以上に厳密

275

に監視される。個々の児童・生徒の長期欠席があるレベルに届くと、最初は校長が対応することが多く、もしかなり深刻だとみなされると出席委員会が対処する。学力テストの点数が、期待されていたより低かったり、低下していたりする学校は、監視計画が必須として敷かれ、厳密な監督を受ける。学力テストの点数がそれでも同様に落ちていたり、停滞している場合、すなわち、上がっていない場合には、教育長や相談員が学校の達成度（performance）を監視するために投入される。教師たちの専門的成長の計画も、ますます知識、スキル、態度について政府が認定したリストに照らしてチェックされるようになっている。アンセスがアメリカの学校で気づいた事態を、もしかしたらわたしたちも間もなく見ることになるのではないか。それは、次のようなことだ。

> 目下の点数中心のハイステイクスな標準テストの流れにおいては、点数のみが重視され、知的な成長はますます弱体化させられる。深く理解するためにより効果的な教育実践は、高度な基準を含んでいるはずだが、それよりも、ただテストの準備にしかならないカリキュラムがはびこっている。
>
> （2003: 2）

アメリカの学校では、「ハイステイクス・テスティングを行っている諸州の教師たちは、他の州の教師たちよりも、カリキュラムがテストによってゆがめられていると報告する傾向がある…。（教師たちは言う）彼らは、自分たちが考える『適切な教育実践』とは相反する方法で教えている」（Darling-Hammond and Rustique-Forrester 2005: 299）。ラビーン小学校の教師たちも、まもなく、自分たちの実践が妨害されることについて同じような不安を語り始めることになってしまうのだろうか。

　研究者たちは、ちょうど今、合衆国におけるそうした改革の衝撃を査定し始めたところだ。ダーリング＝ハモンド（2005）は、例えば、ハイステイクス・テスティングにおける平均点の上昇と、学校を中退する生徒数の増加との間には有意な相関関係があると指摘した。彼女は、テストの平均点が上がっているのは、平均点を下げたであろう生徒たちは中退していくので、テストを

第10章 ● 人生に心を配る
カウンター・ストーリー

受けていないからだと説明している。ファインも、「テストの点数を高く維持するという厳しいプレッシャーの下で、十分な予算が付けられず、高度な監視下に置かれた（ニューヨークの）高校では、標準得点と卒業率を引き上げるために、生徒たちを除籍させていると見られる」（2004: 250）と述べている。さらに、ダーリング＝ハモンドとラスティーク＝フォレスター（2005）は、卒業要件の厳しい諸州では、中退率が高くなり、白人の生徒とマイノリティの生徒の間の卒業率の格差が広がっていることに注目した。

　テスト、監視、管理がこのようにますます重視されていくことは、グリーン（1995: 16）が示唆するような「想像力への入口…物事を、別のものになっていたかもしれないかのように見る可能性」を開くために望ましい影響をもたらさないだろう。わたしたちが取り組んでみたいのは、ラビーン小学校での子どもたち、教師、家族、管理職との経験をしっかりと視野に入れつつ、縮小する見方と拡大する見方の間を移動することだ。わたしたちは、ダーリング＝ハモンドが「非人格的関係、浅薄なカリキュラム、型どおりの授業を組織することで、学校教育をわかりやすく効率的に運営しようとするシステム。同時にこうした実践は、当事者すべての最善の意図をくじいてしまう」（1997: 15）として書いたものを超えたい。

カウンター・ストーリーを想像する

　グリーン（1995）は、物事がどのように違うものでありうるのかを想像するための入口として変化を起こすために、感情を用いることを呼びかける。グリーンの、想像することへの入口という隠喩を考察するとき、わたしたちは、サルビンが想像力の観念を「ストーリー化された構造」あるいは「因果関係と持続を含意する、筋の用意されたナラティブ」（2004: 11）と述べたことを用いる。サルビンにとって、想像することとは、「直に接している環境の圧迫から人間を自由にする」（p.11）ために役立つ、一連の「ナラティブ的に構成された出来事」（p.11）である。どのようにすれば、ラビーン小学校で子どもたち、教師、家族、管理職と共に行った研究について拡大して見ることと、学校、カリキュラム、到達度を、運営し、管理し、監視すること

に学校改革の重点を置かせてきた、縮小して見ることとの両方に注意を払えるのだろうか？　どのようにしたら、拡大して見ることと、縮小して見ることの両方を学校改革についてのカウンター・ストーリーを想像するために使えるのだろうか？　それをするためには、ベイトソンがわたしたちに思い起こさせたように、「周辺視野を巧みに使う」（1994: 106）ことによって複合的な方法に注意を払わなければならない。

　リンデマン・ネルソン（1995）は、当然視される制度的ナラティブの性質に対抗するカウンター・ストーリーを書いている。カウンター・ストーリーとは、覆し、転換し、変化させることを志すナラティブだ。リンデマン・ネルソンは、カウンター・ストーリーを定義して次のように言う。「支配的ストーリーを弱め、拭い去り、新しい解釈と結論を導くように語り直して、語り手の道徳的自己規定に寄与するストーリーである」（p.23）。カウンター・ストーリーは、ある点では改革のナラティブと考えられる。それらは、当たり前のこととされている制度的ナラティブを転換するために綴られたナラティブだ。それゆえ、わたしたちとしては、一つのカウンター・ストーリーを綴るために、ストーリー化された構造とわたしたちが知っていることとを結びつけ始める。そのストーリーは、人生のカリキュラムを模索する筋をめぐって綴られた学校についてのストーリーであり、そのカリキュラムとは、個々の時期の学校の風景に生きている教師、子どもたち、家族、管理職の人生に耳を傾けるカリキュラムだ。

　わたしたちと同じように想像してみてほしい。それぞれの教師、管理職、子どもたち、家族が「自分たち自身の織り合わされた一連の複雑なストーリーを生き、語る風景にやってくる。…彼ら個々人のストーリーは、それ自体がストーリーのネットワークを含むナラティブの風景の中で生きることによって方向づけられる」と。彼らが「風景の中で共に生き、それぞれは、自分自身のストーリーと共にストーリーの風景の中にある」とき、学校についてのストーリーと、学校のストーリーは、ストーリーの織物から姿を現し始める。「これらのストーリーの根は、個人的なストーリーが出来事や環境の変化に応じて転換したり変化したりするように時間的なものだ。学校についてのストーリーや学校のストーリーにおける変化は、学校を越えてさざ波のように

第10章 ● 人生に心を配る
カウンター・ストーリー

伝わり、ストーリーの織物全体に影響を与える」(Clandinin and Connelly 1998: 160-1)3。

> 風景とは、生きている場であり、歴史や、生き生きした内的出来事や、コミュニティとの継続的な相互作用と交換の場である。時にははっきりと、時にはあいまいにではあるが、それはすべて未来を目指している。それは過去、現在、未来の間で、風景の異なる位置にいる人びとやその人たちのストーリーが関係し合う場である。　　　　　　　　　(Clandinin and Connelly 1998: 161)

さらに、わたしたちと同じように想像してみてほしい。カリキュラムは、4つのカリキュラムの共通根拠——学習者、教師、学習主題、環境——の相互作用として理解できる (Connelly and Clandinin 1988)。カリキュラムを共に模索するということを理解するためには、共通根拠のそれぞれに、他の根拠との関係において、また、転換しつつある関係の仕方において注意を払う必要がある。教師を理解するためには、それぞれの教師の個人的実践知、彼／彼女の身体化した、ナラティブ的、道徳的、感情的、そして関係的な知を、それが実践の中で表現されるものとして理解する必要がある。教師についてのストーリーと、教師のストーリーに注目するときには、秘密のストーリー、神聖なストーリー、表向きのストーリーといった様々な種類のストーリーに注意を向ける必要がある。子どもたちを理解するためには、子どもたちの知を、入れ子状に重なった知として、教師と子どもたちとの間の関係的な知の中で入れ子になっているものとして理解する必要がある (Lyons 1990; Murphy 2004)。教師たちと同じように、子どもも自分たちの知を秘密のストーリーや表向きのストーリーの中で表現するから、子どもたちが学校で生きている秘密のストーリーや表向きのストーリーに注意を払うことをわたしたちは知る必要がある。子どもたちのストーリーと、子どもたちについてのストーリーも人生のカリキュラムの模索を方向づけている。

入れ子状態になっている環境——教室内の場、教室外の場、学校外の場、そして、教師についてのストーリー、教師のストーリー、学校についてのストーリー、学校のストーリー、家族についてのストーリー、家族のストーリー

に満たされた、ストーリー化された場——にもわたしたちは注意を払う必要がある。他のところで（Clandinin and Connelly 1995）、わたしたちは、隠喩的な意味での水路が風景につぎ込むものによって方向づけられた場として教室外の場を書いた。この、注ぎ込まれる規範的な知にも注意を向ける必要がある。そして、もちろん、多様な学習主題も人生のカリキュラムを共に模索する中での相互作用の重要な部分だ。ほぼ15年前、クランディニンとコネリーは、「カリキュラムは、教師と子どもたちが学校と教室で共にする人生の記録と見ることができるのではないか」と書いた（1992: 392）。その当時、彼らは、カリキュラム・メイキングにおける教師の位置に主に注目していた。今、わたしたちは、複合的な視野に基づく方法で、教師、子どもたち、家族、管理職に注意を向け、また、教師、学習者、学習主題、環境の動的な相互作用、すなわち、カリキュラム・メイキングにおいて彼らが綴り、実際に生きている人生に注意を払うことに挑んでいる。

　この複雑な混じり合いの中で核心をなすのは人生である。人生、人びとの経験、わたしたち一人ひとりが何者であり、何者になろうとしているのかが核心だ。人づくり（person-making）、世界づくり（world-making）についての問いは、わたしたちが綴っているカウンター・ストーリーにおいて核心的な関心事となる。わたしたちのカウンター・ストーリー、そしてその中に人生のカリキュラムの場を想像することで、わたしたちは、子どもたちと家族が学校の内と外の両方で生きている経験、子どもたちが人生に抱いている夢、家族が子どもの人生に抱いている夢、子どもたちと家族が学校で経験する衝突の場面で形成される相互不信、沈黙、排除に対して意識的であり続けることの重要性に注意を払っている。このように意識的であり続ける人生のカリキュラムを共に模索することは、それゆえ、それ自体が、改革についてのカウンター・ストーリーを生きること、発展すること、転換することだ。この改革についてのカウンター・ストーリーとは、マークのような若者や彼のオルガンを弾く能力にかかわり続け、彼が祖父との関係で形成した知を受け入れる余地をつくり続けることを追求するカウンター・ストーリーであり、ジュリーの願いに耳を傾け、彼女が昼食時間も学校にいられる余地をつくるカウンター・ストーリーであり、アーロンとその母親との関係を維持するこ

第10章 ● 人生に心を配る
カウンター・ストーリー

とを通して、また、耳を傾け、愛することを通じて、彼らの人生、能力、そして夢が消えてしまわないように手を差し伸べ続けようとするカウンター・ストーリーだ。

常に、改革に努め、沈黙に別の表現を与え、子どもや家族が学校で人生を綴るときに経験する緊張関係についての秘密のストーリーや表向きのストーリーに耳を傾け、そこから学び続けようと努め続ける人生のカリキュラムを共に模索することは、想像するに、複雑で、緊張に満ち、挑戦的なことだろう。教師と管理職についてのストーリーにも注意を払い続けようとすると、さらに複雑で、緊張に満ち、挑戦的なものとなる。

リンデマン・ネルソン（1995: 38）は、カウンター・ストーリーは、次のように語られると指摘する。カウンター・ストーリーは、

「確実な解釈」という権威主義的観念に抵抗すること。別の人物にすげ替えるためだけに支配的な解釈者を打倒しようとし、支配と従属の既存の秩序を単に反転するだけのカウンター・ストーリーは、それを思い留まるカウンター・ストーリーに劣る。権威主義の最も有害な帰結は、人びとの間の相違を押しつぶしたり、誇張したりして彼らを社会の周縁に追いやることである。そうした相違を理解し、祝福し、時に共に議論するカウンター・ストーリーは、そうでないものよりも、道徳的により良い——それだけではなく、より正確な——ストーリーだ。

この想像されたカウンター・ストーリーは、政策立案者、教師、教育長、管理職、研究者、教師教育者としてのわたしたち一人ひとりに、互いとの関係で、そして、特に、子どもたち、家族との関係で体の位置を変えることを呼びかけるだろう。スミスたちの研究（2004）では、ケリーが学校についての夢を語っていた。それは、学校が、教師たちも彼女と一緒に座り、彼女に人生で何を目指したいかを聞くような会話ができるような場所になればいいというものだった。ケリーは、こうした会話があれば学校に留まれると思っていたし、中退や脱落、疎外感を避けることができると想像していたのだとわたしたちは感じた。

このナラティブ的、経験的、関係的で、発展し続ける改革についてのストーリーは、会話の可能性を豊かに与えてくれる。そこでは、ベイトソン（2004: 407）が書いたように、最初に見通しについて合意していなくても、わたしたちは「話し続けること」に合意する。さらにベイトソンは次のように書いた。

> しかし、わたしたちは、新しいアイデアを、アイデアや価値の既存のシステムに融合するには何が必要か、また、この過程は、それを会話の話題にするという前段階とどのように異なるのかについても知る必要がある。あるアイデアに真の耐久力を与えるのは、この融合の質なのだ。（2004: 408）

このカウンター・ストーリーは、どうすれば学校についての既存のストーリーと融合できるのか、わたしたちは考え続けている。何がそれに耐久力を与え、無視されないカウンター・ストーリーたらしめるのだろうか？

そのカウンター・ストーリーの中では、子どもたちと家族の人生経験が中心的な原動力となる。この想像されたカウンター・ストーリーの筋は、すべての参加者にとって、敬意に満ち、意味があり、教育的な学校についてのストーリーを綴る道にそうした人生を誘う方法を見出さなければならない。ダーリング＝ハモンドが指摘したように、子どもたち、家族、教師、管理職たちの間のこうしたつながりは、「子どもの発達を支える関係を深めること、責任をもって指導するのに必要な、生徒についての知識を獲得すること」の手掛かりとなる（1997: 144）。わたしたちが想像していることが学校についてのストーリーに根本的な（radical）転換を要請するものであることは認識しているが、しかし、現在、あまりにも多くの学校が、子どもたち、若者、家族にとって、そして教師と管理職にとっても教育的な場となっていないこともまた認識している。このことは、学校離脱、長期欠席、ホームスクーリングを求めている家族、オルタナティブな教育形態を探している家族の動向とパターンに見て取ることができる。教師たちが教職から去っていく高い離職率にも表れている。そして、ラビーン小学校の子どもたち、家族、教師、管理職に表れていた緊張関係の中にもそれは見られる。カリキュラムを共に模索すること、改革を共に模索することをイメージする必要がある。そ

うすれば、児童・生徒、家族、教師、管理職が希望と威厳のある人生を生きることを可能にする筋によって人生を綴ることができる。リンデマン・ネルソン（1995: 38）が記したように、「周縁化された軽蔑の対象としてではなく、そこで手に入るものを自由に享受してよい完全な市民としてそうしたコミュニティに参加することをわたしたちに促すカウンター・ストーリーは、他のものよりもただ好まれるというだけではなく、大いに語られる必要がある」。ラビーン小学校の子どもたち、家族、教師、管理職と共に生きること、拡大して見ること、縮小して見ることに移動すること、そして、どうやって物事を別の方法でできるかを常に考え続ければ、わたしたちは皆、子どもたちや家族と共にまだ実現していないあり方に至るという仕事に留まり続けることができるかもしれない。

あとがき

語り直すことと内在すること

ステファニー・ピネガー
ブリガム・ヤング大学准教授

　現在、社会科学者と、医療、看護、法、ビジネスといった専門職における研究者たちは、ナラティブに魅惑されている。ある人びとは、それを人間の行為と相互行為の隠喩と理解し、研究における発見、制度理解、そして心理療法の方略といったものを体系づけるために利用できると考えている。また、ある人びとは、研究者たちが確実性を断言できるような人間発達の進路と過程を明らかにし、説明するために、掘り起こし、番号をふり、図式化できるデータとしてナラティブを見ている。さらに他の人びとは、人生と相互行為を探究するための質的方法の一種だと言う。こうした社会科学者たちのそれぞれのグループは、人生と相互行為を探究し、理解するためにナラティブの力を用いようとすることで、結局、いずれも物語の可能性を十分には発揮させられない。

　こうした研究構想は、突き詰めていくと、ナラティブが学問に対してもっている根本的な力と可能性を否定していることになる。なぜなら、そうした研究者たちは、必然的に、研究の方法論としてのナラティブか、研究から得られた現象としてのナラティブのどちらか一方にしか焦点を当てることにならないからだ。

他の諸々の業績とは異なり、本書で報告された研究は、クランディニンとコネリー（2000）が明確にし、例示したナラティブ的探究（narrative inquiry）の方法論に基づくことによって、両者を包含している。実際、本書は、ナラティブ的探究の有用性、価値、精巧さを劇的に引き上げている。それが可能になっているのも、本書が、研究方法論としてのナラティブ的探究についての理解と、人間の相互行為に対する洞察をもたらす、現象としてのナラティブについての理解の両方を高めているからだ。

方法論についての新たな理解

 方法論としてのナラティブ的探究についてのわたしたちの理解は、3つの方法で高められる。第1に、ナラティブ的な研究の過程や成果を明確にすることばや語彙を新しく加えることによって。第2に、研究過程に取り組むための新しいツールを加えることによって。第3に、このジャンルの研究報告を、より説得力があり、包括的な仕方で提示することによってである。

 ナラティブ的探究の語彙は、話の筋（plotlines）、語り手（narrator）、登場人物（character）、演じ手（actor）、ジャンル、イメージ、隠喩（metaphor）等といった観念を用意するところから始まった。ナラティブ的探究の初期の研究では、支えとするストーリー（stories to live by）、神聖なストーリー（sacred stories）と秘密のストーリー（secret stories）、個人的実践知（personal practical knowledge）、専門知の風景（the professional knowledge landscape）、そして、人生（lives）をストーリー化（storying）および再ストーリー化（restorying）することをめぐる種々の考え方といった概念を補足した。こうしたそれぞれの用語によって、教師のものの考え方や、教師教育についての研究者、カリキュラム論の研究者たちが、それらの領域の過去と未来の研究を概念的にまとめる方法が豊かになった。そうした概念の一組が、競合するストーリー（competing stories）と、対立するストーリー（conflicting stories）だ。競合するストーリー同士が知の風景に現れると、互いに緊張関係を含みながら共存する。ストーリー同士が競合関係に留まっている間は、どちらも存続できる。それとは対照的に、2つのストーリーが

もはや専門知の風景の中で共存できないとき、それらは、対立するストーリーとなり、最終的に一方のストーリーは、他方に道を譲らざるを得ない。本書で一つの例として挙げられているのは、「フォニックス」のワークブックを使うという表向きのストーリーを語る教師たちだ。より伝統的な、フォニックスをベースとした読みの指導へのアプローチを強く主張する学校のストーリーにおける専門知の風景においては、それに対立する彼らのストーリーであるホールランゲージや、読みへの言語経験的アプローチはもはや存続できないため、表向きのストーリーを語ることになる。わたし自身の経験から挙げられる例は、教職の世界に入るにあたっての競合するストーリーだった。アメリカ合衆国の教師教育には、2つの競合する教師教育のストーリーがある。一つは、大学における教師教育課程についてのストーリーであり、それと並ぶもう一つの競合するストーリーは、大学の教師教育を受けていないが、知的、学問的に抜きんでており、心も優しいということで、現場でのメンターの助言と本人の素質に依拠してそのまま教師として学校に入ることを許される学生たちのストーリーだ。本書では、学校の出席についてのストーリーと「適応している」子どものストーリーといった、他の競合するストーリーについても明晰な記述が行われている。

　さらに、この研究が導入している新たな用語は、教育実践、教師教育、カリキュラム・メイキングについてのわたしたちの考えを前進させる。また、わたしたちは何者であり、ナラティブ的探究を行う研究者としての人生をどう生きるかを語り合う語彙を豊かにしてくれる。そうした用語の一つが、ストーリーが互いに「衝突する」という概念だ。ストーリーとストーリーが衝突したときに、緊張関係が生じることを著者たちは示唆している。ストーリーは、競合するストーリー、さらには互いに対立するストーリーにもなっていく。本書の研究者たちは、自分たちの研究者としてのストーリーが、時に、研究参加者たちのストーリーや、研究環境に通っている筋、さらに研究者としての自分たちを何者と理解していたかということと「衝突する」様子も明瞭に語っている。こうした「衝突」の場面は常に緊張関係を生む。この用語自体、わたしたちは「破壊」について語っているわけではないので、緊張関係ばかりでなく、それを調整する可能性も含んでいる。そこには、研究

者が、研究者としての自分自身について表向きのストーリーを語り、演じ始めたり、衝突や緊張関係を感じないように研究の中でうたた寝を決め込んだりすることも含まれるかもしれない。

　ここでわたしたちは、研究者として耳を傾け、意思決定をすることにおいて、「目覚めており、思慮深く」あり続けるといった新たな考え方にも導かれる。さらに、著者たちは、参加者、制度、研究者についてのストーリーが「中断」されることについて語っている。自分たちが「傲慢な視線」を用いていないかを問い、参加者の世界を参加者の目と知を通して理解することを試みて、参加者の世界への「世界旅行」について述べている。「物事の中心から周縁までを生き、そして見る」という考え方を明示している。児童、教師、管理職の人生、そして学校を理解することにおける「ナラティブ的統一性」についても語っている。「脚色する」という興味深い考え方を研究している。最後に、「参加者についてのストーリーと、参加者のストーリー」の区別を紹介する。これが最初に現れるのは第3章で、子どもが支えとするストーリーと、子どもたちについての教師のストーリーとの間の対比、あるいはおそらく対立という考え方が紹介されたときだ。ジェームズが自分自身についてのストーリーを、優れた学び手で、学級の親切な一員として描いていたことが、ジェームズは適応していない少年だとする彼の教師のストーリーと衝突した場面にこの点が現れた。免許取得前の教師、新人、経験を積んだ教師の成長に関する研究をどのように行うかを思い描くこともできる。そこでは、この区別に対して、特に、教員養成、現職教師教育、そして教室での教師教育のカリキュラム・メイキングの観点から、さらに注意深い配慮がなされる。

　方法論的には、本書は、ナラティブ的探究の研究者たちが以前から目にしてきた、あるツールのより明確な例示を行っている。そのツールとは、三次元的なナラティブ的探究の空間である。ナラティブ的探究の研究者として、わたしたちは、この用語は目にしていたし、その例示も『ナラティブ的探究（Narrative Inquiry）』（Clandinin and Connelly 2000）で見ている。しかし、本書では、実験的な語彙からナラティブ的探究の日常語へとこの概念を移すかのように、よどみなく流れるように、そして美的に、ツールとしての応用

がなされている。この概念は、今や、ナラティブ的探究についての対話や会話の中になめらかに流れこんでいる。このように、空間と、相互行為、連続性、状況といった要素とがフィールド・テキストの分析を深め、研究計画の改善を可能にする。

　もう一つ、利用され、説明され、例示されているツールは、ワード・イメージの使用である。それが使われたのは、本質的には、ジム、サリー、スザンヌの性格をとらえ、記録するためであり、要約するためではない。ワード・イメージは、テキスト、章、事例の階層を、複雑さとニュアンスを保持しつつとらえ、しかし、こうした性格を、分析や理解のために容易にすばやく利用できるようにする方法だ。

　3つ目にここで拡張され、強化されているナラティブ的探究のツールは、研究結果についてのより伝統的な考え方が拡大することへの対抗策として、思いめぐらすこと（wondering）を活用することだ。本書では、例えばカトリーナのストーリーのような、表に現れた登場人物や、後景にいる登場人物たちによる短いナラティブがしばしば提示されている。いったんあるストーリーが紹介されると、ナラティブ的探究者たちは、ストーリー、視野、文脈について思いめぐらすことにわたしたちを引き込み、この研究の読者であるわたしたちの目を大きく見開かせる。また、これらの間を移動することがどのような影響をもたらすのかを、具体的に示すことで、子どもたち、教師、管理職、家族の人生、そして学校についてのわたしたちの理解を広げてくれる。例えば、カトリーナのストーリーでは、適応しているという居心地がよく穏やかなストーリーに属して生きたいという彼女の願い、カトリーナが話をつくり上げることについて仲間の児童たちが語るかもしれない潜在的なストーリー、母親がカトリーナの学校での経験について語るかもしれないストーリー、研究者がカトリーナの世界を想像したり解釈したりするときに起こりうる誤解あるいは傲慢さの可能性について、わたしたちは思いめぐらす。思いめぐらすことによって、読者は、研究成果を解明、発見し、以前の状態に対する他の可能性を想像し、今はどうであるか、今後どうなりうるのかについて、より複合的に考えるようになる。思いめぐらすことによって、読者は、生きられているストーリーを想像し直し、自分自身が学校で生きた経験につなぐこ

とに、また、研究者としては、調査や学校や人生について再考することへと促され、それが可能になる。

　最終章で導入された最後のツールは、状況、動向、研究を「小さく」見る試みを取り入れたことだ。「小さく」見るとは、評価というレンズ、あるいは実証的で対象から距離をとった調査研究を伴う制度というレンズを通して見ることだが、同時に、わたしたちがかかわっている個々人の人生への注目を通して研究を「大きく」見ながらそれを行うのである。「小さく」見ることと「大きく」見ることとをこうして同時に行うことによって、両方の見方に新しい活力と、拡張された関係性がもたらされる。「小さく」見るのに対応して「大きく」見ることで、政策立案者や数量調査を行う研究者は、調査の中に個人的な経験を取り戻すことができ、それによって、制度的なことに対して個人的、私的、個別的なことを検討することが可能になる。「大きく」見るのに対応して「小さく」見ることによって、部分に焦点を当てる人は、それを、より広い文脈に位置づけ、個人的、私的なものと、さらに、政策を形成し、全体として学校、家族、子どもたちの人生、あるいは制度はどうありうるのかをイメージし直す個人の力を増す制度的なものとを結びつけることが可能になる。

　結局、方法論としてのナラティブ的探究の観点から言えば、わたしにとって、本書は、社会科学研究の新しいジャンルを教えてくれるものだ。上で検討した調査ツールの使用を通して、研究者たちは、最終的な結論の出ないナラティブ空間に読者を留めおく。調査研究の中でストーリーが語られても、研究者たちは、巧妙に、ナラティブが示す始めと終わりを開かれた状態に保っている。調査の筋は、時間に伴って前後に拡張するが、以前の経験や結びつきへと戻ることが、そのストーリーが語った場面を越える先への飛躍につながるように、筋と筋は重なり合うことも多い。このように、時間は、決して安定的なものではなく、登場人物と環境も、静的というよりは動的であるため、読者は、特定の未来がどのようにこの過去の再解釈につながるのか、この現在の場面はどのように多くの未来を支えることになるのかを考えるためにしばしば読むのを中断することになる。

　このジャンルの研究において、著者たちは、自分たちが生きた経験をふる

いにかけ、燃える石炭のようなナラティブを抽出する。彼らが提示したストーリー（ジェームズ、カトリーナ、サディ、ジュリー、アーロン、ディラン、アミット、ジャネット、サリー、リアン、ショーン、アン）は、それほど典型的、代表的なストーリーというわけではないが、想像と理解の火を点す可能性を含んだ赤々とした燃えさしだ。傲慢に決めつけたり、多様性を無視して合算したりすることを避け、思いめぐらすことに没入するというやり方に明確に述べられているように、それらのストーリーは、調査されている人びとの人生、そして、調査の方法を想像し、想像し直す方法にしっかりと結びついている。ストーリーは、定義から出発するのではなく、閉じて終わるわけでもないので、読者は、研究者たちと共に思いをめぐらしながら、繊細だが積極的なものになる可能性を含んだ筋が現れてくるのを期待して待つことになる。この研究ジャンルの美学によって、わたしたちは、発見に取り組むことができるし、その発見が、わたしたちの心の中で輝き、どのように教師を育て、カリキュラムを理解し、つくるかを考察したり、どのように社会を築くかを考えたりするときに、わたしたちの精神を照らすことが可能になる。

現象としてのナラティブについての新たな理解

　実際、ナラティブを、精査の対象となっている現象とみなす新しい理解が可能になるのは、調査報告のこの新しいジャンルが前提としている美学によってである。そのおかげで、わたしたちは、学校での人生における相互作用、連続性、状況といった現象をよりよく理解できる。だが、個人的にはかえって不安にもさせられる。子どもたち、教師、管理職、そして学校が、より成功するための筋を構成する可能性が、不確かで繊細な性質のものだからだ。他方、より希望をもつこともできる。それは、今、目の前にいる、そして将来出会う子どもたち、教師、管理職、学校が、わたしたちの社会と彼ら個々人を支援し励ます支えとするストーリーを発展させるのを援助するより良い方法が想像できるからだ。

　本書の各章が展開していく中で、わたしたちの理解は、繰り返し、以下のものと突きあたる。すなわち、個人的希望と感覚がわたしたちをとりまく情

勢とぶつかる道筋、過去が常に現在に現れ未来へと広がる道筋、現在において過去と未来の間のつなぎ目が中断され、再調整され、維持される経緯、未来が現在から立ち現れて過去を再び開く経緯、そして、わたしたちが経験すること、理解するようになることに特定の背景や状況が影響を与える経緯である。砦(とりで)への校外学習のストーリーによって、ナラティブ空間のこれらの側面のそれぞれについての理解が深められる。ティピーやバノックのことを知っており、また、自分たちの伝統についても潜在的に知っており、理解している子どもたちの経験と声は、ガイドのジョージが閉じたものと考えている義務づけられたカリキュラムの枠をこじ開ける。第7章の3人の教師たちのストーリーは、現在の経験が過去の経験の脈絡から引き出されうる道筋を明らかにする。その道筋において、この教師たちは、過去に想像した自分とは異なる未来の自分を心に描くこと、そして、どのようにして子どもたちの支えとするストーリーを支援できるかを思い描くことが可能になる。

傷を隠すためにスカーフを身につけているディランのストーリー、兄の中退に対する彼の拒否反応、自分の美術に対する思い、妹と共にさまよう人生がわたしたちの情に触れる。アミットのインドへの帰還によってジャネットが狼狽(ろうばい)したように、わたしたちも不安になる。ジェームズが適応できない子どもになることを暗示するストーリーはわたしたちを悲しませる。ラビーン小学校でナラティブを生きたこの子たちが、経験の積極的脈絡をまとめ上げて人生を綴れるようになること、それによってより困難な脈絡を、人生を分裂させるものとしてではなく、それを綴るための力の源泉として使えるようになることをわたしたちは皆で期待し、願っている。しかし、それによって、わたしたちは、様々な、強化され、再生された自分たちのための筋をもイメージするようになる。そこにおいて、わたしたち自身の持ち場で、わたしたち自身のやり方で、わたしたち自身の人生において、そうした子どもたちを支える方法を見つける。

本書の著者たちは、新しい事実を伝統的な方法でわたしたちに伝える点においてではなく、ポランニー（1967）によって明らかにされた暗黙知（tacit knowing）の方法においてわたしたちの教師となっている。すなわち、一つの内在（in-dwelling）において、わたしたちは学校における人生のナラティ

ブ的理解についての理解の仕方を見ることができたわけだが、それは、これらの著者たち、すなわち、わたしたちの教師に「内在している」(in-dwells)。それゆえこの理解はわたしたちの中に「内在する」ようになる。結果としてわたしたちは変化する。わたしたちのコミュニティにおける学校教育の筋を再考する。「小さく」見ることへの制度的関与と「大きく」見ることにかかわりながら、わたしたちは、政策立案のストーリーに入っていくための新しい方法を確認する。それによって、子どもたち、教師、管理職の人生そして学校に生気を与えると思われる筋をイメージし直すことが可能になる。こうして、ナラティブ的探究の方法論と現象としてのナラティブへの新たな見方と、わたしたちが知り、愛する子どもたち、教師、管理職、研究者たちへの新たな希望を抱きつつ、わたしたちは本書を後にする。

注

＊は訳注。その他は原注。
ジャニス・ヒューバーが日本語版のために追加した注には、末尾に（J·H）を付す。

はじめに　執筆者紹介

＊1　life、lives には、「人生」という訳語をあてたが、時間的な見通しの中でとらえる人生というだけでなく、今を生きるという意味も強い。その点では、「生」という訳語も考えられるが、これは日本語では哲学的なニュアンスに傾くことから、具体性と哲学性の両側面を含むというクランディニンの意向を入れて「人生」とした。

＊2　stories to live by は、自分の経験を通してつくられ、自分の中にあって存在を支え、生きていく指針となるストーリーである。とはいえ、固定的なものではなく様々な関係の中で変化もする。このような多様な意味を含むが、今回は、クランディニンと相談の上、「支えとする」という訳語をあてることにした。

第1章

1　わたしたちが学校研究を行ったシティ・ハイツ校とラビーン小学校では、複式学級制をとっているので、ここで述べているのは、学年というよりむしろ学校での年数になる。3・4年生というのは、教室にいる多様な8歳と9歳の子どもたちの集団のことである。

2　ラビーン小学校はカナダ西部の都会の学校である。『統計カナダ』（1996）によれば、近隣は民族的に多様であり、民族人口として最も多いのはヨーロッパ系の人びと、以下、地域の人口比順に並べると、南アジア、中国、南東アジア、フィリピン、ラテンアメリカの人びとが続く。この地域の先住民系の人びととの比率は小さい。ほとんどが一戸建て住宅に住んでいる中間層から中間下層の人びとが暮らす地域であり、雇用率は72％である。学校や点在する市立公園の周囲には多くの緑地がある。19歳以下の子どもたちが地域の

人口の 42％にのぼる家族コミュニティ（family community）である。ラビーン小学校の周囲に隣接した区域には、賃貸のアパートやタウンハウスばかりでなく、先住民のグループが所有している家を含む多様な家族の住居が数多くある。

*1 カナダの複式学級は、子どもの成長に柔軟に対応するという目的で編成されている場合が多く、主に小規模校で実施されている日本の複式学級とは性格が異なる。

*2 カナダの統計文書では、子どもの数が一定割合以上の地域を family community と呼ぶ場合がある。

第3章

1 ウォーキング・カードとは、遊び場での態度にかかわって全校的に取り組まれているしつけの方針の一環である。ウォーキング・カードは、許容範囲を超えると判定された態度が一定回数になると渡される。それは、遊び場を監督している教師と並んで歩かなければならないことを意味する。

第4章

*1 『マジック・ツリーハウス』シリーズの第1巻は 1992 年に出版され、シリーズは、45 タイトルを含むまでに拡大した。世界中の至るところを旅する兄妹の冒険を描いたこの本は、今も出版され、30 か国の子どもたちに読まれている。例えば、1巻から 29 巻までは日本語にも翻訳されている。カナダの多くの子どもたちは、1年生から3年生の時に、読書を続けるきっかけとなるよう、このシリーズを紹介される。より詳しい情報については、http://www.magictreehouse.com/ で見ることができる。(J.H)

*2 ステップブックは、巻が進むにつれ、ステップを追って難易度が上がっていくように書かれている子ども向けの読みもの。読解力をレベル別に分けて指導するという観点からカナダでは広く普及している。しかし、たとえ難しくても子ども自身が関心を持って選んだ本を読み味わうことを大事に考える教師たちや、児童文学を研究している教師たちの間には、ステップブックの使

用に批判的な声もあり、指導論をめぐる議論となっている。

＊3　内容が章に分かれていない子ども向けの絵本に対し、小学校低学年ぐらいから読み始める章立てされた子ども向けの本。チャプターブックを読めるようになることは子どもにとって自分が成長した誇りとなる。

＊4　メティス部族は、カナダに数多くある先住民グループの1つ。アーロンは、家族が北部アルバータのメティス・コミュニティと代々結びついているメティスの家系である。(J·H)

第6章

1　ラビーン小学校の学習祝賀会は、一人の子どもの成長について話し合うために親、教師、子どもが会う親－教師面談の代わりに行われている。学習祝賀会の期間、子どもたちは、親に自分たちの研究を語り、学習について発表する。

＊1　カナダでは、学習障害を特別視することを避け、学習障害を含みつつより広い概念として「学習困難」を用いる傾向がある。

＊2　学習祝賀会は、子どもたちが親や家族に様々な学習主題について伝える場である。通常は、通知表が親に送られた後、子どもたちの教室で実施される。(J·H)

＊3　ジャネットは、教師が親に学習状況を説明するのではなく、子ども主体で学習内容を発表するこの行事を特に重視しており、低学年、中学年、高学年に分けて数日にわたって行っている。昨年、田中がジャネットを新しい赴任校に訪ねたときは、学校祝賀会の翌日だったが、子どもも教師も一息つくという意味でパジャマ・デーとしていた。呼び名や重視の度合いは異なるが、同様の取り組みを行う学校がカナダでは増えているという。

＊4　状況を説明的にではなく、イメージ的に把握するために用いられている手法。特に、先住民の研究者たちは、ワード・イメージを用いると音まで聞こえる

と感じられるほどに情景が生き生きと思い浮かぶという。

第10章

1 　この章の背景となる調査を提供してくれた、教員養成・現職教員教育研究センターの大学院生であるシミー・チャンの協力に感謝する。

2 　高校離脱者の割合は、高校を修了しておらず、また、修了のための学習も行っていない20歳の人びととの比率として定義されている(『統計カナダ』のインターネット・サイトは、http://www.statcan.ca/english/freepub/81-004-XIE/2004006/yits.htm であり、2005年6月25日に参照した)。『統計カナダ』の情報を使用するにあたっては、『統計カナダ』の許可を得た。オリジナルか修正版かにかかわらず、『統計カナダ』の許可を表示することなく、商業目的でデータをコピーし、普及することは禁止されている。『統計カナダ』からのデータを広範囲に使用する場合についての案内は、『統計カナダ』の支局から入手できる。インターネット・サイトは、http://www.statcan.ca、フリーダイヤルの番号は、1-800263-1136である。

3 　学校改革についてのナラティブ的理解のアイデアは、Clandinin and Connelly (1998) に依拠している。

訳語の変更について

　重版に当たり、初版では「カリキュラムづくり」としていた「curriculum making」の訳語を「カリキュラム・メイキング」に変更することとした。
　著者たちは、「curriculum」の語を、「学校と教室において教師と子どもが共に生きる人生の記録」(p.32)、「人生の道筋」(同前) の意味で用いている。これは、カリキュラム概念を「教育内容の計画的配列」から「学習経験の履歴」へと転換した国際的動向とも対応する。
　一方、日本の教育実践には、制度的なカリキュラムを教授するだけではなく、教師が子ども・学習者の要求を受けとめながら、共に授業づくりや教育課程の自主的編成を進めてきた蓄積がある。初版において「カリキュラムづくり」の訳語を採用したのは、こうした日本の教師たちの発想とクランディニンたちの意図とがこの語を介してつながることを期待したからだった。実際、初版を読んだベテランの教師たちからは、自分たちの実践とクランディニンたちの模索との重なりを指摘する感想が多く寄せられた。
　しかし、「学力向上」政策が強化されて以降、カリキュラム理解において一種の逆行が生じているように思われる。「カリキュラムづくり」という言葉も「教師と子どもが共に生きる人生の記録・道筋を紡ぎ合う」という理解ではなく、教育者側が一方的に教育内容を配列してしまう旧来的なカリキュラム概念に引きずられての誤解が生じやすくなった。
　敢えて「カリキュラム・メイキング」というカタカナ表記を採用したのは、こうした状況を勘案し、現在の日本の文脈に解消されてしまわないキーワードとして意識してもらうためである。本書を共に読んでくれた学生・院生の皆さん、感想を寄せてくれた現場教師の方々から、今回の判断につながる声をいただいたことに感謝する。

参考文献

Alberta Learning (2003) A profile of Alberta's Aboriginal population: census data 2001 (PowerPoint presentation), Edmonton, AB, Canada: Author.

Ancess, J. (2003) *Beating the Odds: High Schools as Communities of Commitment*, Toronto, ON, Canada: University of Toronto Press.

Arnold, T. (2000) *Parts*, London: Puffin Books.

Bach, H. (1993) Listening to girls' voices: Narratives of experience, unpublished master's thesis, University of Alberta, Edmonton, AB, Canada.

—— (1998) *A Visual Narrative Inquiry Concerning Curriculum, Girls, Photography etc.*, Edmonton, AB, Canada: Qual Institute Press.

Bateson, M.C. (1994) *Peripheral Visions: Learning Along the Way*, New York: Harper Collins.

—— (2000) *Full Circles Overlapping Lives: Culture and Generation in Transition*, New York: Random House.

—— (2004) *Willing to Learn: Passages of Personal Discovery*, Hanover, NH: Steerforth Press.

Battiste, M. (2004) Animating sites of postcolonial education: indigenous knowledge and the humanities, paper presented as plenary address for the annual meeting of the Canadian Society for the Study of Education, Winnipeg, MB, Canada, May.

Baylor, B. (1985) *Everybody Needs a Rock*, Markham, ON, Canada: Simon & Schuster.

Behar, R. (1996) *The Vulnerable Observer: Anthropology that Breaks your Heart*, Boston, MA: Beacon Press.

Belenky, M.F., Clinchy, B.M., Goldberger, N.R. and Tarule, J.M. (1986) *Women's Ways of Knowing: The Development of Self, Voice, and Mind*, New York: Basic Books.

Bennett, W.J. (1993) *The Book of Virtues: A Treasury of Great Moral Stories*, New York: Simon & Schuster.

Borland, K. (1991) "That's not what I said": interpretive conflict in oral narrative research, in S. Berger and D. Patai (eds), *Women's Words: The Feminist Practice of Oral History* (pp. 63-75), New York: Routledge.

Bruner, J. (1986) *Actual Minds, Possible Worlds*, Cambridge, MA: Harvard University Press.

（ジェローム・S. ブルーナー『可能世界の心理』田中一彦訳、みすず書房、1998年）

Buber, M. (1937) *I and Thou*, tr. R.G. Smith, New York: Scribner.

（マルティン・ブーバー『我と汝・対話』植田重雄訳、岩波文庫、1979年）

—— (1947) *Between Man and Man*, tr. R.G. Smith, London: Collins.

Butler-Kisber, L. (1998) Representing qualitative data in poetic form, a paper presented at the Annual Meeting of the American Educational Research Association, San Diego, CA, 15 April.

—— (2002) Artful portrayals in qualitative inquiry: the road to found poetry and beyond, *Alberta Journal of Educational Research*, 48(3): 229-39.

Caine, V.F.J. (2002) Storied moments: A visual narrative inquiry of Aboriginal women living with HIV, unpublished master's thesis, University of Alberta, Edmonton, AB, Canada.

Carr, D. (1986) *Time, Narrative, and History*, Bloomington, IN: Indiana University Press.

Carter, K. (1993) The place of story in the study of teaching and teacher education, *Educational Researcher*, 22(1): 5-12, 18.

Cisneros, Sandra (2002) *Caramelo*, New York: Vintage Contemporaries.

Clandinin, D.J. (1985) Personal practical knowledge: a study of teachers' classroom images, *Curriculum Inquiry*, 15(4): 361-85.

—— (1986) *Classroom Practice: Teacher Images in Action*, Philadelphia, PA: Falmer Press.

—— and Connelly, F.M. (1988) Studying teachers' knowledge of classrooms: Collaborative research, ethics, and the negotiation of narrative, *Journal of Educational Thought*, 22(2A): 269-82.

—— and —— (1992) Teacher as curriculum maker, in P. Jackson (ed.), *Handbook of Research on Curriculum* (pp. 363-401), Toronto, ON, Canada: Macmillan.

—— and —— (1994) Personal experience methods, in N. Denzin and Y. Lincoln (eds), Handbook of *Qualitative Research* (pp. 413–27), Thousand Oaks, CA: Sage.

—— and —— (1995) *Teachers' Professional Knowledge Landscapes*, New York: Teachers College Press.

—— and —— (1996) Teachers' professional knowledge landscapes: teacher stories – stories of teachers – school stories – stories of school, *Educational Researcher*, 25(3): 24–30.

—— and —— (1998) Stories to live by: Narrative understandings of school reform, *Curriculum Inquiry*, 28: 149–64.

—— and —— (2000) *Narrative Inquiry: Experience and Story in Qualitative Research*, San Francisco: Jossey-Bass.

—— Davies, A., Hogan, P. and Kennard, B. (1993) *Learning to Teach, Teaching to Learn: Stories of Collaboration in Teacher Education*, New York: Teachers College Press.

Connelly, F.M. and Clandinin, D.J. (1985) Personal practical knowledge and the modes of knowing: Relevance for teaching and learning, in E. Eisner (ed.), *Learning and Teaching the Ways of Knowing* (84th yearbook of the National Society for the Study of Education, pp. 174–98), Chicago: University of Chicago Press.

—— and —— (1988) *Teachers as Curriculum Planners: Narratives of Experience*, New York: Teachers College Press.

—— and —— (1990) Stories of experience and narrative inquiry, Educational Researcher, 19(5): 2–14.

—— and —— (1999) *Shaping a Professional Identity: Stories of Educational Practice*, New York: Teachers College Press.

—— and —— (in press) Narrative inquiry, in J. Green, G. Camilli, and P.B. Elmore (eds), *Handbook of Complementary Methods in Educational Research*, Mahwah, NJ: Lawrence Erlbaum Associates.

Coville, B. (1997) *The Skull of Truth: A Magic Shop Book*, New York: Simon & Schuster.

Craig, C.J. (1992) Coming to know in the professional knowledge context: beginning teachers' experiences, unpublished doctoral dissertation, University of

Alberta, Edmonton, AB, Canada.

Crites, S. (1971) The narrative quality of experience, *Journal of the American Academy of Religion*, 39(3): 391–411.

—— (1979) The aesthetics of self-deception, *Sounding*, 62: 107–29.

Darling-Hammond, L. (1997) *The Right to Learn: A Blueprint for Creating Schools that Work*, San Francisco: Jossey-Bass.

—— (2005) Testing or investing? The influence of test-based accountability on educational opportunity, in J.A. Banks (chair), Educating for democracy and diversity in an era of accountability, Symposium conducted at the American Educational Research Association Annual Meeting, Montreal, QC, Canada, April.

—— and Rustique-Forrester, E. (2005) The consequences of student testing for teaching and teacher quality, in J. Herman and E. Haertel (eds), *2005 NSSE Handbook*, 104: *Uses and Misuses of Data for Educational Accountability and Improvement* (issue 2, ch. 12, pp. 289–319), Malden, MA: Blackwell.

Davies, A. (1996) Team teaching relationships: Teachers' stories and stories of school on the professional knowledge landscape, unpublished doctoral dissertation, University of Alberta, Edmonton, AB, Canada.

Dewey, J. (1938) *Experience and Education*, New York: Collier Books.
(ジョン・デューイ『経験と教育』市村尚久訳、講談社学術文庫、2004 年)

Dillard, A. (1995) *Mornings Like This: Found Poems*, Toronto, ON, Canada: HarperCollins.

Ehrenberg, R.G., Ehrenberg, R.A., Rees, D.I. and Ehrenberg, E.L. (1991) School district leave policies, teacher absenteeism, and student achievement, *Journal of Human Resources*, 26(1): 72–105.

Eisner, E. (1988) The primacy of experience and the politics of method, *Educational Researcher*, 20: 15–20.

—— (1991) *The Enlightened Eye: Qualitative Inquiry and the Enhancement of Educational Practice*, Toronto, ON, Canada: Collier Macmillan.

Elbaz, F. (1983) *Teacher Thinking: A Study of Practical Knowledge*, London: Croom Helm.

Ely, M., Anzul, M., Downing, M. and Vinz, R. (1997) *On Writing Qualitative Re-*

search: Living by Words, New York: Taylor & Francis.

Ewald, W. (2001) *I Wanna Take me a Picture: Teaching Photography and Writing to Children*, Boston, MA: Beacon Press.

Fine, M. (1987) Silencing in public schools, *Language Arts*, 64(2): 157–74.

—— (2004) Witnessing whiteness/gathering intelligence, in A. Burns, M. Fine, L. Powell Pruitt, and L. Weiss (eds), *Off White: Readings on Power, Privilege, and Resistance* (2nd edn, pp. 245–56), New York: Routledge.

—— and Rosenberg, P. (1983) Dropping out of high school: the ideology of school and work, *Journal of Education*, 165(3): 257–72.

Fox, M. (1997) *Whoever You Are*, San Diego, CA: Harcourt Brace.

Geertz, C. (1995) *After the Fact: Two Countries, Four Decades, One Anthropologist*, Cambridge, MA: Harvard University Press.

Greene, M. (1995) *Releasing the Imagination: Essays on Education, the Arts, and Social Change*, San Francisco: Jossey-Bass.

Harding, S. (1988) *Feminism and Methodology: Social Science Issues*, Bloomington, IN: Indiana University Press.

Heilbrun, C. (1988) *Writing a Woman's Life*, New York: Ballentine Books.

—— (1999) *Women's Lives: A View from the Threshold*, Toronto, ON, Canada: University of Toronto Press.

Hoffman, E. (1989) *Lost in Translation: A Life in a New Language*, New York: Penguin Books.

Hollingsworth, S. (1994) *Teacher Research and Urban Literacy Education: Lessons and Conversations in a Feminist Key*, New York: Teachers College Press.

hooks, b. (1984) *Feminist Theory: From Margin to Centre*, Boston, MA: South End Press.

Huber, J. (1992) Narratives of experience: voice as evaluation, unpublished master's thesis, University of Alberta, Edmonton, AB, Canada.

—— and Whelan, K. (2000) Stories within and between selves: Identities in relation on the professional knowledge landscape, paper-formatted doctoral dissertation, University of Alberta, Edmonton, AB, Canada.

—— and Clandinin, D.J. (2002) Ethical dilemmas in relational narrative inquiry with children, *Qualitative Inquiry*, 8(6): 785–803.

—— and —— (2004) Scaffolding children's identity making with literature, in A. Rodgers and E. Rodgers (eds), *Scaffolding Literacy Instruction* (pp. 143–61), Portsmouth, NH: Heinemann.

—— Keats Whelan, K. and Clandinin, D.J. (2003) Children's narrative identity-making: Becoming intentional about negotiating classroom spaces, *Journal of Curriculum Studies*, 35(3): 303–19.

Huber, M. (2000) Negotiating stories of courage and hopefulness through relational inquiry: An unfolding story, unpublished master's thesis, University of Alberta, Edmonton, AB, Canada.

—— Huber, J. and Clandinin, D.J. (2004) Narratives of resistance: exploring the continuity of stories to live by, *Reflective Practice*, 5(2): 181–98.

Jackson, P. (1992) Conceptions of curriculum and curriculum specialists, in P. Jackson (ed.), *Handbook of Research on Curriculum* (pp. 3–40), New York: Macmillan.

Johnson, M. (1987) *The Body in the Mind: The Bodily Basics of Meaning, Imagination, and Reason*, Chicago: University of Chicago Press.

—— (1989) Embodied knowledge, *Curriculum Inquiry*, 19(4): 361–77.

Kennedy, M. (1992) Narrative journeys: a mother/teacher story, unpublished master's thesis, University of Alberta, Edmonton, AB, Canada.

Kerby, A.P. (1991) *Narrative and the Self*, Bloomington, IN: Indiana University Press.

Lincoln, Y.S. and Guba, E.G. (1989) Ethics: the failure of positivist science, *Review of Higher Education*, 12(3): 221–41.

Lindemann Nelson, H. (1995) Resistance and insubordination, *Hypatia*, 10(2): 23–43.

Lugones, M. (1987) Playfulness, "world"-travelling, and loving perception, *Hypatia*, 2(2): 3–37.

Lyons, N. (1990) Dilemmas of knowing: Ethical and epistemological dimensions of teacher's work and development, *Harvard Educational Review*, 60(2): 159–80.

—— and LaBoskey, V. (2003) *Narrative Inquiry in Practice. Advancing the*

Knowledge of Teaching, New York: Teachers College Press.

McCain, M.N. and Mustard, F. (1999) *Reversing the Real Brain Drain: Early Years Study Final Report*, Toronto, ON, Canada: Publications Ontario.

Merriam, E. (1991) *The Wise Woman and Her Secret*, New York: Simon & Schuster.

Mickelson, J.R. (2000) *Our Sons are Labelled Behaviour Disordered: Here are the Stories of our Lives*, Troy, NY: Educators International Press.

Miller, J.L. (1990) *Creating Spaces and Finding Voices: Teachers Collaborating for Empowerment*, Albany, NY: State University of New York Press.

Mitchell, W.J.T. (1981) *On Narrative*, Chicago: University of Chicago Press.

Murphy, S. (2000) Stories of teachers and technology, unpublished master's thesis, University of Alberta, Edmonton, AB, Canada.

—— (2004) Understanding children's knowledge: a narrative inquiry into school experiences, unpublished doctoral dissertation, University of Alberta, Edmonton, AB, Canada.

Murray Orr, A. (2001) Facilitating caring relationships through book talks in a year two classroom, unpublished master's thesis, St Francis Xavier University, Antigonish, NS, Canada.

—— (2005) Stories to live by: book conversations as spaces for attending to children's lives in school, unpublished doctoral dissertation, University of Alberta, Edmonton, AB, Canada.

Neumann, A. (1997) Ways without words: learning from silence and story in postholocaust lives, in A. Neumann and P. Peterson (eds), *Learning from our Lives: Women, Research, and Autobiography in Education* (pp. 91–120), New York: Teachers College, Columbia University.

Noddings, N. (1984) *Caring: A Feminine Approach to Ethics and Moral Education*, Los Angeles, CA: University of California Press.

（ネル・ノディングズ『ケアリング――倫理と道徳の教育　女性の観点から』立山善康／清水重樹／新茂之／林泰成／宮崎宏志訳、晃洋書房、1997 年）

—— (1986) Fidelity in teaching, teacher education, and research for teaching, *Harvard Educational Review*, 56(4): 496–510.

—— (1992) *The Challenge to Care in Schools*, New York: Teachers College Press.

(『学校におけるケアの挑戦——もう一つの教育を求めて』佐藤学監訳、ゆみる出版、2007年)

Olson, M. (1993) Narrative authority in (teacher) education, unpublished doctoral dissertation, University of Alberta, Edmonton, AB, Canada.

Osborne, M.P. (1998) *Magic Tree House*, Toronto, ON, Canada: Scholastic.
(『マジック・ツリーハウス』シリーズの邦訳は、メディアファクトリーから発行されている。)

Oyler, C. (1996) Sharing authority: student initiations during teacher-led read-alouds of information books, *Teaching and Teacher Education*, 12(2): 149-59.

Pearce, M. (1995) A year in conversation: negotiating relationships, unpublished master's thesis, University of Alberta, Edmonton, AB, Canada.

Personal Narratives Group (1989) *Interpreting Women's Lives: Feminist Theory and Personal Narratives*, Indianapolis, IN: Indiana University Press.

Phillips, D.C. (1987) Validity in qualitative research, or, why the worry about warrant will not wane, Education and Urban Society, 20(1): 9-24.

Pillay, G. (2003) Successful teachers: A cubist narrative of lives, practices, and the evaded, unpublished doctoral dissertation, University of Durban-Westville, South Africa.

Polacco, P. (2002) *A Christmas Tapestry* (1st edn), New York: Philomel Books.

Polanyi, M. (1958) *Personal Knowledge: Towards a Post-Critical Philosophy*, Chicago, IL: University of Chicago Press.
(マイケル・ポラニー『個人的知識——脱批判哲学をめざして』長尾史郎訳、ハーベスト社、1985年)

—— (1967) *The Tacit Dimension*, New York: Doubleday.
(マイケル・ポランニー『暗黙知の次元』髙橋勇夫訳、ちくま学芸文庫、2003年)

Polkinghorne, D.E. (1988) *Narrative Knowing and the Human Sciences*, New York: State University of New York Press.

Raymond, H. (2002) A narrative inquiry into mother's experiences of securing inclusive education, unpublished doctoral dissertation, University of Alberta, Edmonton, AB, Canada.

Rose, C. P. (1997) Stories of teacher practice: exploring the professional knowledge landscape, unpublished doctoral dissertation, University of Alberta, Ed-

monton, AB, Canada.
Rylant, C. (1992) *An Angel for Solomon Singer*, New York: Orchard Books.
Sarbin, T.R. (2004) The role of imagination in narrative construction, in C. Daiute and C. Lightfoot (eds), *Narrative Analysis: Studying the Development of Individuals in Society*, Thousand Oaks, CA: Sage.
Schön, D. (1983) *The Reflective Practitioner*, New York: Basic Books.
（ドナルド・A・ショーン『省察的実践とは何か──プロフェッショナルの行為と思考』柳沢昌一／三輪健二訳、鳳書房、2007 年）
Schwab, J.J. (1969) The practical: a language for curriculum, *School Review*, 78(1): 1–23.
—— (1970). *The Practical: A Language for Curriculum*, Washington, DC: National Education Association, Center for the Study of Instruction.
—— (1971) The practical: arts of the eclectic, *School Review*, 81: 461–89.
—— (1973) The practical 3: translation into curriculum, *School Review*, 81: 501–22.
—— (1983) The practical 4: Something for curriculum professors to do, *Curriculum Inquiry*, 13(3): 239–65.
Sendak, M. (1986) *Chicken Soup with Rice*, Toronto, ON, Canada: Scholastic.
Sewall, I. (1994) The folkloral voice, unpublished doctoral dissertation, University of Alberta, Edmonton, AB, Canada.
—— (1996) Blessed be the spirit that carries us from day to day, paper presented at the Center for Teacher Education and Development, University of Alberta, Edmonton, AB, Canada, Sept.
Smyth, J., Hattam, R., Cannon, J., Edwards, J., Wilson, N. and Wurst, S. (2004) *Dropping out, Drifting off, Being Excluded: Becoming Somebody Without School*, New York: P. Lang.
Statistics Canada's Internet Site (2004) *Youth in Transition Survey (YITS)*, Ottawa, ON, Canada: Statistics Canada, Human Resources and Skills Development Canada. Retrieved from http://www.statcan.ca/english/freepub/81-004-XIE/2004006/yits.htm, on 26 June 2005.
Steeves, P. (1993) An exploration of voice in the research process in a primary classroom, unpublished master's thesis, University of Alberta, Edmonton,

AB, Canada.

—— (2000) Crazy quilt: continuity, identity and a storied school landscape in transition. A teacher's and a principal's works in progress, unpublished doctoral dissertation, University of Alberta, Edmonton, AB, Canada.

—— (2004) A place of possibility: the Center for Research for Teacher Education and Development, *The Alberta Teachers' Association Magazine* (Summer): 16–17. Stine, R.L. (2000) *Goosebumps*, New York: Scholastic.

Thorndike, E.L. (1927) The *Measurement of Intelligence*, New York: Bureau of Publications, Teachers College, Columbia University.

Trinh, T.M. (1989) *Woman, Native, Other: Writing Postcoloniality and Feminism*, Bloomington, IN: Indiana University Press.

US Congress (2001) No child left behind act of 2001, *Public Law 107–110. 107th Congress*, Washington, DC: Government Printing Office.

Veugelers, W. and Veddar, P. (2003) Values in teaching, *Teachers and Teaching: Theory and Practice*, 9(4): 377–89.

Vinz, R. (1997) Capturing a moving form: Becoming as teachers, *English Education*, 29(2): 137–46.

Witherell, C. and Noddings, N. (1991) *Stories Lives Tell: Narrative and Dialogue in Education*, New York: Teachers College Press.

Wood, D. (2002) *A Quiet Place*, New York: Simon & Schuster.

Young, M. (2003) Pimatisiwin: walking in a good way, unpublished doctoral dissertation, University of Alberta, Edmonton, AB, Canada.

訳者あとがき

　本書は、カナダの教育学者で、ナラティブ的探究（narrative inquiry）の第一人者、D. ジーン・クランディニン（D. Jean Clandinin）とその研究グループによる著作 *Composing Diverse Identities: Narrative inquiries into the interwoven lives of children and teachers*（Routledge 2006）の邦訳である。

　子どもたちは、皆、ストーリーを生きている。家族のストーリーと学校の制度的ストーリーの間で苦闘するリア、友達のシータとサラを見習いながら学校に適応しようと試行錯誤する貧困家庭の1年生サディ、規則違反をしてでも友達と遊ぶ権利を主張し続けたジュリー、障害に悩みつつも誇り高いストーリーを綴るジェームズ、意に反して学校を去るアミットとディラン…。

　そして、子どもたちへの愛情と、学校という制度のはざ間にいる自分たちを見つめ直しながら、時にしたたかに、時に我を忘れて子どもたちを支えようとするジャネットら教師たちも、それぞれが挫折経験も含む人生のストーリーを生きている。

　日本の子ども、そしてわたしたちも、それは変わらない。本書を訳すときにわたしの脳裏にあったのは、北海道の日高で一緒に育った友人（悪童）たち、研究で出会った多くの子ども、そして成長を見続けてきた我が娘とその幼なじみたちの姿だった。「問題行動」と見えるものの背後にも、じっくりとした成長の基盤にも、その子のかけがえのない人生のストーリーがある。本書は、そのことを、わたしたちに思い出させてくれるように思う。

● 訳者あとがき

D. ジーン・クランディニンについて

　クランディニンの名前は、日本では、あまり知られていないが、カナダとアメリカにまたがる教育学の総合学会 AERA[1] の副会長も務めた英語圏を代表する教育学者であり、また、トロント大学での師であるマイケル・コネリー（F. Michael Connelly）との共著を中心に、イタリア語、ポルトガル語、フランス語、中国語（北京・台湾）、韓国語に著作が翻訳されるなど国際的な影響力を持つ研究者である。この 20 年ほどは、カナダで最大の教員養成数を誇るアルバータ大学で、教員養成・現職教員教育研究センター（Centre for Research for Teacher Education and Development）[2] の長として、本書の共著者たちをはじめとする多くの研究者と教師を育ててきた。

ナラティブ的探究の進展と本書の位置

　彼女の著作から代表的なものを挙げ、その研究史をたどっておこう。まず、初期のものとして挙げられるのが、コネリーとの共著 *Teachers as Curriculum Planners: Narratives of Experience*（1988）である。ここでは、カリキュラムを、教師の経験のナラティブに裏打ちされた個人的実践知と結びつけ、子どもたちと共に構成するという理論を展開している。コネリーを介してデューイの学統に連なるカリキュラム研究の立場を、ナラティブの視点で発展させたものと言える。この理論は、本書でさらに具体化されているが、日本における教育課程の自主編成や、臨床教育学における学習指導の位置を検討する上でも示唆に富む。

　その後、彼女は、アルバータ大学が、子どもたちや学校現場の声と結びつつ教員養成を行う機関として構想した教員養成・現職教員教育研究センター（以下、センターと略す）の担当者として招へいされる。そこで地域の学校の教師たちと共に書いたのが *Learning to Teach, Teaching to Learn: Stories of Collaboration in Teacher Education*（1993）である。その巻頭に Teacher Education as Narrative Inquiry と題する論文を配し、教師自身が研究者と共にナラティブ的探究に取り組むことが、教師教育の重要な一環に

309

なるという考えを提示している。行政から一方的に指導を受けるのでも、経験に安住するのでもなく、現場研究者として学校や実践を対象化し、新たな実践を模索する教師像である。

　この構想を具体的かつ理論的に深めていったのが *Teachers' Professional Knowledge Landscapes*（1995）と *Shaping a Professional Identity: Stories of Educational Practice*（1999）の2冊である。本書にも登場する「専門知の風景」、教師として生き延びるための「表向きのストーリー」「秘密のストーリー」といった概念が提起され、教師アイデンティティのあり方が考察される3。また、この時期から、大学院で彼女の指導を受けた現場教師たちが分担執筆に加わるようになり、ナラティブ的探究が実践的に展開していく。

　世紀の区切りと合わせるように、クランディニンとコネリーは *Narrative Inquiry: Experience and Story in Qualitative Research*（2000）でそれまでの研究の方法論的整理を行う。ここでは、デューイ、ジョンソン、マッキンタイア、ギアツ、ベイトソン、コール、ショーンといった人びとの理論の検討を通してナラティブ的探究が形成された経緯から、フィールド・テキストやリサーチ・テキストの構成、論文のまとめ方までが説明されている。

　この方法論の整理を足場に、現在のナラティブ的探究は、2つの方向に進んでいる。一つが、教育学以外の領域との交流である。その成果は、クランディニンを編者として多くの国と領域の研究者たちを結集した *Handbook of Narrative Inquiry: Mapping a Methodology*（2007）に代表される。ここ数年は、アルバータ大学医学部の要請で、ナラティブ的反省的実践（narrative reflective practice）の共同研究にも携わっている。もう一つが、本来の教育学研究の深化である。カリキュラム論から教師研究へと進んできたナラティブ的探究が、いよいよ本格的に子どもに焦点を当て、マクロな社会的動向への視野も含んで展開されつつある。その最初の成果に位置づくのが本書である。

ジーンとのストーリー

　わたしが、ジーン（ここからは本人の希望に即してファースト・ネームで

● 訳者あとがき

呼ぶ）の名前を知ったのは1995年のことである。当時、北海道教育大学に在職していたわたしは、子どもと教育をめぐるマクロとミクロの視点を統合した教育研究の枠組みとして物語論が有効ではないかと考えつつ、同時に学力論・学習論にかかわる仕事も増えていた。そこで先行研究として行き当たったのが、前述の *Learning to Teach, Teaching to Learn: Stories of Collaboration in Teacher Education* だった。竹内常一氏の紹介でJ.H.ギルの *Learning to Learn*[4] の翻訳を始めていたことも関心につながった。だが、教師教育という発想自体が自分の分を越えるとの思いもあり、この時はジーンたちの議論を十分に活かせなかった。

しかし、ジーンとは1999年に改めて出会い直すことになる。この年、大学院時代の指導教官であった堀尾輝久氏の紹介で、当事者の声（voice）に基づく教育研究をしていたメリーランド大学のバーバラ・フィンケルシュタイン氏の下で客員研究員となり、社会をテキスト論の観点から読み解く社会学部のリチャード・ハーベイ・ブラウン氏や、ウィスコンシン大学マジソン校のマイケル・アップル氏とも交流する幸運を得ながら、やはり、そこで触発された議論を日本の繊細な教育実践の研究にどう焦点づけるのかという課題にぶつかっていた。そして、次の滞在地だったロンドン大学の図書館で先行研究をふるいにかける中で残ったのが *Teachers' Professional Knowledge Landscapes* や *Shaping a Professional Identity: Stories of Educational Practice* をはじめとするジーンたちの諸論文だったのである。

帰国後は、大学再編と国立大学法人化の渦中に置かれ、まともな研究ができないまま、また数年が経ってしまったが、2006年に出版された本書が、まさにわたしが求めていたものだとの思いから、同じAERA会員であることを縁として問題意識を説明し、訪問を申し入れたところ、大変お忙しい中を快諾してくださった。意外にも日本の研究者との交流は初めてとのことで、日本の教育実践についての映像を交えた説明にも熱心に耳を傾けられた。

それ以降は、センターの「キッチン・テーブル」でいつも温かく迎えてくださるのに甘えて毎年のように訪問し、本書にジャネットという仮名で

登場する素敵な校長が新しい赴任校の改革に取り組む姿にも接してきた。

　2008年11月には、北海道教育大学主催の公開シンポジウムで基調講演をお願いしたのを機に、本書の共著者の1人であるジャニス（ヒューバー）と共に来日が実現し、小学校、保育所、学童保育も見学していただいた。東京では、都留文科大学を来訪していたフィンランド・オウル大学のペンティ・ハッカライネン氏や、日本の臨床教育学研究者たちを交えて3か国交流を行った。

　また、2009年11月には、ジーンのもとでナラティブ的探究を学び、学校現場に戻った教師たちへの聴き取り調査を、森博俊、氏家靖浩、龍崎忠、山内清郎、鈴木里奈の諸氏と共に行うこともできた。

　しかし、何よりも大切なのは、日本でも何とかナラティブ的探究を実現し、日本の子どもと教師の物語に光を当てた教育を目指すことだ。簡単ではないが、それが、「わたしの唯一の願いは子どもたちの幸せ。そこから離れて学会で力をもつとか、国際的に評価されるなんてどうでもいいこと」というジーンの厚意に本当の意味で応えることだと思っている。

　本書の翻訳にあたっては、たくさんの方々の助けを得た。まず、刊行を引き受けてくださった明石書店、特に、企画を通し、勤務校の異動をまたいで仕事が思うように進まなかったわたしを励ましてくださった三輪ほう子さん、校正・編集担当の脇地直子さんに心から感謝する。英語を母語とする友人の山本アンさんには、語法上の疑問点を中心に教えを請うた。サイモン・フレーザー大学のプログラム・コーディネーターで通訳の鈴木里奈さんには、ジーンやジャニスと訳語のニュアンスの調整を行う際に立ち会っていただいた。ジーン、ジャニス、そしてジャネットは、わたしの細かな質問に答え、日本語版への注を加えたほか、原著の一部修正まで含んで対応してくれた。

　そして、生活上のパートナーでもある板垣和子さんには、あらゆる面で助言・援助をしてもらった。記して感謝したい。

　本書校正中に、わたしたちは、東日本大震災に遭遇した。著者たちは、日本のわたしたちを心配し、力になれることはないかと次々に連絡をよせてくれた。

かつて、確かにそこで紡がれていた子どもたちと人びとの日々のストーリー、そして、これから紡がれていくであろう物語のために本書を捧げる。

　2011年3月

田中昌弥

注
1　American Educational Research Association。日本でいえば日本教育学会に当たるが、その規模ははるかに大きい。
2　翻訳名は、クランディニンと相談の上、センターの性格を表すものとして定めた。
3　これらの著作の検討については、拙稿「カナダにおける教師のアイデンティティ形成と日本の教師像のこれから――クランディニンの研究グループが拓くナラティヴな学校研究の検討を通して」、田中孝彦、森博俊、庄井良信編著『創造現場の臨床教育学』（明石書店、2008年）。
4　田中・小玉重夫・小林大祐訳『学びへの学習――新しい教育哲学の試み』（青木書店、2003年）。

●訳者紹介

田中昌弥（たなか よしや）
1963年生まれ。都留文科大学副学長（兼、国際教育学科教授）。山や川で遊びながら、高校卒業まで北海道で育つ。東京大学教育学部卒業、同大学院教育学研究科博士課程満期単位取得退学。北海道教育大学准教授（札幌校）、都留文科大学文学部初等教育学科教授を経て現職。日本臨床教育学会副会長、日本教師教育学会理事、総合人間学会理事。
専門は、教育学的認識論、臨床教育学、教育思想。知と臨床的課題との関係を通して日本の教育を考える。趣味は柔術、大学のサークルでも教えている。
主な著作に『戦後教育学の再検討　上：歴史・発達・人権』『同　下：教養・平和・未来』（共編著、東京大学出版会、2022年）、『学力と学校を問い直す』（共編著、かもがわ出版、2016年）、『戦後日本の教育と教育学』（共著、かもがわ出版、2016年）、『創造現場の臨床教育学』（共著、明石書店、2008年）、『希望をつむぐ学力』（共著、明石書店、2005年）など。
訳書に、J.H. ギル『学びへの学習——新しい教育哲学の試み』（共訳、青木書店、2003年）。

子どもと教師が紡ぐ多様なアイデンティティ
カナダの小学生が語るナラティブの世界

2011年4月20日　初版第1刷発行
2022年4月20日　初版第2刷発行

　　　　　　　著　者　D. ジーン・クランディニン
　　　　　　　　　　　ジャニス・ヒューバー
　　　　　　　　　　　アン・マリー・オア
　　　　　　　　　　　マリリン・ヒューバー
　　　　　　　　　　　マ ー ニ・ピ ア ス
　　　　　　　　　　　ショーン・マーフィー
　　　　　　　　　　　パ ム・ス ティー ブ ス
　　　　　　　訳　者　田　中　昌　弥
　　　　　　　発行者　大　江　道　雅
　　　　　　　発行所　株式会社　明石書店
　　　〒101-0021 東京都千代田区外神田6-9-5
　　　　　　　　　　　電話 03（5818）1171
　　　　　　　　　　　FAX 03（5818）1174
　　　　　　　　　　　振替　00100-7-24505
　　　　　　　　　　　https://www.akashi.co.jp

　　　　装丁　　　　　　　　　青山　鮎
　　　　編集実務　　　　　　　脇地直子
　　　　組版　　　　モリモト印刷株式会社
　　　　印刷／製本　モリモト印刷株式会社

　（定価はカバーに表示してあります）　ISBN978-4-7503-3363-2

フル・インクルーシブ教育の実現にむけて
大阪市立大空小学校の実践と今後の制度構築

野口友康 著

■A5判／上製／416頁 ◎6800円

障害をもつ子どもの通常教育への包摂をはかるフル・インクルーシブ教育の日本における実現の方途と今後の課題を、大阪市立大空小学校の教育実践の分析、カナダ、イギリス、日本の他の事例との比較、ケイパビリティ・アプローチを援用した理論化を通して探る。

●内容構成●

第Ⅰ部　研究課題の提示
序論　本書の目的、背景、問題提起、意義と独自性、構成／インクルーシブ教育の国際的動向と日本の障害児教育政策／インクルーシブ教育に関する先行研究レビュー／援用理論の提示

第Ⅱ部　事例研究の提示
事例紹介——大阪市立大空小学校／大空小学校の理念、ビジョン、約束、教育方針、教育実践、学校組織・運営方法、教育手法／大空小学校と地域・外部社会との関係性

第Ⅲ部　分析と考察
大空小学校におけるフル・インクルーシブ教育の実現の困難性の克服／実践の帰結としてのフル・インクルーシブ教育／ケイパビリティ・アプローチから捉える大空小学校のフル・インクルーシブ教育／終章　結論と提言／補論　大空小学校の「命を守る学習」とは――人間の安全保障の視点からの考察

◎2000円　**コミュニケーション・デザインの学びをひらく**
教科横断で育てる協働的課題解決の力
お茶の水女子大学附属中学校編

◎1600円　**自分の"好き"を探究しよう！**
お茶の水女子大学附属中学校「自主研究」のすすめ
お茶の水女子大学附属中学校編

◎2200円　**色から始まる探究学習**
アートによる自分づくり・学校づくり・地域づくり
中西洋介著

◎2200円　**反転授業の実践知**
ICT教育を活かす「新しい学び」21の提言
反転授業研究会・問学教育研究部編

◎2200円　**「チーム学校」を実現するスクールソーシャルワーク**
理論と実践をつなぐメゾ・アプローチの展開
大塚美和子、西野緑、峯本耕治編著

◎1800円　**子どもの読みがつくる文学の授業**
コロナ禍をこえる「学び合う学び」
石井順治著

◎2000円　**授業づくりで子どもが伸びる、教師が育つ、学校が変わる**
授業づくり・学校づくりセミナーにおける協同的学びの実践
石井順治編著　小畑公志郎、佐藤雅彰著

◎2000円　**ヒップホップ・ラップの授業づくり**
「わたし」と「社会」を表現し伝えるために
磯田三津子著　晋平太協力

〈価格は本体価格です〉

日本のオンライン教育最前線
アフターコロナの学びを考える

石戸奈々子 編著

■A5判／並製／272頁 ◎1800円

コロナ休校で明らかになった日本のデジタル教育の遅れ。子どもたちの学びを止めないために今何をすればよいのか。世界の動向、国内の先進自治体や学校現場、民間の教育産業の取組を通して、AI×データ時代の本格到来を前に急激に変化する学びの最前線をお伝えする。

● 内容構成 ●

プロローグ　動き始めた日本のデジタル教育
Chapter1　学校でICTを使うのが当たり前の社会に
　　　　　――GIGAスクール構想の課題と展望
Chapter2　コロナ休校で、海外の学校はどう動いたか？
　　　　　――世界各国の取組から学ぶ
Chapter3　コロナ休校で、日本の学校はどう動いたか？
　　　　　――日本各地の取組から学ぶ
Chapter4　コロナ休校で、民間の教育産業はどう動いたか？
　　　　　――塾・IT企業・テレビ放送から保護者の反応まで
コラム　経済産業省のコロナ休校対策
　　　　「#学びを止めない未来の教室」（マナトメ）の90日
Chapter5　アフターコロナで広がるAI・教育データ活用の可能性
エピローグ　アフターコロナ教育を構想する

変容するフリースクール実践の意味
設立者のナラティヴ分析から

橋本あかね 著

◎3500円

「人種」「民族」をどう教えるか
創られた概念の解体をめざして

中山京子、東優也、太田満、森茂岳雄 編著

◎2600円

感染症を学校でどう教えるか
コロナ禍の学びを育む社会科授業プラン

池田考司、杉浦真理 編著

◎1300円

学校というの可能性を追究する11の物語
学校学のことはじめ

金澤ますみ、長瀬正子、山中徹二 編著

◎2200円

学校を長期欠席する子どもたち
不登校・ネグレクトから学校教育と児童福祉法の連携を考える

保坂亨 著

◎2800円

一斉休校　そのとき教育委員会・学校はどう動いたか？
一斉休校・教育委員会対応検証プロジェクト原案

末冨芳 編著

◎2300円

かわはら先生の教師入門
「教師ブラック時代」を生き抜くために

川原茂雄 著

◎2000円

めっしほうこう（滅私奉公）
学校の働き方改革を通して未来の教育をひらく

藤川伸治 著

◎1600円

〈価格は本体価格です〉

10代からの批判的思考
社会を変える9つのヒント

名嶋義直 編著
寺川直樹、田中俊亮、竹村修文、後藤玲子、今村和宏、志田陽子、佐藤友則、古閑涼二 著

■A5判／並製／276頁　◎2300円

多様化や複雑化が進む現代社会では「生きる力」が求められる。学校生活から、生涯教育、働き方、メディア、表現の自由、多文化共生、グローバル人材まで、読者と執筆者が一緒になってアクティブに考える、多様な生き方の羅針盤。

●内容構成●

この本を手に取ってくれた皆さんへ
第1章　校則(ルール)って?
第2章　いじめって?
第3章　いろいろな学びの形――高校生活の多様な選択肢
第4章　いろいろな学びの形――生涯学習／キャリア教育
第5章　仕事って?
第6章　メディアを読む力、問いかける力
第7章　「表現の自由」って何ですか?
第8章　豊かでプライドが持てる日本が続くために――多文化共生
第9章　世界に挑め!――グローバル人材への道

幼児教育・保育の国際比較 働く魅力と専門性の向上に向けて
OECD国際幼児教育・保育従事者調査2018報告書(第2巻)
国立教育政策研究所編
◎4500円

幼児教育・保育の国際比較 質の高い幼児教育・保育の実現に向けて
OECD国際幼児教育・保育従事者調査2018報告書
国立教育政策研究所編
◎3600円

指導と学習の国際比較 よりよい数学授業の実践に向けて
OECDグローバル・ティーチング・インサイト(GTI)授業ビデオ研究報告書
国立教育政策研究所編
◎2500円

社会情動的スキル 学びに向かう力
経済協力開発機構(OECD)編著
ベネッセ教育総合研究所企画・制作
無藤隆・秋田喜代美監訳
◎3600円

教育のワールドクラス 21世紀の学校システムをつくる
アンドレアス・シュライヒャー著　経済協力開発機構(OECD)編
ベネッセコーポレーション企画・制作
鈴木寛・秋田喜代美監訳
◎3000円

教育のディープラーニング 世界に関わり世界を変える
マイケル・フラン、ジョアン・クイン、ジョアン・マッキーチェン著
松下佳代監訳　濱田久美子訳
◎3000円

教育のデジタルエイジ 子どもの健康とウェルビーイングのために
トレーシー・バーンズ、フランチェスカ・ゴットシャルク編著
経済協力開発機構(OECD)編　西村美由起訳
◎3000円

デジタル環境の子どもたち リスクの特定とインターネット利用環境の整備に向けて
経済協力開発機構(OECD)編著
LINEみらい財団監訳　齋藤長行・新垣円訳
◎3600円

〈価格は本体価格です〉

イギリス発！ベル先生のコロナ500日戦争

これからの学校にできることって何だろう

遠藤野ゆり 編著
川﨑徳子、大塚類、佐藤桃子 著
セネック アンドリュー、

四六判／並製／196頁 ◼1700円

移民が多く貧困の深刻な地域のレイクウッド小学校には、「コロナだから学校を閉鎖」に応じられない緊急の子どもたちを多く抱えていた。子どもの学びと暮らしを守るために、学校は何をどのように決定し、実行したのか。ベル校長先生の500日間の奮闘を描く。

── 内容構成 ──
序 章 イギリスの学校とレイクウッド小学校
第1章 ロックダウン下の学校〈2020年3月~6月15日〉
第2章 バブル方式の学校〈2020年6月16日~12月〉
第3章 ウィズコロナの時代へ〈2021年1月~〉
第4章 日英2人の校長先生
補 章 コロナ戦争の背景──イギリスの学校運営の仕組み

北欧の教育最前線　市民社会をつくる子育てと学び
北欧教育研究会編著　◎2200円

多様性が拓く学びのデザイン　主体的・対話的に他者と学ぶ教養教育の理論と実践
佐藤智子、高橋美能編著　◎2400円

危機に対応できる学力　分断化した社会を修復する文化資本と連帯感
小宮山博仁著　◎2000円

学力工場の社会学　英国の新自由主義的教育改革による不平等の再生産
クリスティ・クルツ著　仲田康一監訳　濱元伸彦訳　◎3800円

学校の社会学　フランスの教育制度と社会的不平等
マリアンヌ・ブランシャール、ジョアニ・カユエット＝ランブリエール著　園山大祐監修　田川千尋訳　◎2300円

教育は社会をどう変えたのか　個人化をもたらすリベラリズムの暴力
桜井智恵子著　◎2500円

国際移動の教育言語人類学　トランスナショナルな在米「日本人」高校生のアイデンティティ
小林聡子著　◎3600円

言語マイノリティを支える教育【新装版】
ジム・カミンズ著　中島和子著訳　◎3200円

〈価格は本体価格です〉

シリーズ 子どもの貧困 全5巻

シリーズ編集代表 **松本伊智朗**

■A5判／並製　各2500円

子どもとかかわるすべての人に

子どもの貧困の再発見から10年。この10年間の政策・実践・研究を批判的に検討し、"子どもの貧困を議論する枠組み"を提供する。新・スタンダードの誕生！

① **生まれ、育つ基盤** 子どもの貧困と家族・社会
松本伊智朗・湯澤直美［編著］

② **遊び・育ち・経験** 子どもの世界を守る
小西祐馬・川田学［編著］

③ **教える・学ぶ** 教育に何ができるか
佐々木宏・鳥山まどか［編著］

④ **大人になる・社会をつくる** 若者の貧困と学校・労働・家族
杉田真衣・谷口由希子［編著］

⑤ **支える・つながる** 地域・自治体・国の役割と社会保障
山野良一・湯澤直美［編著］

海と空の小学校から　学びとケアをつなぐ教育実践
沖縄・八重山学びのゆいまーる研究会、村上呂里、山口剛史、辻雄二、望月道浩編著
自尊感情を育むカリキュラム・マネジメント
◎2000円

「生きる力」を育むグローバル教育の実践
石森広美著
生徒の心に響く主体的・対話的で深い学び
◎2000円

幼児教育のエスノグラフィ
林安希子著　ジョセフ・トービン協力
日本文化・社会のなかで育ちゆく子どもたち
◎2700円

はじめて保育・教育を学ぶ人のために
〈わかちあい〉の共育学【応用編】
笹倉千佳弘・井上寿美・齋藤尚志著
子どもと共に未来図を描こう
◎1800円

はじめて保育・教育を学ぶ人のために
〈わかちあい〉の共育学【基礎編】
齋藤尚志、笹倉千佳弘、井上寿美著
教職課程コアカリキュラムに基づく教員養成テキスト
◎2000円

「保育プロセスの質」評価スケール
イラム・シラージ、デニス・キングストン、エドワード・メルウィッシュ著
秋田喜代美、淀川裕美訳
乳幼児期の「ともに考え、深めつづけること」と「情緒的な安定・安心」を捉えるために
◎2300円

育み支え合う 保育リーダーシップ
イラム・シラージ、エレーヌ・ハレット著
秋田喜代美監訳・解説　鈴木正敏、淀川裕美、佐川早季子訳
協働的な学びを生み出すために
◎2400円

体を動かす遊びのための環境の質評価スケール
キャロル・アーチャー、イラム・シラージ著
秋田喜代美、辻谷真知子、宮本雄太訳
保育における乳幼児の運動発達を支えるために
◎2300円

〈価格は本体価格です〉